KB253458

교과서 읽기의 힘

일러두기

- 이 책에 실린 교과서명과 단원명은 2015년을 기준으로 씌어 있다.
- 특정한 교과서명을 일컬을 때는 겹낫표(『』)를, 전반적인 교과 분야를 일컬을 때는 겹낫표를 사용하지
  않았다.
    예 ① 초등학교 1학년 2학기 『국어-(가)』의 4단원 '뜻을 살려 읽어요'에는 '아름다운 우리말'이라는
        짧은 지문이 나온다.
        ② 수학 관련 교과서는 더욱 어떻게 해야 할지 감이 안 잡힐 것이다.

교과서 읽기의 힘

고갑주 지음

살림

한글도 못 떼고 입학한 아이,
교과서만으로 명문대를 가다

매년 대학 수학능력시험이 끝나면 TV 뉴스에서는 신기하게도 똑같은 인터뷰 기사가 나온다. 수능 만점자나 속칭 'SKY'의 수시 합격자들은 마치 입을 맞춘 듯 이렇게 말한다.

"교과서 위주로 공부했어요."

물론 엄마들은 믿지 않는다. 학생들도 믿지 않는다. 그렇게 해서 되는 아이는 따로 있다고 생각한다. 아니 그보다 그런 아이들에게는 뭔가 특별한 비법이 있거나, 알리지 않은 채 고액 과외 같은 것을 받았을 것으로 생각한다.

그런 생각을 가진 엄마들은 대통령이 바뀔 때마다 입시제도가 바뀌는 현실이 너무나 혼란스럽다. 오늘날 대학 입학전형은 천 가지가 넘는다. 학원가에서는 엄마의 정보력이 아이의 미래와 성공을 좌우한다고 불안감을 조성한다. 그러나 미리 말해두겠다. 엄마의 정보력이 아무리 뛰어나도 아이 대신 공부를 해줄 수는 없다. 족집게 선생님이 아무리 뛰어나도 아이 대신 공부를 해줄 수는 없다.

나는 두 아이를 사교육 한번 시키지 않고, 소위 말하는 명문대에 보냈다. 또한 '엄마발자국'이라는 독서코칭교육원을 20년간 운영하면서 그곳에서 만난 수많은 아이가 사회에서 말하는 '좋은 학교'에 들어가는 것을 보았다. 그러면서 알게 됐다. 엄마들이 그토록 알고 싶어 하는 비결은 엄마들이 일반적으로 생각하는 것과는 아주 다른 곳에 있다는 사실을 말이다.

비결은 바로 아이의 '공부그릇'이다. 내가 관찰한 바로는 그것을 초등학교 때 얼마나 넓혀주느냐가 이후 아이의 공부나 입시를 좌우한다. 큰 인물이 되려면 그릇이 커야 한다고들 한다. 마찬가지로 공부에도 그릇이 있다. 그 그릇을 어렸을 때 크게 늘려줘야 한다. 그러지 않으면 처음에는 곧잘 하다가도 해야 할 공부량이 조금만 많아지면 금방 주저앉고 만다. 초등학교 때 무슨 시험을 보든 척척 100점을 맞던 아이들이 중·고등학교에 올라가서 공부에 흥미를 잃고 힘겨워하는 것도 이러한 이유에서다.

반면 초등학교 때 성적은 그리 대단치 않았는데 중·고등학교에 올라가면 폭발적으로 힘을 내는 아이들이 있다. 그 아이들은 초등학교 때 점수에 연연하는 대신 공부그릇을 크게 키워놓은 덕분이다.

초등학교 때 아이의 공부그릇을 크게 키워놓는 것은 아이의 행복을 위해서도 정말 중요하다. 20년간 '엄마발자국'을 운영하면서 나는 학교 성적이 상위권인 아이들을 수없이 만났다. 그들이 오만상을 찌푸리며 정말 힘들게 공부했을 것 같은가? 그렇지 않다. 공부그릇이 큰 아이들은 어려운 문제나 힘든 과정을 만나도 스트레스를 받지 않는다. 오히려 그 상황을 즐기며 여유롭게 공부한다. 반면 공부그릇이 작은 아이들은 조금만 새로운 분야가 나오면 힘들어하며 도전하지 않는다. 자신의 공부그릇에 이미 내용물이 꽉 찼기 때문이다.

그런데 이 아이의 공부그릇은 초등학교 때 '확' 키워줘야 한다. 중학교에 올라가서 하려고 하면 이미 늦어버린다. 물론 열심히 노력하면 안 될 것 없다지만 중학교부터는 배워야 할 것은 많아지는 반면, 머리가 커진 아이는 공부 외에도 하고 싶은 일이 많아지기 때문에 아무래도 힘들다. 아이에게 대단한 의지력이 있지 않는 한 중학교 때 공부그릇을 키우는 건 상당히 어려운 일이다.

그럼 공부그릇은 무엇이고 어떻게 키워야 할까? 답은 단순하게도 '교과서'와 '책'에 있다. 우리 아이들 이야기를 잠깐 해보겠다. 나는 남매를 둔 엄마다. 딸은 어려서부터 야무지고 똑똑해서 아이가 천재인가 하는 착각을 한 적도 있었다. 따로 가르친 것도 아닌데 한글도 빨리 뗐고 한글을 떼고 나서는 스스로 책을 엄청나게 읽어댔다. 그런 딸은 초등학교에 입학한 이후에도 학원 한번 다녀본 적이 없었다.
나는 아이를 신나게 놀렸다. 대신 책은 읽게 했다. 참고서를 사지도 않았고 문제집을 풀게 한 적도 없다. 나중에 뇌 인지심리학 및 학습에 관한 공부를 하다 알게 됐다. 그때 딸을 붙잡고 문제 풀이식 선행학습을 시키지 않은 것이 잘한 선택이었다는 것을. 그것이 오히려 딸아이에게 학교 공부에 대한 호기심과 흥미를 유발했던 것이다.

나는 딸 곁에서 찬찬히 살펴봤다. 이 아이가 다른 아이들처럼 참고서와 문제집을 죽어라 풀어대는 것이 아님에도 공부 잘하는 이유가 나조차도 궁금했기 때문이다. 관찰 후 내린 결론은 무척 간단했다. 딸아이는 어린 시절부터 독서를 많이 한 덕분에 이해력과 사고력이 높았다.

딸아이는 초등학교 3~4학년 때 이미 고전문학을 섭렵하기 시작하더니 얼마 안 있어 성인인 나와 읽는 책의 수준이 비슷해졌다. 그 과정을 통해서 딸아이는 자신도 모르는 사이에 어휘력이 엄청나게 늘어 있었다. 중학교에 올라가서 공부에 흥미를 잃는 아이들 대부분이 어휘력 부족 문제를 겪는다. 중학교 교과서에는 갑자기 초등학교 수준에서 높이뛰기를 해서 한자어는 물론 대학 교양 과목 수준의 어휘가 툭툭 튀어나오기 때문이다(알고 있었는가? 몰랐다면 지금 아이의 교과서를 한번 들여다보라). 딸아이는 성인 수준의 독서로 어휘력을 늘려놓았기에 중학교에 가서도 어려움 없이 공부를 잘할 수 있었다. 결국 책이 시작이자 끝이었던 것이다.

반면 아들은 전혀 달랐다. 한글도 못 떼고 초등학교에 입학한 아들은 책도 더디 읽었고 누나에 비해 독서량도 턱없이 모자랐다. 하지만 그렇게 속을 끓이던 아들도 결국 고려대학교에 입학했다. 나는 이 딸아이보다 늦된 아들을 키우면서 오히려 교과서의 중요성에 눈뜨게 되었다. 아이가 '공부'라는 것에 관심을 보이려면 교과서를 이해해야 한다는 것을 말이다. 각 과목의 교과서를 매일같이 훑어보면서 교과서라는 것이 얼마나 잘 만들어진 교재인지도 알게 되었다.

생각해보자. 본격적인 연구 끝에 우리나라에서 손꼽히는 석학들이 교과서를 만들기 시작한 것은 1948년부터다. 즉 문교부, 중앙교육

연구소, 한국교육개발원, 교육부 등 국내 최고의 학습 분야 연구진·집필진·심의진들이 약 70년간 연구한 끝에 교과서를 변화·발전시켰다는 뜻이다. 그야말로 교과서는 국내 최고의 집필진이 가장 오랜 기간 연구하여 만들어낸 최고의 교재나 다름없는 것이다. 그런데도 학부모와 아이들은 교과서를 뒷전으로 하고 학원에, 학습지에 매달리고 있었다. 결국 성적이 오르지 않는 것은 '교과서 위주'로 공부하지 않았기 때문인데도 말이다.

아이들은 매일 학교에 간다. 아이 생활의 대부분을 학교가 차지하는 셈이다. 따라서 무엇보다 학교 수업을 재미있게 느껴야 한다. 그래야 학교생활 자체가 재미있어진다. 그렇게 만들기 위해서 나는 아들과 교과서를 같이 보기 시작했다. 함께 교과서를 보기 시작하자 교과서가 학습자에게 무엇을 원하는지 보이기 시작했다. 그런 걸 알려주며 아들과 함께 교과서를 읽었다. 얼마 지나지 않아 아들은 교과서로 독서의 물꼬가 터졌고 이후 독서 삼매경에 빠져드는 모습을 종종 볼 수 있었다. 그 뒤로 아들의 공부그릇이 확 커진 게 보였다. 고등학생이 되어서는 성적이 빛나기 시작했다. 교과서 읽기의 즐거움을 알게 된 아들은 초등학교 3학년쯤 되니 식탁과 화장실, 소파, 침대, 이렇게 네 곳에 각각 다른 책을 두고 동시에 읽어댔다. 밤늦도록 책을 읽는 통에 잠잘 생각을 하지 않아 재우느라고 애를 먹기도 했다. 책 읽으려고 꾀병까지 부리며 학교에 안 가겠다고 한 적도 있었다. 그건 책이 주는 기쁨을 온몸으로 느끼기 시작했다는 뜻이고 독서의 고지를 점령했다는 신호였다. 이 고지를 초등학교 때 점령했던 아이들은 잠시 샛길로 빠지더라도 마음만 먹으면 얼마든지 공부를 잘할 수 있다. 책과 이미 친숙해졌기 때문이다.

공부그릇을 거칠게 정리하면 이렇게 말할 수 있을 것이다. 일단 초등학교 때 느낀 '책 읽기의 즐거움' 자체가 아이의 공부그릇이다. 그걸 느껴보지 못하면 자기 주도형 학습은 평생 불가능하다고 보면 된다.

둘째는 책을 읽으며 무의식적으로 습득한 어휘력이다. 단어장을 보며 익힌 어휘와는 달리 책을 읽으며 어휘를 습득하면 섬세한 뉘앙스까지 함께 익혀지기 때문에 차원이 다르다.

셋째는 책을 통해 길러지는 이해력과 사고력도 공부그릇의 중요한 측면이다. 공부는 일단 교과서나 참고서에 씌어 있는 말이 무슨 뜻인지 아는 것에서부터 시작되기 때문이다. 서술형 문제나 주관식 문제를 못 푼다고 문제집을 잔뜩 사줘 봐야 아이는 점점 공부에서 멀어질 뿐이다. 차라리 교과서를 함께 읽든지 재미난 책을 읽히는 것이 올바른 처방이다.

그동안 부모가 다그쳐서 하는 공부로 만들어진 우등생들도 여럿 봤다. 그 아이들은 대체로 공부그릇이 크지 않다는 공통점이 있었다. 이런 아이들을 보고 있으면 마음이 아팠다. 작은 공부그릇에 억지로 지식을 욱여넣으려니 부모는 부모대로 지치고 아이는 아이대로 진이 빠지곤 했다. 수능이 가까워져 올 무렵이면 곤죽이 되어 시험을 망치기 일쑤였다.

이 책에서 나는 교과서로 시작해서 책으로 달리는, 공부그릇 키우는 방법을 소개하려 한다. 초등학교 때가 가장 좋다. 초등학교 때, 아무런 부담 없이 책과 즐겁게 놀 수 있을 때 공부그릇을 확 키워줘야 한다. 그렇게 공부그릇이 커지면 자기 주도력과 지적 자율성이 저절로 생긴다. 공부하라고 등 떠밀 필요도 없다. 공부 습관이 생겨 스스로 공부한다. 이렇게 얻어낸 지식은 선생님이나 부모에게 들어 알게 된 것보다 오래도록 아이의 머릿속에 남는다.

사실 무엇보다 아이의 공부그릇이 중요한 이유는 따로 있다. 아이의 먼 미래가 달려 있기 때문이다. 곰곰이 생각해보라. 당신이 진정 원하는 것이 아이가 전교 상위권 안에 들고 일류대에 가는 것인가? 아닐 것이다. 결국은 아이가 사회에서 충실하게 자기 몫을 해내며 행복하게 살아가길 바랄 것이다.

교과서와 책으로 공부그릇을 키운 아이는 평생 책과 더불어 사유하며 살게 된다. 잠시 인생에서 좌절을 맛보더라도 언제든 다시 돌아올 힘이 생기는 것이다. 그런 사람은 스스로 삶을 성찰하며 행복하게 살아갈 힘을 갖게 된다. 이것이야말로 진정 공부그릇이 중요한 이유다.

그동안 주변으로부터 아이 교육에 관한 노하우를 책으로 써보라는 권유를 여러 번 받았다. 그때마다 책은 이름만 대면 아는 유명인이 쓰는 것으로 생각했기에 망설였다. 내 비법이 그렇게 특별한 것은 아니라는 생각도 있었다. 그러다 마음을 바꿨다. 대한민국의 수많은 학부모가 쉽고 확실한 길, 필요한 길을 놔두고 쓸데없이 돌고 돌면서 마음고생은 고생대로 하고, 돈은 돈대로 낭비하는 게 너무나 안타까웠기 때문에 용기를 냈다.

나는 워킹맘이었다. 아이를 끼고 닦달할 시간이 없었던 '덕분'에 교과서와 책, 그리고 그것으로 키우는 공부그릇에 더 일찍 눈을 뜰 수 있었는지도 모르겠다. 어쨌든 공부그릇의 중요성을 깨달은 것은 우연이 가져다준 선물이었다. 그 선물을 나눠주는 심정으로 책을 썼다. 선배 엄마로서, 또 이 나라의 미래를 걱정하는 한 국민으로서, 내

아이 둘과 20년간 '엄마발자국'에서 함께 책을 읽어온 아이들을 통해 깨닫게 된 노하우를 빠짐없이 담았다. 부디 우리 아이들이 즐겁게 공부하고 지식을 깨닫는 기쁨을 누리길 바란다. 모두 큰 그릇이 되길 간절히 소망한다.

이 책이 나올 수 있도록 도와준 우리 딸과 아들, 그리고 함께 노력해준 정수경 선생님, 자료 제공해준 백승엽, 조은서, 김강민 학생에게 고맙다는 말을 하고 싶다. 마지막으로 초등학교 3학년 봄부터 통합교과 주제 독서로 5년간 지도했던 서원준 학생이 2016년 민족사관고등학교에 합격하였다. 다시 한 번 지금까지 내가 쌓아온 노하우가 틀리지 않았음이 증명되어 가슴이 벅차다. 물론 무엇보다 오랜 기간 나를 믿고 따라준 원준이의 부모님과 끊임없이 노력한 원준이 덕분에 얻은 결과이기에 뜨거운 감사의 마음을 전하고 싶다.

2016년 초봄 대전에서

고갑주

"오늘의 나를 있게 한 것은 우리 마을의 도서관이었다.
하버드 졸업장보다 소중한 것은 독서하는 습관이었다."
:
:
마이크로소프트 창업자 빌 게이츠 Bill Gates

제1장

공부 잘하는 아이는
고과서 읽는 방법이 다르다

01

교과서를 읽으면
즐거운 호기심이 생긴다

요즘 초등학교는 주 5일제 수업을 하지만, 아들이 초등학교에 다니던 시절에는 격주 토요일 수업을 했다. 금요일이나 토요일, 일주일의 마지막 등교일이 되면 아들은 제 교과서를 한 짐 짊어지고 하교하곤 했다. 평상시에는 교과서를 학교 사물함에 두고 다니다가 주말이 되니 엄마와 교과서를 읽으려고 자진해서 들고 온 것이다. 일하는 엄마라 매일 교과서를 함께 읽을 수 없어서 주말에 몰아 한 시간 정도 같이 읽었다. 초등학교 교과서는 내용이 많지 않아 그 시간이면 충분했다.

교과서를 읽는 동안 아이에게 수업에 관한 힌트를 주거나 호기심을 일으킬 만한 질문을 하면서 공부에 대한 동기를 유발했다. 예비 지식이 있으면 아이는 수업 시간에 훨씬 흥미를 느끼기 때문이다. 요즘 유행하는 요란한 선행학습을 말하는 것이 아니다. 미리 교과 내용을 배우고 익힌 뒤 문제까지 풀어 점검을 마친 선행학습은 실제 수업에서 아이의 흥미를 떨어뜨린다. 수업은 물론 선생님까지 시시하게 여길 수 있으니 당연히 역효과다. 특히 문제 풀이식 선행학습은 그 나이대에 반드시 해야 할 '추론'의 과정은 생략한 채 곧바로 답을 도출해내는 방법만 익히게 된다. 당장은 효과가 있더라도 학년이 올라갈수록 오히려 학습 능력이 떨어지니 지양해야 한다.

사실 앞뒤는 자르고 문제만 푸는 지금의 선행학습은 장님이 코끼리 다리만 만지면서 코끼리에 대해 말하는 것과 같은 꼴이다. 코끼리 다리를 만져서는 코끼리 전체를 추론하지도 못할뿐더러 코끼리의 먹이, 동물의 먹이사슬, 생태계까지 확장하여 이른바 통합지식이라는, 요즘 주목받는 융합학문의 기초도 다질 수 없다. 교과서가 무엇을 전달하고자 하는지, 어떤 의도가 들어 있는지, 아이가 무엇을 이해했는지를 살피지 않고 문제집만 푸는 것은 수업 시간에 대한 호기심도 사라지게 만든다.

하지만 선행학습은 필요하다. 지금까지 선행학습을 절대로 해서는 안 되는 '나쁜 공부법'처럼 설명해놓고는 무슨 말인가 하겠지만, 내가 말하는 선행학습은 기존의 것과는 다르다. 이 선행학습은 학습자가 교과서 내용과 관련된 지식에 넓게 접근하여 단어의 개념이나 내용의 원리를 친근하게 느낌으로써 스스로 자신감을 갖는 것이 핵심이다. 교수자가 전달하고자 하는 교과 내용 중에서 낯선 단어부터 귀에 들어오면 학습자는 혼란스러워한다. 이것이 반복되면 교과에 대한 호기심이 떨어지고 이해의 폭도 덩달아 좁아진다.

예컨대 금융에 관한 지식수준이 낮은 일반인이 워런 버핏^{Warren Buffett}과 한자리에 앉아 세계 금융시장에 대해 토론을 한다고 상상해보자. 일단 세계적인 자산가 워런 버핏의 경제적 위치에 주눅이 들고, 그가 사용하는 영어를 완전히 이해하지 못해 표정이나 제스처만 관찰하고 있을 것이며, 영어를 이해한다고 해도 각종 금융 용어가 낯설어 선뜻 말을 나누지 못할 것이다. 자리를 파한 후, 훌륭한 인물과 함께했다는 생각만으로 그가 했던 말이 모두 좋았고 그 내용을 거의 이해한 것처럼 기억할 수도 있다. 그러나 대강 그의 말을 알아들었다고 해도 들은 것과 진정으로 아는 것, 즉 이해한 것과는 큰 차이가 있다.

다시 말하면, 내가 권하는 선행학습은 '단어와 언어의 낯섦을 덜어주는 과정'을 말한다. 워런 버핏이 쓰는 언어인 영어를 배우고 또 금융 용어를 익히고 나서 그를 만났을 때 얻는 정보의 양과 질은 말할 필요도 없이 다를 것이다. 어쩌면 그의 말에서 얻은 정보로 사고를 발전시켜 새로운 주식 투자 방식을 만들어낼 수도 있다. 아이들도 마찬가지다. 교과서에 등장하는 단어와 언어를 익히고 여기서 한발 더 나아가 교과서에 담긴 주제와 관련된 독서를 한다면 아이 스스로 사고를 확장하고 통합할 수 있을 뿐 아니라 자신감도 얻을 수 있다.

　나는 새 학기가 되면 서점으로 달려가 아이의 교과서를 반드시 샀다. 해당 학년 것은 물론 1~2년 앞선 것도 함께 샀다. 다음 학년 교과서를 미리 산 것은 아이를 위해서가 아니라 내가 미리 보기 위해서였다. 교과서는 샀지만 전과나 문제집은 구입하지 않았다. 교과서를 간략하게 요약하고 있는 참고서는 '천천히 생각하고 기다리는 맛'을 볼 기회를 빼앗는다. 궁리할 틈을 주지 않고 냅다 결론부터 보여주기 때문이다.

　참고서도 선행학습의 부작용을 마찬가지로 갖고 있다. 특히 참고서는 아이가 '지적 자율성'을 획득할 기회를 없앤다. 지적 자율성이란 지적 타율성과 대비되는 말로, 남이 알려준 지식이 아니라 스스로 문제를 인지하고 해결하는 능력을 말한다.

　지적 자율성의 가치를 뒷받침하는 카미와 드브리스 프로그램Kamii & Devries Program이라는 교육학 이론이 있다. 궁극적으로 인지·도덕성·사회성·정서·신체의 균형 있는 발달을 통한 전인적 성장을 목표로 하는 이론이다. 이것을 공부하면서 내가 무릎을 쳤던 부분이 있다. 바로 학습자 내면에 있는 지식 체계의 불균형을 보완하기 위한 내적 충동이 외부의 자극이나 보상보다 학습을 위한 동기를 더욱 유발한다는 것이었다. 그리고 아동 스스로가 주변 환경과 자료들을 접함으로써 경험을 재구성하고, 자신의 앞에 놓인 과제에 관해 생각하며, 계획을 하게 된다는 사실이었다.

이것이 실제 수업으로 옮겨질 때 학습자가 활동의 주도권을 가지게 된다. 아이들을 교육하며 현장에서 경험했던 것이 이론으로 증명되니 더욱 믿음이 굳건해졌다. 자기 주도적으로 학습하는 아이는 스스로 관찰하고 거기서 얻은 결과로 스스로 오류를 수정한다. 이 과정이 학습에 대한 흥미를 갖게 하고 성취감도 얻게 한다. 중요한 건 다른 누군가가 주입한 내용은 단기 기억에 머물지만, 스스로 깨달은 지식은 장기 기억이 된다는 사실이다. 즉 진정한 자기 것으로 체화된다는 말이다.

그러니 아이를 붙잡고 교과서에서 배운 내용을 일일이 주입하고 문제집을 풀게 하면서 확인하려 들지 말자. 문제 풀이는 교과서에 나오는 문제만으로도 충분하다. 이것조차 아이가 거부한다면 하지 않고 넘어가도 아무런 이상이 없다.

무엇보다 본게임은 수업 시간이란 사실을 잊어선 안 된다. 사실 문제집을 풀게 하는 것은 엄마의 불안감을 해소하는 수단에 불과하다. 엄마는 아이가 제대로 이해했는지 문제집으로 한 번 더 확인하고 싶을 것이다. 하지만 아이는 전혀 불안해하지 않는다. 오히려 '엄마는 이미 다 한 걸 왜 또 하라고 하는 거야?' 하며 마음속에 불만만 쌓게 된다.

나는 시험 기간이 코앞에 닥쳐도 평소에 교과서를 읽게 했기 때문에 수선을 떨지 않았다. 평상시와 전혀 다른 게 없으니 아이도 시험을 앞두고 크게 긴장하거나 스트레스를 받지 않았다. 주변 엄마들에게 나는 따로 문제집을 풀게 하지 않았다고 말하면 "교과서에는 심화 문제가 없잖아요" "그러면 시험에 나오는 '꼬인' 문제는 틀려 오지 않나요?" 하며 여지없이 반문했다. 이는 근본적인 사실을 잊었 기 때문에 드는 의문이다.

왜 학교 시험에서 문제를 틀려 오지 않도록 아이를 준비시켜야 할까? 생각해보자. 100점을 목표로 아이를 반복 훈련시키면 물론 당 장 점수는 좋게 나올 것이다. 그러나 길게 보면 득보다 실이 많다. 처 음 보는 낯선 문제는 아이에게 배운 것을 스스로 궁리하고 응용할 기 회를 준다. 이것이 바로 앞서 말한 지적 자율성이며 이런 과정을 통 해야만 자기 지식을 만들 수 있다. 학교 시험에서 그 뜻을 몰라 틀리 는 문제가 있다면 왜 틀렸는지 알아가면서 재미를 느끼고 그 과정으 로 성취감을 얻으면 된다. 이것이야말로 진짜 '자기 주도 학습'이다.

학교에 다닐 때 늘 100점을 맞아야 한다는 강박에 사로잡힌 모 범생들을 본 적이 있을 것이다. 사실 그러한 '만점 부작용'은 긴 인생 을 살아가는 데 오히려 약점이 된다. 부모 또한 아이에게 여유를 주 어야 하는데, 그러려면 점수로 줄 세우는 세상에서 내 아이는 굳이 그럴 필요 없다는 흔들리지 않는 용기를 부모도 가져 야 한다.

우리 딸은 초등학교 5학년이 되더니 자기도 문제집을 한번 풀어 보고 싶다고 했다. 그때 처음으로 문제집을 사줬다. 앞서 내가 한 말을 문제 풀이를 절대 시키면 안 된다고 이해한 사람들은 문제집을 샀다는 말에 매우 의아해할 것이다. 문제집을 절대 풀게 해서는 안 된다는 뜻이 아니다. 아이가 스스로 원하는 걸 말할 때까지 기다려주는 것, 스스로 궁리할 거리를 찾을 때 원하는 것을 주는 것이 올바른 교육법이다.

물론 자녀 교육에서 가장 어려운 일이 기다리는 일이다. 그러나 아이가 원하는 것을 할 때와 시켜서 할 때는 과정도 결과도 완전히 다르다. 기꺼운 마음으로 공부의 문을 열 수 있도록 부모가 도와줘야 한다.

02

교과서 읽기는 동화책처럼

아이와 함께 교과서를 읽을 때 반드시 유의할 점이 있다. 이해를 시키겠다, 공부를 시키겠다는 욕심을 버리고 부담을 주지 말아야 한다는 것이다. 동화책을 읽듯이 즐겁게 읽어주면 아이는 좋아한다. 특히나 저학년 아이일 경우에는 그런 자세가 더욱 중요하다. 독서 전문가들은 자녀에게 동화책을 읽어줄 때 책을 읽어줄 상황이나 마음이 아니라면 아예 그 책을 읽어주지 말라고 한다. 아이들 또한 부모의 목소리에서 그 감정을 그대로 느끼기 때문이다.

그러니 아이와 교과서를 읽을 때는 동화책을 읽어줄 때 아이에게 지식을 심어주려고 애쓰지 않았듯이 엄마의 경험이나 아이와 함께했던 추억을 되살리면서 교과서를 친근하

예를 들어보자. 초등학교 1학년 2학기 『국어-(가)』의 4단원 '뜻을 살려 읽어요'에는 '아름다운 우리말'이라는 짧은 지문이 나온다. 여기에서 '나비잠' '새우잠'이라는 토박이말이 등장하는데 갓난아이가 두 팔을 머리 위로 벌리고 자는 잠을 나비잠, 불편하게 등을 잔뜩 구부리고 자는 잠을 새우잠이라고 한다. 이때 "○○(아이 이름)도 아기였을 때 저렇게 예쁜 나비처럼 팔을 올리고 잤단다"라고 말해주거나 "○○가 아팠을 때 걱정돼서 가족 모두 새우잠을 잤어"라고 설명해주면 된다. '발장구'라는 단어를 보면 "우리 지난여름 계곡에 갔을 때 개울에서 발 담그고 같이 물 튀겼잖아. 그게 발장구야"라는 식으로 엄마와 아이의 경험을 통해 단어와 자연스럽게 친숙해지도록 이야기를 나눠야 한다.

3학년 1학기 『과학』 교과서에는 '동물의 한살이'라는 단원이 나온다. 이 단원에서는 사람의 성장 과정과 동물의 한살이에 따른 변화, 동물에 따라 다른 한살이 등을 배운다. 많은 종류의 동물과 새로운 단어들이 등장하기 때문에 아이들이 지루해하고 혼란스러워할 수도 있다. 이때 동물들의 공통된 특징을 함께 살펴본 후 흥미를 자극할 만한 사막이나 동굴, 극지방, 깊은 바다 등 특수한 환경에 적응하여 살아가고 있는 동물의 생김새와 생활 방식에 관한 책을 찾아 건네주자. 책을 읽은 뒤에는 아이가 여러 종류의 동물을 관찰하고 그 특징을 살펴볼 수 있도록 목장이나 동물원, 수족관에 직접 가보면 더욱 좋다. 생소한 것을 생활과 연결하여 경험하게 해주면 아이는 그것을 생생한 기억으로 바꾼다.

교과서 읽는 시간을 아이와 대화하는 시간이라고 생각하는 것도 좋은 방법이다. 대부분의 아이는 엄마가 책을 읽어준다는 것만으로도 무척 즐거워한다. 그 즐거움을 이용해 교과서에 무슨 내용이 나오는지, 단어의 뜻은 무엇인지 슬쩍 가르쳐주는 것이다. 그러다 보면 아이 성향에 따라 욕심 많은 아이는 문제를 풀어보려고 할 것이고 또 관련된 활동을 직접 해보려고 할 것이다. 그러나 이때 특별히 반응을 보이지 않는다고 해서 실망할 필요는 없다. 앞서 말했듯 본게임은 수업 시간이다. 부모와 교과서를 읽으며 이미 이야기를 나눈 아이는 수업 시간에 자신이 아는 낱말이나 아는 이야기가 나오니 자연스럽게 귀를 쫑긋하게 되고 학습에 자신감이 생긴다.

"그런데 국어는 지문을 함께 읽으면 되지만 수학이나 과학 분야 교과서는 어떻게 읽어줘야 하나요?"

"1~2학년 교과서는 글이 적어서 읽고 말고 할 것도 없던데…."

'교과서 읽기'가 낯선 부모들은 당황하며 위와 같은 질문을 종종 한다. 일단 부모도 '읽는다'는 행위가 글에만 한정되어 있다는 편견을 깨야 한다. 글뿐 아니라 그림도 얼마든지 읽을 수 있다. 그림을 보고 이야기 만들기를 하는 것이다.

오른쪽 그림을 예로 들어 이야기 만들기를 한번 해보자.

그림도 읽을 수 있다.
아이와 함께 이야기를 만들면 아이는 교과서를 더욱 친근하게 느낀다.

"이 아이가 뭐하는 걸까?"

"어디에 있지?"

"왜 거기에 있는 걸까?"

아이가 상상의 나래를 펼칠 만한 질문을 던져 생각의 방향을 제시해주면 된다. 아이가 그림 읽기를 어려워한다면 "어디를 다녀온 걸까? 학교를 갔다 온 걸까? 아니면 자전거가 옆에 있는 것을 보니 먼 길을 다녀온 걸까? 나무 위에 있는 아이와 친구 사이일까?" 하고 아이의 생각을 유도하는 방법을 써보자.

수학 관련 교과서는 더욱 어떻게 해야 할지 감이 안 잡힐 것이다. 어차피 초등학교 1학년 수학 교과서에는 본격적인 연산 문제가 나오지 않으니 숫자 세기부터 해보는 게 좋다. 그러나 아이가 영 흥미를 보이지 않는다면 "사람이 몇 명 나오는지 세어볼까?" "○○가 좋아하는 초콜릿이 몇 개나 있니?" 하며 그림 세기 놀이로 바꾸어 시도해보자. 1학년 아이는 혼자서 교과서 읽기를 할 수 없으니 부모가 과목마다, 단원마다 도움을 줘야 한다. 이렇게 습관이 몸에 배면 2학년 때는 아이가 먼저 교과서를 들고 와서 읽자고 할 것이다.

교과서는 보통 학기가 시작되기 전에 받는다. 이때 교과서에 어떤 내용이 들어 있는지, 아이에게 어렵지는 않을지 알아보기 위해 반드시 부모가 먼저 살펴봐야 한다. 아이에게 "우리 ○○가 배울 교과서에 이런 내용이 들어 있단다"라고 부모가 미리 파악하고 말을 건네면, "그걸 어떻게 알아?" 하면서 아이도 호기심을 갖게 될 것이다.

이때 반드시 주의할 점은 앞서 말한 것처럼 교과서를 읽는다고 해서 공부를 시킨다고 생각해서는 안 된다는 것이다. 아이가 어릴 적 동화책을 읽어주기 시작했던 때를 떠올려보자. 동화책에 나온 단어나 지식을 익히게 하려고 구태여 설명을 덧붙이거나 이해했는지 재차 확인한 적이 있었는가? 그저 이야기에 등장하는 주인공과 상황에 몰입해서 읽어주는 경우가 대부분이었을 것이다. 기껏해야 주인공의 심정이 어땠을지 아이에게 물어봤을 것이고 아이가 동화책 속에 나오는 단어의 뜻을 물어보면 그제야 대답해주었을 것이다.

교과서를 읽을 때도 마찬가지다. 교과서를 앞에 두면 나도 모르게 지금 하는 것이 공부라는 생각을 하게 되고 아이에게 단어 뜻 하나라도 더 알려주고 싶은 마음이 생긴다. 하지만 그럴 경우 아이 스스로 의문을 품는 호기심은 사라지고 떠먹여 주는 것 받아먹느라 지식을 찾아가는 기회를 잃게 된다. 이것은 앞서 말한 지적 타율성, 지적 자율성의 문제와 맞닿아 있으므로 반드시 지켜야 한다. 물론 교과서를 보다 보면 단원에 따라 마지막 부분에 '내용 확인하기' 같은 코너를 만들어놓기도 한다. 그것 역시 자연스럽게 놀이로 유도할 수 없다면 지나가도록 하자. 강제로 시키는 것은 안 하느니만 못하다. 교과서에 나오는 심화 부분도 아이가 원하지 않는 이상에는 반드시 해볼 필요가 없다.

우리 아이들에게도 집에서는 미리 문제를 풀지 말고 수업 시간에 선생님에게 배운 후에 문제를 풀라고 늘 당부하곤 했다. 아이들은 희한하게 하지 말라고 하면 더 하고 싶어 한다. 반대로 하라고 하면, 하고 싶어 했던 것도 안 하려고 한다. 그래서 아이를 학원으로 보내 서둘러 가르치면 오히려 학습에 대한 욕구가 떨어지는 것이다.

집에서 함께 교과서를 읽을 때 굳이 문제를 풀게 하지 않았더니 아이들은 학교 수업 시간을 기다리기 시작했다. 자신이 아는 게 맞는지 확인하고 싶었던 모양이다. 그 모습을 보니 이 말이 떠올랐다. '밥도 배고플 때 줘야 맛있게 먹는 법이다!'

03

목차와 학습목표는
공부의 설계도다

오늘 저녁에 뭘 먹을지 고민하며 마트에 들어섰다고 상상해보자. 메뉴를 정한 후에 장을 보는 것과 재료를 보면서 메뉴를 결정하는 것 중 어떤 방법이 더 체계적일까? 당연히 전자다. 결과적으로 같은 음식을 내놓더라도 머릿속에 목표를 정해놓으면 장 보는 시간도 줄어들고 요리 과정도 간편해진다.

아이와 교과서를 읽을 때도 가장 중요한 것이 바로 교과서 전체 목차와 각 단원에서 제시하는 학습목표를 파악하는 것이다. 어렸을 때를 생각해보면 담임선생님은 항상 칠판에 학습목표를 적은 뒤에 수업을 시작하곤 했었다. 각 단원의 학습목표는 수업 시간에 우리가 가야 할 목적지이기 때문이다. 갈 곳이 어딘지 알아야 제대로 길을 찾을 수 있기에 학습목표를 염두에 두고 공부를 하는 것과 대충 읽고 넘기는 것은 결과에서 그 차이가 확연히 드러난다.

교과서에는 단원마다 간결하고 명쾌한 학습목표가 나와 있다. 특히 이 단원에서 '무엇을 알아야 하는가'는 전과나 문제집보다 더 분명하게 짚고 있다. 전과나 문제집은 단원 전체를 보기보다 암기와 문제 풀이 방법에 집중한다. 그래서 전과나 문제집으로 공부를 시키면 목표를 놓치고 방향을 잃게 되기 십상이다. 대부분의 부모도 교과서 읽기를 시작하려고 할 때 학습목표 부분을 읽지 않고 넘어가 버리곤 한다. 물론 아이는 아직 배우지 않은 부분이기에 무슨 말인지 못 알아들을 수도 있다. 그러나 학습목표를 함께 읽은 뒤에 본문을 읽는 것은 수업 시간에 배울 내용을 '낯설지 않게 느끼기' 위한 과정이다. 그러니 반드시 읽어야 한다.

여기서 잊지 말아야 할 것은 해당 단원에서 '이해학습'을 읽고 '적용학습'을 풀어본 다음 '단원학습'까지 풀게 하면 공부량이 많아져 아이는 겁부터 먹게 된다는 사실이다. 그러니 이 부분은 수업 시간에 배울 수 있도록 남겨두자.

교과서를 읽을 때 학습목표를 그저 읽고 지나가는 것도 나쁘진 않다. 하지만 교과서 읽기의 효과를 톡톡히 느끼고 싶다면 아이와 함께 학습목표를 계속 의식하면서 교과서 내용을 읽는 게 가장 좋다. 실제 교과서의 단원을 예로 들어 그 방법을 살펴보면 다음과 같다.

1학년 2학기 『국어-(가)』 네 번째 단원의 주제는 '뜻을 살려 읽어요'다. 해당 단원의 첫 번째 페이지를 보면 '글을 읽을 때에는 알맞은 곳에서 띄어 읽어야 합니다. 뜻이 잘 드러나도록 글을 알맞게 띄어 읽어 봅시다'라는 학습목표가 적혀 있다.

"이번 장에서는 글을 읽을 때 띄어 읽는 것을 배우나 봐. 글자가 띄어진 곳을 보고 잠깐 끊어서 읽는 거야. 그래야 뜻이 잘 드러난대."

쉬운 말로 학습목표를 숙지시키고 교과서 읽기를 시작하자. 교과서를 읽는 내내 부모가 학습목표를 머릿속에 넣고 있어야 아이가 옆길로 샐 때 제 길로 안내할 수 있다.

초등학교 공부에서는 부모의 힘이 절대적으로 필요하다. 저학년 때까지는 공부 습관을 잡아주기 위해 깊숙이 개입해서 이끌어줘야 하고 고학년부터는 자기 주도적으로 공부할 수 있도록 뒤에서 밀어줘야 한다. 1학년 때부터 학습목표 숙지하는 법을 연습한 아이는 고학년이 되면 혼자서도 그 방법으로 교과서를 읽는다.

교과서 사용법은 내가 독창적으로 개발한 방법이 아니다. 모든 학년 교과서에 목차가 씌어 있는 페이지 앞쪽을 펼치면 아래와 같이 '이렇게 활용해 보세요'라는 안내 페이지가 나온다.

① 단원을 시작하며- 공부할 내용을 떠올리며 단원의 학습목표를 살펴봅니다.

② 차시학습- 학습 유형을 색깔로 확인하고 공부하여 봅시다. 이해학습에

서는 지식이나 방법 등을 이해하는 활동을 합니다. 적용학습에서는 앞에서 공부한 것을 적용하는 활동을 합니다.

③ 단원을 마무리하며- 공부한 내용을 정리하고 차분히 되돌아봅니다.

④ 학습 도우미- 공부하면서 궁금한 점이 생기면 교과서의 염소 선생님, 강아지 친구, 토끼 친구와 이야기하여 봅니다.

교과서를 만든 사람들이 괜히 위와 같은 페이지를 만든 게 아니다. 대상은 선생님과 학생을 위한 것이고 목적은 함께 배울 교과 내용을 미리 제시하고 이해를 돕기 위해서다. 교과서를 자세히 살펴보면 이렇듯 사용법을 무척 친절하게 자세히 설명해놓았다. 이것이 바로 공부의 설계도이자 안내도다. 그대로 따라가면 교과서 읽기가 쉬워진다.

04

교과서 하나로
이해력, 문제해결력, 발표력이 자란다

이해력, 문제해결력, 발표력은 학습에 매우 중요한 요소다. 아이 스스로 방법을 깨닫고 이 능력을 얼마나 키우느냐가 공부그릇의 크기를 좌우한다고 해도 과언이 아니다. 하지만 막상 이 능력을 스스로 키우도록 아이를 훈련시키고 싶어도 그 방법을 알지 못해 부모들은 종종 고민에 빠지곤 한다. 바로 옆에 이러한 능력을 키울 수 있는 아주 쉽고 흔한 방법이 있는데도 말이다.

아이와 교과서를 함께 읽을 때 이해력, 문제해결력, 발표력 또한 키울 수 있다. 이번 장에서는 그 방법을 구체적으로 살펴보자.

1학년 국어 교과서 전체에 걸쳐 나오는 '느낌을 나누어요'라는 단원을 예로 들어보자. '느낌을 나누어요' 단원의 학습목표는 시나 동화에 대한 자기의 생각과 느낌을 다른 사람에게 전달하는 것이다. 그런데 느낌, 즉 자신의 감상을 말이나 글로 바꿔서 전달하는 것은 성인에게도 쉽지 않은 일이다. 특히나 저학년은 아는 단어 자체가 많지 않기 때문에 단원에 등장하는 단어를 이해하고 그에 맞는 느낌을 단어로 표현하는 것조차 힘겨울 수밖에 없다. 하지만 이는 당연한 과정이다.

게다가 교과서는 해당 연령 아이들의 보편적인 발달 수준에 맞춰 만든 책이다. 아주 쉬운 말로 되어 있지도 않고 어려운 단어로만 채워져 있지도 않다. 낯선 단어는 한 페이지에 한두 개 정도 나온다. 엄마들은 아이들이 교과서를 볼 때 모르는 게 없어야 한다고 생각하지만 교과서가 너무 쉽게 느껴지면 공부에 대한 동기부여가 안 되는 법이다. 모르는 게 있어야 '알아가는 재미'를 찾고 성취감도 느낄 수 있다. 그런 면에서 교과서는 아주 적당한 교재다.

앞에서 교과서를 읽다가 아이가 모르는 단어를 물어보면 경험과 연결시켜 설명해주라고 말한 바 있다. 이제 교과서 읽기 습관이 조금 자리 잡혔다면 다음 단계를 시도해보자.

"그 단어가 나오는 책을 한번 찾아보자. 국어사전에도 설명이 있을 거야."

이렇게 스스로 궁금증을 해결할 수 있도록 유도한다. 물론 사전을 찾을 때는 아이가 스스로 찾을 수 있을 때까지 부모가 사전에서 단어 찾는 법을 알려주고 옆에서 도와줘야 한다.

이 과정에서 아이는 문제해결력을 배우게 된다. 나는 교과서를 읽어줄 때 아이가 어떤 부분을 궁금해하면 "내일 선생님께 물어보자"라는 말을 단골 멘트로 했다. 선생님은 엄마가 모르는 것도 다 안다는 말도 덧붙였다. 수업 시간에 손을 들고 질문하면, 아이는 몰라서 질문하는 것인데도 친구들은 그 사실만으로도 '와, ○○○는 정말 똑똑하구나' 하고 생각한다. 수업 시간에 손을 들고 무언가 얘기한다는 것만으로 발표력이 뛰어나고 공부도 잘하는 아이라고 인식하는 것이다. 그때 아이는 친구들의 반응에 으쓱해할 것이다. 이런 상황이 반복되면 질문하는 힘에 대해서도 알아가고 자신감도 더 커진다. 게다가 질문하는 학생을 기특해하지 않을 선생님은 없지 않을까?

아이에 따라서는 궁금한 게 한가득한데 소심해서 입을 못 떼는 경우도 있다. 우리 아들이 그랬다. 당시에는 강제로라도 말하게 하거나 숫기가 없어서 그렇다며 사람들 앞에서 변명을 해주었다. 나중에 심리학 공부를 하고 나서야 알게 된 사실이지만, 남 앞에 나서는 것을 힘들어하는 아이들은 부모에게 그런 말을 들으면 더 안으로 숨게 된다고 한다.

"우리 아이가 부끄럼을 조금 타요. 크면서 나아지고 있어요. 다음에 보면 밝게 인사할 거예요."

이렇게 하는 것이 아이에게 좋다. 성격이나 성향은 다그친다고 바뀌는 게 아니기 때문이다.

학교에서 돌아온 아이에게 "선생님께 질문했어?"라고 확인하지는 말자. 그것도 아이 입장에서는 다그침이다. 강제로 사전에서 단어 찾기를 시키거나 질문하기를 시킬 필요도 없고 할 수 있는지, 없는지 확인할 필요도 없다.

요즘 학원에서 비싼 비용 내고 선행학습을 시키는 부모들 가운데 은연중에 학원 선생님을 학교 선생님보다 우위로 보는 사람들이 많다. 아이도 그런 부모의 모습을 보고 배워서 학교 수업 시간을 소중히 여기지 않기도 한다. 그렇게 행동한다면 위에 제시한 방법으로 아이와 교과서를 읽어봤자 아무런 효과가 없을 것이다. 학교 교육의 전문가는 선생님이다. 나는 아이가 유치원생일 때부터 "선생님은 최고로 똑똑한 분이고, 선생님 말씀은 곧 법이야"라고 말했다. 아이가 자라면서 학교 수업만큼 중요한 것이 없음을 깨닫게 하기 위해서였다.

국민 공통 교육과정을 가르치는 것에 있어서는 학교 선생님이 최고라는 믿음, 그리고 선생님에 대한 무한한 신뢰 또한 아이로 하여금 교과 내용을 잘 받아들이게 만드는 중요한 요건임을 잊지 말자.

이해력, 문제해결력, 발표력은 아이 스스로 교과서와 선생님 사이에서 유기적인 관계를 맺을 때 그 과실을 딸 수 있는 법이다.

05

하루 10분,
교과서를 소리 내어 읽어라

교과서로 함께 공부한다고 하면 특별히 '시간'을 내고 '공간'을 만들어야 한다고 생각해 부담스러워하는 부모들이 있다. 그러나 교과서로 공부하는 법은 무척 간단하고 가뿐하다. 하루에 투자할 시간은 10분이면 충분하다. 평소 10분은 하릴없이 지나가는 시간이지만 다음 날 배울 과목 하나를 예습하기에는 충분한 시간이다. 저학년 교과서의 경우에는 두 과목도 소화할 수 있다. 매일 시간을 내기 어렵다면 일주일에 한 번 시간을 정해 한꺼번에 해도 좋다. 나는 워킹맘이라 주말에 몰아서 했기 때문에 한 시간을 할애했다.

교과서 읽기는 복습이 아니라 배울 것을 예습하는 것이다. 학습목표를 숙지하고 배울 내용을 대강 파악하는 것이므로 하루 10분이면 배울 과목의 한 단원을 미리 훑어볼 수 있다.

교과서 읽기를 처음 시작할 때는 엄마가 읽어줬지만 다음 단계로 발전하려면 아이가 교과서를 소리 내어 읽도록 지도할 필요가 있다. 특히 소리 내어 읽기는 저학년 학생에게 필요한 독서법이다. 나는 중학생 아이라도 독서 경험이 별로 없는 아이한테는 소리 내어 읽기를 권한다.

소리 내어 읽기는 산만한 아이들을 글에 집중하게 하는 데에도 도움이 된다. 자신의 성대 울림과 입 밖으로 나온 음성, 이렇게 두 가지 방식으로 소리를 듣게 되면 학습 효과가 더 커지고 집중력도 생기기 때문이다. 두뇌 과학 분야 전문가인 일본 도호쿠 대학의 가와시마 류타川島隆太 교수는 음독音讀이 뇌의 혈류량을 높여주기 때문에 두뇌 발달에 좋다는 연구 결과를 내놓기도 했다. 소리가 머리를 울려 뇌를 자극하기도 하고 내용을 파악하거나 상상하는 과정도 모두 뇌 운동에 효과적이라고 한다. 또한 소리 내어 읽기는 끊어 읽기, 발음, 조사의 쓰임을 익히기 좋아서 언어에 대한 감각도 키울 수 있다.

문제는 소리 내어 읽기를 싫어하는 아이들이 꽤 된다는 것이다. 특히 학년이 낮을수록 우뇌와 좌뇌가 균형 있게 발달하지 않아 눈은 빠르고 소리는 느리다. 이 때문에 빨리 읽지 못하니 아이는 답답해한다.

인지심리학이나 대뇌생리학에서는 10세 미만까지는 청각 능력이나 공간적·예술적·감성적 사고를 담당하는 우뇌가 더 발달한다고 말한다. 10세가 넘어야 시각 능력이나 언어적·수학적·이성적 사고를 담당하는 좌뇌가 발달하기 시작한다. 즉 좌뇌와 우뇌를 연결하는 뇌량이 완전히 발달하려면 10세 이상이 되어야 하기 때문에 특히나 10세 때까지는 소리 내어 읽는 것이 중요하다.

저학년 아이에게 소리 내어 읽기를 한번 시켜보자. 십중팔구 '사이좋은 친구를 다시 읽고 물음에 답하여 봅시다'를 "사이좋은 친구 읽고 물음에…" 식으로 조사, 수식어 등의 단어를 건너뛰어 읽는다. 눈으로만 읽게 하면 제대로 읽고 있는지 확인할 수 없으니 바로잡아주지도 못한다. 이것이 반복되면 습관이 되어 단원평가 때 실수를 하게 되는 경우도 있다.

중·고등학생이 될 때까지 이 습관을 고치지 못하면 더 심각한 문제가 발생한다. 아이는 지문은 물론이고 문제를 자기 식으로 읽게 된다. 문제를 잘못 읽으면 당연히 답도 틀린다. '다 아는 문제인데 틀리는 실수'가 이런 데서 발생하는 것이다. 학년이 올라갈수록 시험에 출제되는 지문의 내용이나 어휘가 어려워지는 데다가 문제도 복잡해진다. 그런 상황에서 문제를 제대로 띄어 읽지 않거나 잘못 읽으면 엉뚱한 곳에서 구멍이 뚫려 성적이 오르지 않게 된다.

물론 고학년으로 올라갈수록 지문이 길어지기 때문에 지문 전체를 소리 내어 읽으면 시간이 오래 걸린다. 이때는 정독과 숙독으로 읽게 한다. 속독은 안 된다.

한번은 책 읽는 것을 무척 좋아하는 우리 딸이 기특하여 속독을 가르친 적이 있었다. 속독법으로 두꺼운 책을 순식간에 읽어내는 모습을 보니 그렇게 뿌듯할 수가 없었다. 그러다 어느 날 질문을 해봤는데 전체 줄거리는 파악했으나 주요 인물 외에 등장하는 부차적인 인물의 갈등 요소, 제삼자의 등장에 관해서는 아예 모르는 것이 아닌가. 속독에 집중한 나머지 정작 기억해야 할 내용을 그냥 흘려버린 것이다.

내가 '엄마발자국'을 운영하면서 만난 아이들을 떠올려보면 성적이 좋은 아이도 나쁜 아이도 모두 공부를 잘하고 싶어 했다. 그런데도 아이들의 성적이 뒤처지는 것은 문제이해력 때문이었다. 독서량이 부족한 것은 차치하더라도 교과서에서 짚고 넘어가야 하는 단원과 내용을 놓친 게 일차적인 문제였고 그다음이 문제를 정확히 이해하지 못하는 경우가 많았다. 속독은 아이가 이해했는지 아닌지 확인하지 못한다. 아이가 어릴 때 소리 내어 읽기를 하게 해서 자연스럽게 바로잡아 주면 이런 현상을 미리 방지할 수 있다.

소리 내어 읽기에는 또 다른 놀라운 효과도 있다. 바로 '성격의 변화'다. 일본의 스타 강사 야스코치 데쓰야安河内哲也는 실제로 음독 수업을 통해 많은 학생이 수업 시간에 적극적으로 변하는 것을 지켜봤다고 한다. 반복적인 음독 학습이 수업 시간에 많은 사람 앞에서 입을 떼는 것에 거리낌을 없게 만든 것이다. 또한 낯설고 어려운 단어를 머릿속으로 읽는 것과 실제 입으로 발음해보는 것에는 크나큰 차이가 존재한다. 그 단어를 직접 발음하고 문장을 읽음으로써 익숙해지면 아이는 자기 생각을 표현할 때도 해당 어휘를 쓰기 마련이다.

물론 부끄러움을 많이 타서 엄마 앞에서 소리 내어 읽는 것조차 힘겨워하는 아이들도 있다. 그때는 엄마가 먼저 소리 내어 읽는 시범을 보여주자. 약간 우스꽝스러운 소리를 내거나 긴장하는 기색을 보여주는 것도 괜찮다. 이때 아이가 긴장을 풀면 한 줄 한 줄 천천히 읽게 하면 된다. 중요한 것은 아이가 발음을 틀리거나 단어를 읽지 않고 넘어갔을 때 언성을 높이거나 창피를 줘서는 안 된다는 점이다. 부모가 자연스럽게 교정해서 읽어주면 아이들은 그대로 다시 읽을 것이다.

하루 10분 함께 소리 내어 읽기 습관이 아이에게 어떠한 변화를 가져올지 궁금하지 않은가? 눈앞에서 그 기적을 보고 싶다면 잊지 말자. 하루 10분이면 충분하다.

06

영상과 텍스트는
축적력이 다르다

내가 학생이었던 시절에는 선생님이 판서를 하면, 학생들이 그것을 공책에 베껴 적었다. 또 수업을 들으면서 선생님의 말씀을 머리로 요약하여 교과서나 공책에 핵심 단어를 적곤 했다.

하지만 요즘은 선생님에 따라서 수업 내용을 요약한 유인물을 나눠주기도 하고 파워포인트나 영상물로 수업을 진행하기도 한다. 유인물로 수업하고 눈으로 영상을 보면서 교과 진도를 진행하면 필기하는 데 쓸 시간을 아낄 수 있을 것처럼 보인다. 또 정리해놓은 핵심 내용을 다시 한 번 보는 것이니 학습 효과도 높을 것이라는 생각이 들겠지만, 백문불여일견百聞不如一見이고 백견불여일행百見不如一行이다.

손으로 쓰는 것은 몸이 기억한다. 또한 '쓰는 행위'를 통해 지식을 받아들이고 내 방식으로 정리를 해야 내 것이 된다. 귀로는 선생님의 말씀을 듣고 머리로는 내용을 정리하며 중요한 부분을 적는 행위가 훨씬 더 능동적인 학습 과정이다.

요즘 아이들을 영상 세대라고 한다. 학교 수업 시간에 보여주는 영상 자료들은 학생들을 순간적으로 집중하게 만들거나 그들에게 호기심을 갖게 해주는 효과도 물론 있다. 또 글로는 이해하기 어렵거나 보충 설명이 필요한 부분을 영상으로 보여주면 도움이 되는 경우도 간혹 있긴 하다. 하지만 영상으로 얻은 지식은 쉽게 들어왔다 쉽게 나간다. 지식의 저장 기간이 짧다는 뜻이다. 나는 아이들을 가르칠 때 영상 자료를 이용하지 않는다. 인터넷도 아이들의 질문에 대한 보충 자료가 필요할 때만 사용한다. 수업 시간에 영상으로 접한 지식을 내 지식으로 만들려면 손으로 직접 써보고 한 번 더 읽어보는 수고가 필요하기 때문이다.

앞서 수업 전에 교과서를 미리 읽을 때는 배울 단원에 대한 호기심을 유발하는 정도로만 예습하라고 했다. 수업 시간에 선생님께 배운 후 복습할 때는 예습과 다른 방법을 써야 한다.

첫 번째로 할 일은 복습할 교과서 단원과 관련된 책을 찾아 읽는 것이다. 두 번째는 책을 통해 얻은 정보를 공책에 손 글씨를 직접 써서 정리를 하는 것이다. 나는 전자를 '교과별 확장 독서법'이라고 하고 후자를 '생각지도'라고 하는데 이때 교과 단원에 관련된 책은 엄마가 선택해도 무방하다.

교과서에 대해 부모들이 간과하는 점이 있다. 사실 초등학교·중학교·고등학교 교과서는 모두 연계되어 있다. 초·중·고마다 완전히 새로운 내용을 배우는 것이 아니라는 뜻이다. 초등학교에서 배운 것을 바탕으로 중학교에서는 그 내용이 심화, 발전되고 고등학교 때도 마찬가지다. 그래서 초등학교 때 교과별 주제에 따라 확장하여 독서를 해놓으면 중·고등학교 때 그 위력을 발휘하는 것이다.

그럼 이제 교과별 주제에 따른 확장 독서법에 대한 예를 구체적으로 살펴보자. 초등학교 5학년 2학기 『과학』 3단원에서는 '물체의 속력'이 나온다. 교과서를 읽을 때, 가장 먼저 해야 할 것은 과학에서 쓰이는 '운동'이란 단어가 일반적으로 우리가 쓰는 운동과 의미 면에서 어떻게 다른지 설명을 해주는 것이다. 일단 개념을 세워주고 나서는 관련된 책을 아이와 찾아 읽으며 지식의 세계를 확장시켜준다.

책을 읽고 난 후엔 장난감 자동차를 가지고 생활 속에서 '운동'의 개념을 숙지시켜줄 수도 있다. 장난감 자동차의 속력을 통해서는 마찰력, 볼펜 속 심을 싸고 있는 용수철로는 탄성력을 알 수 있다. 아이와 길을 걸을 때도 도로 표지판에 적힌 제한 속도를 자세히 살펴보자. 이렇게 '물체의 운동'과 관련된 것들을 함께 살펴보고 이를 화제 삼아 교과서에 나오는 개념에 대해 이야기를 나누는 것이다. 그 후 교과서의 내용과 스스로 중요하다고 생각하는 것을 공책에 적게 한다.

다음의 그림은 '거울과 렌즈'라는 주제를 가지고 '엄마발자국'에 다니는 한 아이와 수업을 진행한 것이다. 함께 거울과 렌즈에 관한

거울과 렌즈

렌즈

① 빛을 통과시키는 굴절 현상을 이용한 것으로 양쪽이 모두 투명하다.
② 빛이 두꺼운 쪽으로 휘어지는 성질을 이용하며 종류에 따라 그 쓰임새가 다르다.

종류

① 볼록렌즈는 가운데 부분이 가장자리보다 두꺼운 렌즈로 빛을 비추면 렌즈의 안쪽으로 빛이 휘어진다. 가까이 있는 물체를 보면 물체가 커 보이고 멀리 있는 물체를 보면 작고 거꾸로 보인다.

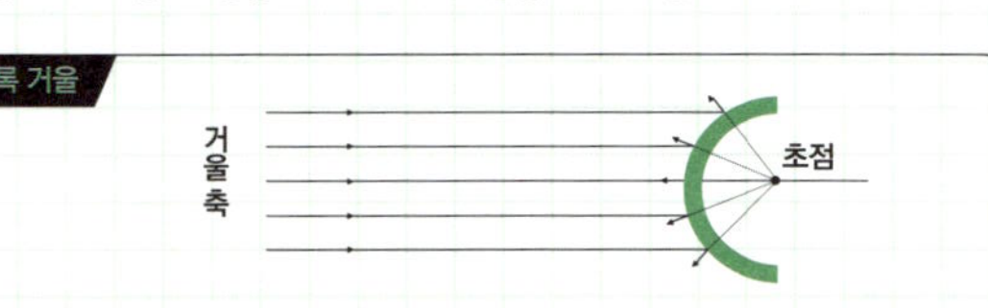

② 오목렌즈는 가장자리에 비해 가운데 부분이 얇은 렌즈로 빛을 비추면 밖으로 퍼져나간다. 오목렌즈는 가까이서 보든 멀리서 보든 물체가 작아 보인다.

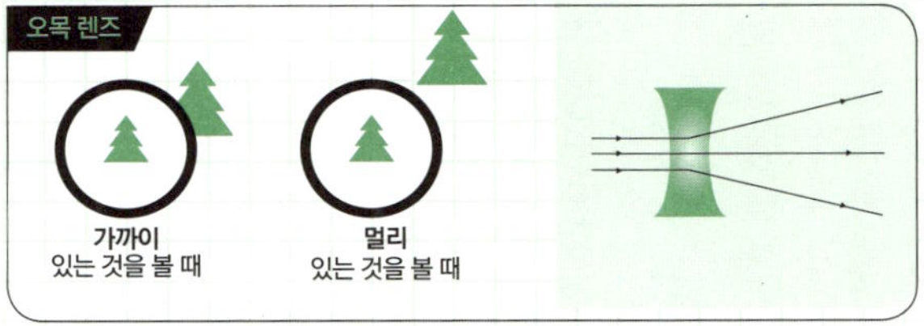

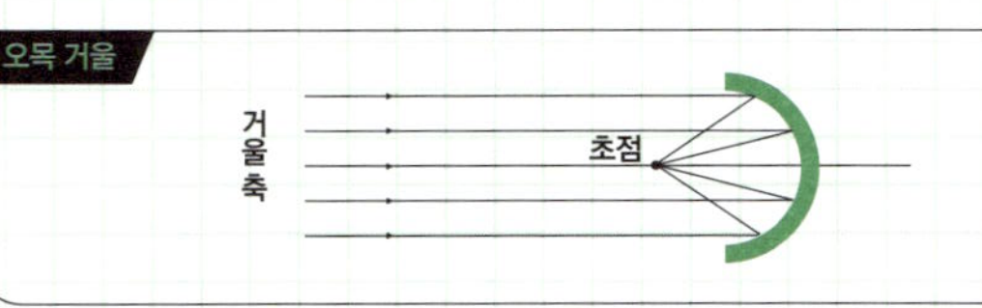

쓰임새

볼록렌즈를 사용하여 물체를 크게 보여주는 현미경과 오목렌즈를 이용하여 근시를 치료해주는 안경이 있다.

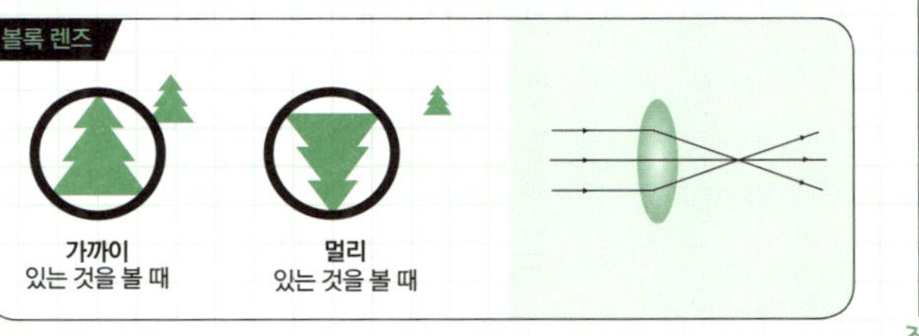

거울

① 빛의 반사를 이용한 것이다. 따라서 한쪽 면에는 빛을 잘 반사시키는 은이 칠해져 있다.
② 좌우가 바뀌어 보인다.

종류

① 볼록거울은 빛을 반사하는 가운데 부분이 볼록하게 생긴 거울이다. 빛을 퍼뜨리는 성질을 가지고 있어 실물보다 작은 상이 생긴다.

② 오목거울은 빛을 반사하는 가운데 부분이 오목하게 생긴 거울로 빛을 한곳으로 모으는 성질을 가지고 있어 실물보다 큰 상이 생긴다.

쓰임새

① 볼록거울에 생기는 물체의 상은 실제 물체보다 작게 보여 좁은 볼록거울로 넓은 경치를 볼 수 있다. 자동차의 사이드미러를 볼록거울로 만든다.

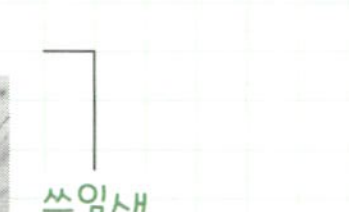

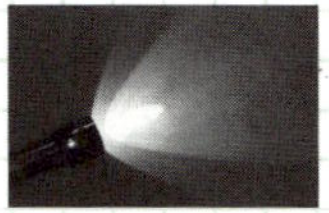

② 오목거울은 빛을 모아주는 역할을 하기 때문에 손전등에 사용된다. 손전등 안에 들어 있는 꼬마전구의 불빛이 오목거울에 반사되어 거울 축과 나란하게 나아간다.

이야기를 나눈 뒤 거울의 특징과 쓰임새, 렌즈의 특징, 종류, 생활 속에서 어떻게 쓰이고 있는지 아이 스스로 책을 읽고 공책에 정리했다.

이런 식으로 스스로 주제를 정하고, 책을 읽은 뒤, 공책에 내용을 정리하는 것에 나는 '생각지도'라는 이름을 붙였다. 아이들의 생각이 어디쯤에 있는지 지도처럼 볼 수 있어서다. 나는 아이들에게 이 생각지도를 그리게 하기 위해 펼침면이 A3 크기인 공책을 준비하게 한다. 이 정도 크기는 되어야 공책의 어느 부분을 펼치든 아이가 공부한 단원의 제목, 학습목표, 그에 관련해 정리한 내용이 한눈에 보인다. 이 정리법을 어렵게 생각할 필요는 없다. 생각지도는 말 그대로 마인드맵을 하는 것이다. 해당 주제에 관련해서 책을 읽으면 그 주제를 중심으로 어떤 것을 알게 되었는지 스스로 떠올리고 그것을 마인드맵으로 정리하면 된다. 이 정리법을 제3장에서 설명하는 다독－확장－개념 정리의 단계마다 사용하면 아이는 해당 주제에 관련된 내용을 반복해서 되새김질하게 된다.

처음 아이들에게 이러한 방식으로 생각지도를 그리게 하면 당황한다. 여태껏 해보지 않았던 것인 데다가 커다란 종이를 다 채워야 한다는 부담감에 아이들은 울상을 짓는다. 그런데 일단 몇 번 해보면 곧 그 재미를 알게 된다. 똑같은 단원과 책을 읽어도 아이마다 공책을 정리하는 방법이 다른데 딱히 정답은 없다. 자기 식으로 하게 두면 된다. 이렇게 스스로 생각하고 필기하면 머릿속에 진하게 새겨진다.

인간의 뇌는 학습에 의해 진화한다. 기억 용량이 커질수록 사고력도 커진다. 사고력은 새로운 아이디어를 만들어내고 이 아이디어는 창의력이 된다. 21세기는 창의력이 중요한 시대라고들 말한다. 부모들은 아이의 창의력을 키운답시고 이런저런 경험을 하게 하는 데만 집중한다. 그에 앞서 반드시 해야 할 일이 있다는 것을 간과한 채 말이다. 창의력의 바탕에는 지식, 즉 창의력을 발아시킬 재료가 필요하다. 읽고, 쓰고, 듣고, 말하며 기억하는 연습이 바로 그 재료다. 이 모방의 단계를 거쳐야 창의력 단계로 가기 위한 기초가 탄탄하게 다져진다.

생각지도는 아이 스스로 책을 읽고, 그 내용을 쓰고, 자기 생각을 설명하는 한 가지 방법이다. 이를 통해 쌓인 배경지식은 말과 글을 이해하는 데 유용하다. 또 배경지식은 독해력뿐 아니라 사고력에도 기여한다. 지식 없이 어떻게 비판적이고 논리적인 사고를 할 수 있겠는가. 흔한 예지만 뉴턴도 떨어지는 사과를 보고 우연히 만유인력의 법칙을 발견한 것이 아니다. 이미 관련 지식이 있는 상황에서 떨어지는 사과를 보고 풀리지 않았던 문제의 실마리를 얻은 것뿐이다.

물론 생각지도가 아니라도 상관없다. 아이와 함께 새로운 방법을 고안해내는 것도 좋다. 잊지 말아야 할 것은 아이 스스로 생각하고, 관련된 책을 읽으며, 그것을 종이에 손으로 직접 써야 한다는 것이다. 잊지 말자. 아이가 연필로 쓴 그 텍스트들이 아이의 뇌에도 진하게 축적된다는 것을. 또 그렇게 할 때 아이의 창의력이 빛을 발한다는 것을 말이다.

독서력 높여주는
공간 만들기

💡 난이도에 따라 책 꽂는 위치를 달리한다

보통 엄마들이 아이 방을 꾸미거나 전용 책장을 마련하는 시기는 36개월 전후다. 이때 아이가 오래 머물거나 가족이 함께 시간을 보내는 공간이 책을 놓아두기에 가장 좋은 공간이다. 보통 36개월에는 동화책과 자연관찰책을 아이 눈높이에 맞춰 꽂고, 책장 맨 아래쪽에 만만한 보드북(겉표지가 딱딱한 유아용 그림책)을 둔다. 아이 눈높이보다 조금 높은 곳에는 명작동화, 전래동화, 위인동화 등 조금 어려운 책들을 꽂는다. 이는 어려운 책을 눈으로 먼저 보게 해 낯섦을 없애기 위해서다. 즉 눈높이에는 지금 봐야 할 책, 위쪽은 수준이 높은 책, 아래쪽은 이전 단계에서 읽었던 쉬운 책을 두라는 뜻이다. 이 원칙은 초등학생에게도 그대로 적용된다.

💡 책 제목부터 익숙해지도록 한다

어려운 책이나 아이가 흥미 없어 하는 책은 제목부터 익숙하게 만들어야 한다. 아이들은 자기가 좋아하는 책을 무한 반복해서 읽기를 좋아한다. 이때 다른 책을 읽게 하려고 일부러 책을 감춰두는 엄마들도 있는데 '책장 숨바꼭질'을 시켜보라. 아이가 좋아하는 책을 이곳저곳으로 옮겨 꽂아둔 뒤 그 책을 찾으며 다른 책의 제목을 훑어보게 하는 것이다. 이렇게 함으로써 자연스레 관심을 유발하고 안 보는 책을 친근하게 만들어줄 수 있다.

💡 독서 바구니를 활용한다

4세 정도부터는 예쁜 독서 바구니를 마련한다. 이는 방바닥에 앉아서 책을 읽는 습관을 먼저 만들어주는 데 효과적이다. 이때 아무 책이나 바구니에 담아두는 것이 아니라 아이가 관심을 가지고 있는 주제와 읽히고 싶은 책을 같이 넣어둔다. '바구니에 있는 책'을 다 읽는 것 자체가 아이에게 놀이처럼 느껴지기도 하고 해당 책을 다 읽었을

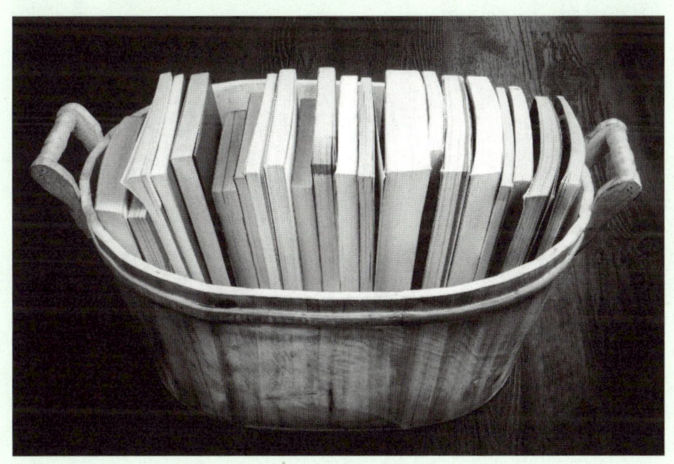

아이가 좋아하는 책과 엄마가 권하는 책을 독서 바구니에 넣어보자.

때 성취감도 크다. 이때 아이에게 책 읽는 바른 자세를 강요하다 보면 책 읽는 흥미를 잃어버릴 수 있으니 너무 강요하지 않도록 해야 한다. 초등학교 저학년은 독서 바구니에 교과서 내용과 관련된 책을 담아둔다.

💡 커다란 책 테이블을 놓는다

아이가 초등학교에 입학하면 흔히 책상과 책장을 아이 방에 놓고 아이 책을 꽂아주는데 그렇게 하면 책에서 멀어지기 쉽다. 거실이나 큰 방을 도서관으로 만든다는 생각으로 가운데에 넓은 테이블을 놓고 책장을 두는 편이 좋다. 부모와 함께 책을 읽고 질문하면서 자연스럽게 책을 읽고 공부하는 재미를 깨닫게 하자. 자기도 모르게 책과 공

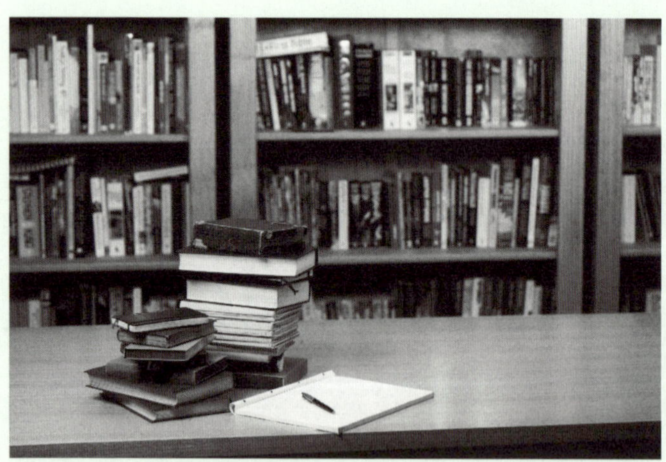

사람이 많이 모이는 공간에 책장과 넓은 테이블을 두면 아이는 자연스럽게 책 읽기 습관을 들인다.

부를 즐기는 습관을 들일 것이다. 넓은 테이블은 책을 여러 권 펼쳐 놓을 수 있어 좋다. 아이들이 공부하다가 궁금한 것이 있으면 사전을 꺼내 와 펼치고, 교과서와 각종 관련 책도 펼쳐놓을 수 있어야 한다. 이렇게 공부하면 아이 스스로도 뿌듯해하고 시각적으로도 자극이 되어 테이블에 오래 머물게 된다. 공부를 마치고 정리 정돈을 할 때 "오늘은 공부를 많이 했구나" 하며 칭찬도 잊지 말자. 아이는 성취감도 느끼고 자신감도 커져 으쓱해할 것이다. 아이가 한발 더 나아가게 되는 것이다.

●

제2장

교과서를 파면
책으로 가는 길이 보인다

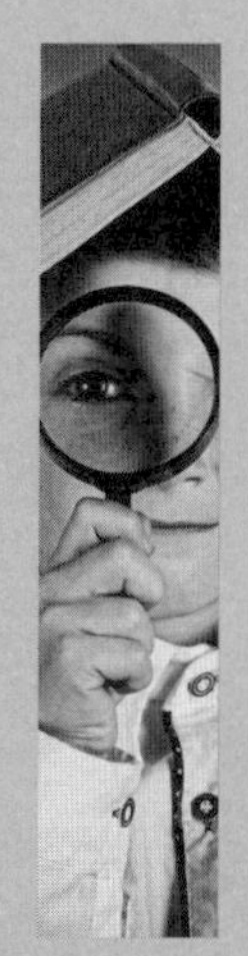

01

교과서에서 출발해
책으로 달리는 방법

사실 예전부터 TV와 책을 포함한 많은 매체에서 독서의 필요성을 강조한 탓에 요즘 대부분의 부모는 독서가 중요하다는 사실을 잘 알고 있다. 그런데도 독서 교육을 실천하려고 하면 여전히 막막하다는 생각부터 든다고들 한다. 그 종류도 엄청나고 주제도 방대한 책 중에 무엇을 선택해 어디서부터 읽혀야 할까? 그저 눈에 보이는 대로 아무거나 집어 읽힐 것인가?

물론 마구잡이식 책 읽기도 아이를 책의 바다로 입장시키기 위해 필요한 작업이긴 하다. 그러나 본격적인 독서를 할 때는 먼저 주제를 정하고 거기에서 가지를 뻗어 나가는 방법이 흥미 면에서나 효율 면에서 낫다.

교과서는 주로 개념 설명에 치중한다. 그러므로 해당 개념을 스토리로 풀어내는 책을 읽어 배경지식을 넓혀야 한다. 관련 영역을 넓히고 더 깊은 내용을 익혀 바탕을 쌓는 작업을 하는 것이다. 책으로 바탕을 탄탄히 다지지 않으면 단편적인 정보만 받아들이게 되어서 아이는 학년이 올라갈수록 교과서를 어렵다고 느낄 수밖에 없다.

사교육을 따로 시키지 않고 독서로 아이를 키우는 부모들은 그 방법이 정도正道라는 것을 알면서도 학원에서 선행학습을 하는 아이와 비교하며 불안감을 느끼곤 한다. 그러나 교과서를 정확히 파악하고 해당 주제와 독서를 연결시켜 공부하게 하면 부모의 불안감은 사라질 것이다. 아이가 관련 지식을 습득하고 넓은 시각으로 교과서를 읽는 모습을 바로 옆에서 지켜보게 되기 때문이다. 자신감이 생긴 아이가 학교 공부에 재미를 붙이는 모습도 물론 볼 수 있다. 책 많이 읽는 아이, 공부 잘하는 아이가 되니 일거양득의 효과를 거두는 셈이다. 그럼 이런 아이로 자라게 하기 위해서는 어떤 책을 선택해야 하는가? 그 구체적인 방법을 알아보자.

같은 주제라도 아이의 지적 수준에 맞춰 책을 선택하라

책을 선택할 때 가장 중요한 점은 다름 아닌 아이의 '눈높이'다. 책을 고를 때 부모들은 대부분 아이의 수준에 맞춘다고 하여 표지에 씌어 있는 대상 연령을 보고 선택하곤 한다. 그러나 고려해야 할 것은 아이의 학년이나 연령이 아닌 아이의 지적 수준이다. 같은 교과서 주제를 놓고도 아이의 수준에 맞는 책을 골라야 한다는 뜻이다. 고학년이더라도 책을 많이 읽지 않은 아이라면 초등학교 3~4학년 수준의 책부터 시작하는 편이 좋다.

대체로 학년이 낮으면 교과서와 관련된 책이 많지 않다. 제4장에서 자세하게 이야기하겠지만 초등학교 저학년 학생의 경우 흥미를 고려하여 지식을 쌓는 것보다는 책 읽기의 즐거움에 빠지게 하는 데에 집중해야 한다.

예컨대 '집'이 주제라면 한옥이 나오는 전래동화부터 선택해보자. 그 후에 양옥·이글루·수상가옥 등 여러 종류의 가옥에 관한 책을 골라 읽히는 방식으로 차근차근 이어나가면 된다. 같은 주제를 다룬 여러 종류의 책을 읽으면 기후와 자연환경에 따라 주거문화가 달라진다는 개념이 아이의 머릿속에 자연스럽게 자리 잡는다. 이렇게 바탕이 다져지면 아이는 아는 것이 많아지고 지식의 확장에 따라 지적 호기심 또한 향상된다.

초등학교 3~4학년쯤 되면 당연히 독서 영역을 더 넓혀야 한다. 과목별로 조금씩 다르긴 하지만 대체로 키워드를 잡아 다양한 분야에서 해당 키워드를 찾아내는 식으로 접근하면 쉽다.

예를 들어보자. 3학년 2학기 『국어』 첫 번째 단원에는 '재미가 솔솔, 방귀쟁이 며느리'의 그림이 나와 있다. 이야기는 씌어 있지 않으므로 학교 수업 시간에 영상이나 음성 자료를 들려주며 진행하는 단원이다. 집에서 교과서 읽기를 할 때는 당연히 이 단원에 해당하는 음성 자료가 없으니 아이와 앞에서 말한 '그림 읽기'만 하면 된다. 그러고 나서 주제를 확장하여 책을 읽어야 할 차례에는 『방귀 타고 날아간 절구통』『방귀쟁이 방귀내기』 등 방귀를 소재로 다룬 동화책을 찾아 읽히도록 한다. 동화책에서 재미있는 '표현'을 익힐 수 있고 '해학'에 대해서도 이해하게 된다. 고학년이라면 여기서 더 나아가 방귀는 왜 뀌는 것인지 몸속의 가스 등을 언급하고 있는 인체 관련 책, 나아가 방귀 냄새는 왜 퍼지는 것인지 그 과학적 원리를 다룬 과학책 등으로 확장해서 책을 읽게 한다.

초등학교 교과를 쭉 살펴보면 1학년은 '나'를 중심으로 배우고 2학년은 '우리' 3학년은 '사회' 4학년은 '국가' 5~6학년은 '세계'를 배운다. 세계의 범위도 5학년에서 6학년으로 가면 더 넓어진다. 교과 내용이 나선형으로 확장되는 형태다. 즉 아이들이 주제와 키워드로 책을 선택해 배경지식을 쌓는 것은 교과 과정의 진행 방향과도 일치한다. 자신도 모르게 예비지식을 쌓게 되는 것이다.

통합교과서의 주제를 보고 책을 선택하라
●

오늘날 학교에서는 기존의 교과와 교과 간의 관계를 뛰어넘어 주제와 활동을 중심으로 내용이 구성된 통합교과를 실시하고 있다.

그러나 내가 학교에 다니던 시절에는 국어·사회·과학·수학 등의 과목이 별개의 영역이었다. 칸막이를 쳐놓은 듯 서로를 침범하지 않았고 국어 교과에 나오는 지문이 사회 시험에 나오는 일은 없었다. 그런데 지금은 통합교과가 실시되면서 다양한 지문을 읽고 각 과목의 관점으로 사고하는 문제가 출제되고 있다.

교과서를 중심으로 주제를 잡고 책을 읽는 방법은 통합교과 시대에 딱 맞는 공부법이다. 책을 많이 읽고 지식을 확장하여 개념이 제대로 정립되면 다양한 영역에 대한 종합적인 사고가 쉬워진다. 배경지식은 따로 담는 것보다 주제별로 엮어야 하고 여기서 한발 더 나아가 실생활까지 이어지게 해야 한다. 교과서에서 배운 내용을 일상생활 속에서도 응용해야 아이가 사고를 더욱 깊게 할 수 있다.

예를 들어 화장실에 가면서 전등을 켤 때 아이들이 교과서에서 배운 '빛'에 관한 교과 내용을 일상의 전등과 관련지어 생각하게 하는 것이다. 대부분의 아이는 교과서의 빛과 자신이 읽은 동화책에 나오는 빛을 분리해 생각한다. 빛에 관한 시를 읽으면서 빛이 없는 것은 어둠과 공포를 의미하고 빛이 있는 것은 밝음과 기쁨을 뜻한다는 것을 알지만, 과학에서의 '빛'과는 연결시키지 못하는 것이다.

그러나 부모가 아이와 함께 책을 읽고 지식을 확장하며 개념을 정리하는 방법으로 배경지식을 차곡차곡 쌓는다면 아이의 사고는 달라질 것이다. 동화책에서 입으로 불을 뿜는 용이 등장하는 순간, 아

이는 뜨겁다는 감각을 떠올리고 그 불을 끄기 위해서는 탈 물질, 발
화점, 산소 중에 한 가지가 차단되어야 하니 용의 입을 막아야 한다
는 생각을 함께할지도 모를 일이다.

교과서 가지치기로 공부그릇을 넓혀라

아이에게 책을 골라줄 때 교과서 주제를 가지고 가지를 쳐서 고르는 것이 기본 원칙이라고 앞서 말했다. 여기서 '가지치기'는 무엇을 의미할까? 가지를 친다는 것은 단순히 교과서 단원에 관련된 책을 여러 권 읽는다는 뜻이 아니다. 과목에 따라, 아이의 지적 수준에 따라 책을 고르는 방식과 가지를 쳐나가는 순서도 다르다. 또한 어떤 책을 읽혀야 할지 명확히 판단되는 국어 교과와 달리 과학과 사회 같은 경우는 단원별로 개념을 정리하는 방식도 다르고 주제도 다양하다. 그래서 다른 과목에서는 가지치기를 잘하다가도 이 과목을 맞닥뜨린 부모들은 난감해하곤 한다. 이번 장에서는 과학과 사회 교과를 중심으로 가지치기 방법을 살펴보자.

과학 교과는 어떤 순서로 가지를 쳐야 할까?

●

과학 교과의 경우, 주제와 관련된 동화책을 읽힌 후 사진이 있는 책으로 넘어가는 것이 좋다. 특히나 과학은 교과서 자체가 개념 정리 형식이기 때문에 처음에는 그림이 많은 책으로 워밍업을 한 뒤 그다음으로 정보가 풍부한 책을 읽히고 세밀한 화보가 들어 있는 백과사전 형식의 책으로 마무리하는 게 좋다.

좀 더 구체적으로 그 방법을 알아보자. 과학은 '현상'을 탐구하는 과목이다. 그러니 주변에서 흔히 볼 수 있는 것을 시작점으로 삼아 탐구하는 것이 좋다. 즉 과학은 자연관찰에 관한 책을 먼저 읽어야 한다. 이때도 순서가 있다. 식물과 동물, 무생물이 모두 들어 있는 전집류 책으로 골라 읽게 하되 식물 분야를 먼저 읽히고 그다음으로 동물 분야를 읽힌 후 마지막으로 돌, 흙 등을 다룬 무생물 분야를 읽게 하는 것이다.

처음에는 아이와 식물의 뿌리를 관찰하고 물의 흡수를 통한 식물의 성장을 관찰하자. 그다음 식물을 먹이로 하는 초식동물과 그 동물을 먹는 육식동물 그리고 기타 생물에 관한 이야기를 읽힌다. 그러고 나서 돌, 흙 등에 관한 무생물 관찰책을 통해 자연환경의 전체적인 개념을 파악하는 것이다. 이런 개념이 아이의 머릿속에 자리 잡고 나면 먹이사슬, 신체구조, 생태계 등 생물 분야를 폭넓고 자세하게 다룬 과학원리책으로 점차 나아간다.

초등학교 1~2학년은 통합교과로 되어 있으므로 실제 '과학'이라는 과목명이 나오는 것은 초등학교 3학년부터다. 3학년 1학기 『과학』에서는 '빛과 그림자'라는 단원이 등장하는데 이 주제는 6학년 1학기 『과학』에서 '빛'이라는 단원으로 다시 나온다. 이것 외에 초등학교 3~6학년 과학에는 겹치는 내용이 거의 없다. 정리하면 초등학교 과학은 과학의 전반적인 분야를 살짝 건드리기만 하는 셈이다. 그런데 중학교에 가면 가볍게 배웠던 것이 심화되어 등장한다. 그래서 초등학교 때 넓고 깊게 독서를 해서 개념을 확실히 잡아놓아야 한다고 강조하는 것이다. 개념도 잡아놓지 않은 채 중학교에 올라가 심화 과정을 맞닥뜨린 아이는 당황하게 되고 공부에 흥미를 잃을 수밖에 없다.

과학보다 사회 교과 가지치기가 더 어렵다

사회도 스토리가 있는 동화책에서 사진이 많은 책으로 넘어가는 것은 과학 교과 책 읽기와 다름없다. 문제는 사회 교과가 한국사·지리·정치·세계사·경제 등 생각보다 그 영역이 방대하다는 것이다.

아이들이 초등학교 3학년에 올라가면 공통적으로 어려움을 겪는 과목이 바로 사회인데 그 원인은 첫째, 과학은 똑 떨어지는 맛이 있는데 사회는 용어가 낯설고 개념도 추상적이다. 둘째, 아이들이 아직 직접 겪은 세계가 아니므로 이해 자체가 어렵다. 셋째, 나라마다 문화와 환경이 다른데 이것을 다 경험해볼 수 없다. 넷째, 과학처럼 법칙이 정해져 있어 변화를 예측할 수 있는 것이 아니라 사회는 늘 새롭게 변화한다.

이와 같이 아이들이 사회 교과를 어려워할 만한 요소는 산재해 있다. 특히 사회적 변화를 따라가려면 신문이나 뉴스를 주기적으로 살펴봐야 하는데 이것은 어른으로서도 쉽지 않은 일이다. 더군다나 아이들은 학교, 학원에 다니면서 쏟아지는 숙제 때문에 집에서는 신문이나 뉴스를 볼 시간도 없다.

우선 사회 공부의 시작은 '가족관계'부터다. 그다음 나를 둘러싼 주변의 '생활과 환경'으로 점점 넓혀 '사회'로 '국가'로 '세계'로 넓혀 가도록 한다. 교과서 역시 나 - 학교 - 고장 - 나라 순으로 주제를 확장시키고 있다.

그러기 때문에 사회 과목도 처음에는 전집으로 접근하는 것을 권장한다. 전집류는 부모가 미처 생각지 못한 주제까지 다루고 있으므로 시작으로 적당하다. 하지만 사회 과목은 시중에 나와 있는 전집류가 다양하지 않다는 단점이 있다. 그 많지 않은 전집 중에서 그래도 제대로 된 전집을 고르려면 부모가 먼저 초등학교 사회 교과서에 나오는 단원을 꼼꼼히 살펴봐야 한다. 그 단원들을 최대한 골고루 담은 사회 분야 전집을 사서 한 질 읽게 하자.

그다음 단행본으로 넘어가 사회문화·법·경제·정치·한국사·지리·세계사 등에 관한 책을 읽어 용어의 의미를 파악하고 인과관계를 이해할 수 있도록 해야 한다. 단행본을 고를 때는 인터넷 서점에서 해당 주제어를 넣고 검색한 뒤 나오는 책들의 서지사항을 꼼꼼히 읽고 나서 난이도와 아이의 지적 수준을 고려하여 책을 고르면 된다. 하지만 책을 살 때는 인터넷이 아니라 서점에 직접 가서 사는 것을 추천한다.

이 부분은 상당히 시간을 들여야 하는 작업이다. 부모로서는 누군가 골라줬으면 하겠지만, 아이의 수준을 가장 정확히 파악하는 사람은 부모뿐이다. 그 누구도 대신해줄 수 없는 부분이며 아이에게는 공부그릇을 넓혀주는 기회라는 것을 기억하자. 전집을 읽을 때 아이가 이해를 잘 못 하는 특정 분야가 있다면 해당 주제에 맞는 학습만화를 읽히는 것도 좋은 방법이다. 가장 우선되어야 할 것이 개념과 용어에 익숙해지는 것이기 때문이다.

사회 교과의 경우 부모가 다른 과목보다 신경 써서 교과서를 정확히 숙지하고 있어야 한다. 부모와 함께해야 하는 부분이 많기 때문이다. 일단 교과서에 나오는 용어로 탐색해 책을 골랐다면 아이에게 읽게 한다. 그다음에는 해당 용어를 메모해놓는 등 잘 기억해뒀다가 TV 뉴스나 신문에서 다루면 이때 아이를 불러 함께 보고 이야기를 나누어보자.

신문 사설을 읽어야 한다는 말은 많이 들었을 것이다. 사회적인 이슈가 대입 논술 시험이나 면접 문제로 자주 등장하기 때문이다. 이런 이유 외에도 딱딱한 사회 교과 용어들이 현실에서 일어나는 사건과 연결되면 아이가 자연스레 호기심을 가진다는 점에서 신문 사설은 훌륭한 사회 교과 지문이다. 만일 아이가 혼자 읽고 내용을 파악할 수준이 되지 않는다면 부모가 읽고 이야기를 재미있게 들려주는 방법도 좋다. 가능하다면 성향이 다른 두 종류의 신문을 구독해서 보게 하고 여건이 되지 않는다면 지역 도서관을 방문하자. 도서관에는 매일 간행되는 신문이 날짜별, 신문사별로 비치되어 있다. 주말이면 항상 도서관에 놀러 가서 같이 읽는 등 정기적으로 날짜를 정해 읽어야 그 효과를 볼 수 있다는 점도 명심해야 한다.

중·고등학교에 올라간 아이들도 가장 어려운 과목으로 사회탐구를 꼽곤 하는데 이것 역시 낯선 사회 용어 때문이다. 하지만 앞서 설명했듯이 사회 과목은 그 영역이 방대하여 개념이나 쓰이는 용어를 한번에 익힐 수는 없다. 그래서 어린 시절부터 신문이나 뉴스를 보는 게 큰 도움이 된다는 것이다. 게다가 이렇게 하지 않으면 아이에게 다양한 용어를 실제로 접하게 할 기회는 거의 전무하다고 봐야 한다.

나는 우리 아이들이 초등학교에 입학했을 때부터 신문을 보게 했다. 어린이신문이 아니라 어른들이 보는 신문을 함께 보았다. 물론 어른이 보는 일반 신문은 당연히 아이에게 어렵다. 그래도 신문에 실린 사진을 함께 보고 교과서에 나온 단어를 함께 찾는 등 친숙해지는 과정을 거쳐 신문을 자주 접하게 하면, 아이는 어려운 글과 쉬운 글을 넘나들 수 있게 된다. 또한 시사 용어나 한자어도 자연스럽게 익힐 수 있다. 강조하지만, 중요한 것은 개념이나 용어에 대한 낯섦을 없애는 과정이란 것이다. 이때도 공부하듯이 이해를 시키고 외우게 할 필요는 없다. 이렇게 읽다 보면 개념과 용어에 대한 낯섦이 사라지면서 아이 스스로도 흥미를 느끼게 된다.

어느 날 아침 일찍 아이 혼자 신문 기사를 보고 부모에게 새로운 사회 용어나 소식을 알려주는 날이 올지도 모르지 않은가?

개정교육과정에
당황하지 마라

요즘 학부모들은 교육 관련 뉴스만 따라가기에도 머리가 복잡하다. 2000년에 제7차 교육과정이 시행된 이후 현재까지(2015년 기준) 전면·부분 개정을 포함하여 총 열네 차례나 바뀌었기 때문이다. 한 해에 한 번꼴로 바뀌는가 싶더니 2012년에는 한 해 동안 세 차례나 바뀌었다. 대체 어떤 것을 따라야 하는지, 자신이 알고 있는 교육과정이 현재 교육과정과 맞는 것인지조차 확인하기 어려운 게 오늘날의 교육이다.

특히 2009년에 발표한 개정교육과정이 2013년 초등학교 교과에 적용되면서 1~2학년군부터 통합교과서로 바뀌기 시작했고 2015년에는 5~6학년군까지 새 교과과정을 시작했다. 그런 와중에 2015년에는 2017년부터 적용될 새로운 2015 개정교육과정이 발표되어 혼란이 더욱 가중되고 있는 상황이다. 교과과정은 개정 시기와 학년군별 시행 시기가 다르기 때문에 계속해서 지켜보지 않으면 놓치기 쉽다. 그렇다면 앞으로 우리 아이들이 배울 2015 개정교육과정에는 어떠한 특징이 있는 걸까? 그 속을 살펴보자.

교육부에서는 2015 개정교육과정을 '창조경제 사회가 요구하는 핵심 역량을 갖춘 창의융합형 인재로 성장할 수 있도록 우리 교육을 개혁하려는 것'이라고 설명한다. 여기서 '창의융합형 인재'란 인문학적 상상력, 과학기술 창조력을 갖추고 바른 인성을 겸비한 사람, 새로운 지식을 창조하고 다양한 지식을 융합하여 새로운 가치를 창출할 수 있는 사람이라고 교육부에서는 제시하고 있다.

2015 개정교육과정에 관한 설명을 살펴보다 보면 'STEAM'이라는 용어가 눈에 띈다. STEAM은 2009 개정교육과정에서 융합교육을 강조하면서 처음 등장했는데, Science(과학), Technology(기술), Engineering(공학), Arts(예술), Mathematics(수학) 다섯 가지 영역의 머리글자만 딴 말이다. 즉 통합교육을 통해 종합적으로 사고하는 능력과 과학적 탐구 정신을 기르고, 미래 사회에 필요한 창의성을 갖춘 융합형 과학기술 인재를 키워내는 교육을 말한다. 다른 말로 '융합인재 교육'이라고도 한다.

개정된 교육과정에서는 문학도 이론 위주의 수업에서 감성과 체험 중심의 학습으로 바뀌고 고등학교에는 『통합사회』『통합과학』 과목도 신설된다. 예전의 교육은 많이 가르치는 데에 목적을 두었지만 개정된 교육과정은 배움을 즐기는 교육으로 바꿔 지식 습득 위주에서 벗어나 행복을 체험토록 하려는 의도가 들어 있다.

사실 이러한 설명을 봐도 대체 무엇이 바뀌는 것인지 이해하지 못하는 부모들도 있을 것이다. 받아들이기 쉽다고 하면 쉽고 어렵다고 하면 한없이 어렵다.

이것만 생각하자. '느낌'과 '생각'은 주입으로 해결될 일이 아니니 문제집을 풀게 하고 학원을 보내는 기존의 방식으로 공부하게 하면 점점 어려워질 수밖에 없다. 앞으로의 교육과정에서는 스스로 지식을 찾아가는 법을 익힌 아이들이 훨씬 더 쉽게 느끼고 수업을 즐길 것이다.

개정된 교육과정에 관해 좀 더 구체적으로 알아보면 첫 번째 특징으로 인문·사회·과학기술에 관한 기초 소양 교육이 강화된다는 것을 들 수 있다.

즉 교과별로 인문학 요소 및 기초 소양 교육이 강화된다는 것인데 국어는 인문고전 읽기를 강화하고, 역사는 예전처럼 연도와 사건 중심이 아니라 사건과 인물에서 배울 수 있는 삶의 교훈, 그리고 지혜를 성찰하는 것을 중시한다. 도덕은 일상생활 속 문제를 끌어와 윤리적 성찰을, 과학에서도 과학과 사회, 인류와 과학의 관계, 과학의 역사, 현대 과학이 현대에 미치는 영향 등을 살펴본다. 체육도 스포츠 과학과 인간의 관계, 스포츠 문화의 이해 등을 배우고 음악, 미술도 활동과 감상에 초점을 맞추는 것으로 변화한다.

두 번째 특징은 학생들의 '꿈과 끼'를 키울 수 있는 교육과정이 마련된다는 것이다. 새 개정교육과정에서는 기존에 있던 과목 외에 학생의 진로와 적성을 고려하여 다양한 선택과목이 개설된다. 특히 중학교 때 '자유학기제'가 전면 시행된다는 것이 매우 독특한데, 이 '자유학기제'란 학교 재량으로 자유학기를 운영하여 이 기간에는 학생들이 중간·기말고사에 대한 부담에서 벗어나 체험 중심의 교과 활동과 함께 장래 진로에 대해 마음껏 탐색할 수 있도록 하는 것이다.

세 번째 특징은 미래 사회가 요구하는 핵심 역량의 함양이 가능한 교육과정이 마련된다는 것이다. 앞으로는 교과별로 꼭 배워야 할 핵심 개념과 원리 중심으로 학습 내용이 감축되고 교수·학습 및 평가 방법이 개선되어 학생들의 학습 부담이 줄어든다. 이러한 교육은 싱가포르를 비롯한 교육 선진국에서는 이미 시행되고 있는 것으로 적은 양을 깊이 있게 less is more 가르쳐 학습을 유기적으로 연계시키고 심층적인 학습이 이루어지도록 하는 국제적인 경향이기도 하다.

교과서도 교과 중심에서 주제 중심으로, 이론 중심에서 체험 중심으로 바뀐다. 이미 2009 개정교육과정을 통해 2013년부터 초등학교 1~2학년 교과서는 『바른 생활』 『슬기로운 생활』 『즐거운 생활』에서 『나』 『가족』 『학교』 『이웃』 『우리나라』 『봄』 『여름』 『가을』 『겨울』로 바뀌었다. 통합교과 형식으로 바뀐 것인데 통합교과란 교과와 교과 간의 관계를 허물고 주제와 활동을 중심으로 여러 교과를 연계해 학습하는 것을 말한다.

각 과목별로 무엇이 바뀌는지 주요 과목 위주로 살펴보면 국어의 경우, 독서와 체험 수업이 강조된다. 한 학기에 한 권씩 독서를 하여 그 책을 가지고 듣기·말하기, 읽기, 쓰기가 통합된 수업 활동을 한다는 것이 대표적인 특징이다. 이러한 의미 있는 독서 경험이 학생들을 성인이 된 후에도 꾸준히 책을 읽는 평생 독자로 만들 것이라는 기대에서다. 또 초등학교 5~6학년군에는 연극 대단원이 개설되고 중학교에도 연극 소단원이 신설된다.

수학의 경우, 초등학교 1학년에서 고등학교 1학년 공통과목까지는 모든 학생이 수학에 흥미와 자신감을 잃지 않도록 학생 발달단계와 국제적 기준Global Standards을 고려하여 학습 내용의 수준과 범위의 적정화가 이루어진다. 즉 학생 발달 수준에 적절하지 않은 학습 내용을 선별하여 학년을 조정하거나 삭제·추가·통합 등을 하겠다는 뜻이다.

고등학교 공통과목을 이수한 후에는 학생의 진로와 적성에 따라 맞춤형 교육을 받을 수 있도록 『실용 수학』 『경제 수학』 『수학과제 탐구』 『심화 수학Ⅰ,Ⅱ』 등을 신설하는 등 선택과목도 다양해진다.

영어의 경우, 초·중학교에서는 '듣기'와 '말하기'에 중점을 두고 고등학교에서 '읽기' '쓰기' 학습을 강조하는 등, 언어 발달단계와 학생 발달 수준을 고려하여 '의사소통' 중심 교육이 강화된다. 또한 국제 경쟁력 차원에서 기본적으로 학습해야 할 어휘 수(3천 개)는 유지하되, 어휘 목록과 언어형식을 학교와 학급별로 구분하여 제시함으로써 학생 발달 수준에 따른 체계적인 교육이 이루어진다.

사회 교과는 지식의 단순 나열이 아니라 초·중·고의 계열성을 고려하여 사회과학적 핵심 개념과 일반화된 지식을 중심으로 교육과정 구조의 체계화를 제시한다고 한다. 그리고 2009 개정교육과정 중 가장 큰 특징이라 할 수 있는 '통합교육'이 2015 개정교육과정부터는 고등학교에서도 시행된다. 고등학교 문·이과 공통으로『통합사회』가 신설되는데, 인간을 둘러싼 자연과 사회현상에 대해 시간적·공간적·사회적·윤리적 관점을 적용하여 사회현상을 종합적으로 이해하는 과목으로 개발하겠다고 교육부는 밝혔다. 특히 협력 학습, 프로젝트 수업 등 학생 활동 중심의 수업을 통해 문제해결력, 의사결정력 등을 함양하게 해 하나의 정답을 찾기보다는 '다양한 답이 가능한 수업'을 할 수 있도록 안내하겠다고 밝혔다.

과학의 경우 '모두를 위한 과학 교육'을 목표로, 초·중학교『과학』, 고등학교 1학년 신설 과목『통합과학』까지는 주위의 자연현상에 대한 궁금증을 과학적인 기초 개념과 연결시켜 이해함으로써 앎의 즐거움을 경험하도록 쉽게 구성된다. 고등학교 2학년 이후에는 수학과 마찬가지로 자신의 진로를 고려하여 선택과목 및 심화과목 이수가 가능하도록 유기적으로 과목이 구성된다.

특히 초·중학교『과학』에는 '물의 여행' '에너지와 생활' '과학

과 나의 미래'‘재해·재난과 안전'‘과학기술과 인류문명' 등 통합단
원을 신설하고 고등학교 문·이과 공통과목으로『과학탐구실험』을
개설하는 등 탐구 활동과 체험 중심의 학습이 강화된다.

　지금까지 2015 개정교육과정을 자세히 살펴보았다. 사실 기존
의 교육과정이 어떤지조차 잘 모르는 상황에서 앞으로 바뀌는 교육
과정을 보려니 뭐가 바뀌었는지도 알 수 없고 혼란스럽기만 할 것이
다. 게다가 용어는 왜 이렇게 어려운지 2009 개정교육과정, 2015 개
정교육과정, STEAM, 창의융합형 인재, 통합교과까지…. 그러나 단
어만 보고 어렵게 느낄 필요 없다. 나는 바뀌는 교육과정에도 언제나
당황하지 않았다. 내 교육 방법이 옳다는 굳은 믿음이 있었기 때문이
다. 무엇이 바뀌든 간에 교과서는 그 교육과정을 충실히 따르고 학습
목표는 앞으로 나아갈 단원의 방향을 정확히 명시한다. 다음 장에서
그 방법을 자세히 설명하겠지만, 나는 어떤 것에도 흔들리지 않고 매
년 아이들에게 교과서를 읽게 하고 같은 주제를 다룬 다양한 영역의
책을 주어 읽게 했다. 아이가 책을 읽고 나면 주제를 스스로 정리하
고 분류하게 해서 개념 정리 활동을 시켰다.
　너무나 간단하여 별 도움이 안 될 것 같지만, 그 결과는 놀라웠
다. 온종일 선행학습하느라 학원을 전전하는 아이들보다 성취도 면
에서도 훌륭했고 무엇보다 아이들이 책을 읽는 과정 자체를 즐기며
스스로 성장해내는 모습을 보는 게 즐거웠다.
　바뀌는 교육과정이 어떤 것인지 아는 것은 물론 중요하

다. 그러나 교육과정이 바뀔 때마다 우왕좌왕하고 교육의 효과가 가시화되지 않는다며 조급해하는 것은 금물이다. 좋은 결과는 하루아침에 나오지 않는다는 단순한 진리가 여기에서도 적용된다. 그러니 최소한 반년은 눈 딱 감고 투자해보자. 계단을 밟듯이 목표를 설정하여 한 계단 한 계단 같이 올라가야 한다.

첫 번째 계단은 아이 스스로 책을 읽고 서서히 흥미를 느끼는 것이다. 그동안 엄마는 옆에서 흥미에 따라 책을 찾아주며 읽기를 북돋워줘야 한다. 그다음 계단은 아이 스스로 주제를 정리하면서 사고를 확장하는 것이다. 이때는 옆에서 부모가 기다려주는 게 중요하다. 남들은 이것 해본다, 저것 해본다고 난리인데 기다려야 하는 상황 자체가 부모에게도 고될 것이다. 그러나 기다리다 보면 어느새 아이는 엄마와 눈을 맞추고 이야기를 하고 있을 것이다. 높은 목표에 도달하기까지는 기다림이 필요하다는 사실을 잊지 말자.

주제를 정해 영역별로 읽으면
통합사고력이 높아진다

2015년에 개교한 세종과학예술영재학교 입학 시험은 총 세 단계를 치러졌다. 1단계는 학교 생활기록부, 자기소개서, 우수성 입증 자료, 추천서로 이루어진 학생 기록물 평가로 기존의 영재학교 입학 시험과 크게 다른 점이 없었으나 2, 3단계는 확연히 다른 모습을 보였다.

특히 2단계는 영재성 검사로 수학·과학에 대한 학업 역량, 창의적 문제해결력 외에 에세이 평가가 있다는 게 눈에 띈다. 에세이 평가란 주어진 시간 내에 제시한 주제에 관해 쓰는 것인데 특히 '예술·인문'과 관련된 주제문을 읽고 지원자의 생각을 글로 표현하는 능력을 평가했다고 한다. 단순히 '과학영재고'라고 해서 과학과 수학에만 치중한 것이 아니라 '과학이 인류에게 미치는 영향'과 같은 주제처럼 과학과 인문학을 연계해서 사고하는 능력, 그것을 글로 표현하는 능력을 본 것이다. 이런 문제야말로 통합사고력이 있어야 풀 수 있는 문제다.

아마도 평범한 부모들은 일반 학교에 다니는 우리 아이와 영재 고등학교 입학 시험은 거리가 멀다거나 아직 아이가 어려서 거기까지는 고려할 필요가 없다고 생각할지도 모른다. 하지만 머나면 이야기가 아니다. 세종시에서는 세종과학예술영재학교를 개교하면서 STEAM 교육센터를 운영하고 교사에게 STEAM 교육 연수를 시키는 등 STEAM 교육을 특화시키고 있다. STEAM 교육, 즉 융합인재 교육은 앞서 말한 개정교육과정에서도 제시하고 있는 방식이다. 다시 말하면 위와 같은 통합사고력을 요구하는 교육 방식은 특별한 게 아니라 앞으로 평범한 우리 아이들도 받을 교육 방식이란 뜻이다.

물론 앞서 융합인재 교육에서 중시하는 통합사고력을 키우려면 아이에게 책을 읽혀야 한다고 설명했다. 그렇다면 책을 어떻게 읽혀야 하는가? 그저 책을 많이 읽기만 해서는 안 된다. 읽는 방법도 기존과는 달라야 한다.

나는 아이를 키우면서 교과서와 책을 연계시키는 방법을 늘 고민해왔다. 그 결과가 '교과별 통합주제 독서'로 한 가지 주제를 잡고 영역별로 확장하는 방식이다. 이 독서 방법은 교육과정이 개정되면서 유행처럼 번지고 있지만 나는 오래전부터 '엄마발자국'에 다니는 아이들의 수준에 따라 맞춤형 수업을 시행해왔고 이를 통해 확실히 아이들이 책을 깊고 넓게 이해하게 되는 모습을 실제로 봐왔다.

또한 이러한 방식의 책 읽기가 단지 공부그릇만 넓히는 데 그치지 않는다는 것도 발견했다. 주제를 잡고 영역별로 확장해 책을 읽은 아이는 수업 시간에 주눅이 들지 않았다. 모르는 얘기가 아니니 매사에 자신감이 생기고 성적뿐 아니라 학교생활에서도 뛰어난 면모를 보였다. 그런 아이가 주체적인 어른으로 성장한다는 사실은 굳이 말하지 않더라도 짐작이 가능할 것이다.

이번 장에서는 이렇게 내가 현장에서 아이들과 함께해온 통합교과로 주제별 독서를 하는 구체적인 방법에 대해 알아볼 것이다.

통합교과에서 '물'이라는 주제를 잡았다고 가정해보자. 먼저 '물'이란 주제를 두고 언어 영역, 사회 영역, 과학 영역으로 다룬 책을 선택하여 읽히도록 하자. 복잡하게 생각할 필요 없다. 언어 영역으로는 갈증, 목욕, 음식에 관한 책을 선정할 수 있을 것이다. 새 개정 교육과정에서 강조하는 사회봉사, 나눔에 관한 것도 물과 관련지어 언어 영역에서 다룰 수 있다.

사회 영역으로 가면 가뭄을 대비한 저수지나 댐, 수질오염 문제, 물 부족으로 발생하는 전쟁 등으로 주제를 확장할 수 있다. 과학 영역에서는 물의 상태 변화, 물에서 얻을 수 있는 에너지, 물의 구조 등으로 확장하여 책을 고른다.

　교과서에서 ‘물’을 주제로 한 단원들을 살펴보면 초등학교 국어 교과에서는 ‘물의 여행’이라는 주제를 지표면에 “비가 왔어요” “공기를 타고 올라가요” “구름이 되어서 무거워졌어요” “비가 와요”라는 말로 다룬다. 이것이 중학교 과학 교과에서는 ‘물의 순환’이라고 이름이 바뀐다. 증발, 결정체, 에너지 순환 같은 현상을 과학 용어로 설명하고는 있지만 자세히 살펴보면 “공기를 타고 올라가요”는 증발을 이야기하는 것이고 “비가 와요”는 에너지 순환을 말하는 것이다. 단지 내용이 세분화되고 깊어졌을 뿐이다.

　아이들은 책을 읽으면서 자신이 가지고 있는 배경지식이나 자신이 했던 경험을 끌어와 글의 내용을 이해하고 숙지한다. 그러면서 책의 내용과 의미를 나름대로 재해석해서 자기 것으로 만드는 것이다.

주제를 정해 영역별로 책을 읽는 방법

① 앞으로 배울 교과 단원을 읽어보고 한 가지 주제를 정한다.
② 정한 주제를 언어 영역, 사회 영역, 과학 영역 등 다각도로 나누어 그 주제를 세분화한다.
③ 세분화한 주제에 맞춰 관련 도서를 고른다.
④ 아이에게 도서를 읽히고 생각지도로 정리하게 한다.
※ 이 모든 과정은 아이와 함께해야 한다.

즉 아이들은 독서를 할 때 감정만 느끼는 게 아니다. 자신이 지닌 '스키마 schema'를 활용한다.

'스키마'란 본래 개요라는 말로 기억 속에 저장된 지식을 의미한다. 이 스키마는 글을 이해하는 데 지대한 영향을 미친다. 사람은 새로운 정보를 이해하고 인지할 때 자신이 가지고 있는 정보, 즉 스키마를 불러내서 통합한다. 이를 통해 낱말, 문장의 정확한 의미를 파악하고 이야기의 전개까지 예측할 수 있다. 그러니 '물'이라는 통합 주제를 언어 영역, 사회 영역, 과학 영역으로 확장하며 독서를 하면 교과서에서 물에 대해 이야기를 할 때 이에 관한 다양한 배경지식을 활용하는 '통합사고력'이 빛을 발하게 되는 것이다.

처음에는 주제를 선정하고 그 주제에 맞춰 영역별로 책을 고르는 것조차 까마득하게 느껴질 것이다. 엄마가 어릴 때는 통합교과라는 것조차 없었으니 더욱 어렵게 느껴지는 것이 당연하다. 게다가 처음에는 엄마가 단원에 따라 주제를 선정하고 영역별로 책을 고르는 시범을 아이에게 보여야 해 부담도 될 것이다. 하지만 이런 과정 또한 아이에게는 교육이 된다는 것을 잊지 말자. 아이는 이를 통해 한 가지 주제를 다양한 관점에서 바라본 뒤, 다시 그 관점으로 익힌 지식을 통합하는 과정을 반복하게 된다.

이런 훈련으로 아이가 얻는 것은 지식뿐만이 아니다. 세상에 나가 새로운 상황을 맞닥뜨릴 때 그 상황을 다각도로 살펴보고 자신이 가진 지식을 통합하여 일을 해결할 수 있는 문제해결력 또한 갖추게 된다. 물론 이렇게 되기 위해서는 주제를 정해 영역별로 읽는 훈련을 정기적으로 그리고 지속적으로 해야 한다는 전제가 붙는다. 그래야 습관이 되어 자신도 의식하지 못하는 사이에 몸에 배기 때문이다. 이렇게 밴 습관은 나이가 먹더라도 사라지지 않는다.

물론 이러한 과정이 때로는 벅차고 귀찮을 때도 있을 것이다. 특히 둘 다 일하는 부모라면 지속적으로 하는 게 얼마나 힘든지 나 또한 잘 알고 있다. 그럼에도 불구하고 이 방법을 꼭 해보라고 권유하고 싶다. 부모의 재산으로 아이가 지닌 수저의 색을 정하는 오늘날, 아이에게 줄 수 있는 것 중에 이것보다 더 빛나는 유산은 없을 테니까 말이다.

시험을 시험처럼
보지 않게 하라

대부분의 학부모는 경시대회를 영재들만 참가하는 대회라고 생각해 자신의 아이와는 무관한 이야기라고 말하곤 한다. 선행학습을 하고 있거나 경시 전문 수학·과학 학원에 다니는 아이들만 나가는 것이라며 아예 생각지도 않는 부모도 많다. 어떤 부모들은 괜히 나갔다가 아이가 당황하고 그로 인해 좌절감이 생길 것이라며 지레 걱정을 하기도 한다.

하지만 생각해보자. 아이가 좌절하는 것은 부모가 부담을 주거나 기대를 하기 때문이다. '아빠가 실망하면 어쩌지' '엄마가 혼내면 어쩌지'라는 걱정 때문에 결과에 낙담하고 좌절하는 것이다. 부모가 부담을 주지 않으면 아이는 실망할지언정 좌절은 하지 않는다. 오히

려 이런 실패 경험은 아이에게 자극이 될 수 있다. 학습 의욕
이 생기고 폭넓게 공부하게 되면서 자기 주도적 공부 습관
을 갖게 되는 계기도 된다.

나는 딸아이가 초등학교 3학년이었을 무렵 수학 경시대회 시험
을 보게 했다. 시험장에 들어가는 딸에게 "공주님, 잘못된 글자가 있
는지 확인하고 오세요"라는 말만 했다. 그저 실전 경험을 시켜보려
는 의도였기 때문에 다른 말은 아예 하지 않았다. 시험을 보고 나온
딸에게 어땠냐고 넌지시 물어보니 온통 모르는 문제투성이라서 시험
보다 자버렸다고 아이는 말했다. 결과도 25점이었다. 나는 빵점은 아
니라 다행이라며 아이를 북돋워주었다.

시험도 하나의 경험이다. 아이는 학년이 올라갈수록 앞으로 수
도 없이 다양한 분야의 시험을 계속해서 치를 것이다. 그렇다면 그때
마다 처음 보는 크고 작은 시험에 아이가 당황해 기회를 놓치게 할
것인가? 결과로만 판단하겠다는 생각을 버리면 부모나 아이나 시험
보는 것이 두렵지 않을 것이다. 다시 말하지만 결과가 가장 중요하다
는 생각을 버려야 한다.

부모의 기대도 아이들로 하여금 시험을 두렵게 만들지만, 아이
들이 시험을 싫어하는 이유는 말 그대로 '시험을 몰라서'이기도 하
다. 특히나 시험의 개념조차 잡히지 않은 초등학교 1~2학년 아이들
에게는 시험 보는 방법에 대한 안내가 필요하다. 학교 근처 서점으로

가서 모의시험 문제집 한 권을 사다가 아이에게 시험지가 어떻게 생겼는지, 시험 문제는 이런 식으로 나오고, 이렇게 푸는 것이며, 이런 과정을 통해 진행된다는 것을 알려줘야 한다. 시험은 지금까지 배운 것을 확인해보는 단계에 불과하고, 문제의 답은 이렇게 쓰는 것이라는 정도만 알려주면 적당하다.

물론 초등학교 3~4학년이 됐을 때는 그렇게 떠먹여 주면 곤란하다. 60점도 받고 100점도 받고 하면서 자기가 모르는 것이 무엇인지, 어려운 부분이 무엇인지 깨닫고 '아, 공부해야겠구나'라는 생각을 스스로 하게 해야 한다. 시험의 진정한 의미는 여기에 있다. 시험을 시험처럼 보지 말라고 해서 대충 보라는 뜻이 아니다. 누군가에게 보여주기 위해 시험을 보는 것이 아니라 아이가 스스로 부족한 부분이 무엇인지 깨닫는 용도로 쓰라는 뜻이다.

내가 위와 같이 말하면 많은 엄마가 우리 아이는 통 깨달을 기미가 안 보인다고 하소연한다. 아이들은 학교에서 학습을 통해 지식을 배우고 깨달아야 한다는 것을 대부분 알고 있다. 그리고 초등학교 3학년쯤 되면 공부를 못하는 게 부끄럽고 창피하다는 걸 인식하게 된다. 물론 남자아이들은 늦되어 5학년 정도 되었을 때 자각하기도 한다. 그때를 잘 잡아야 한다. 바로 그때가 공부할 시기이기 때문이다. 스스로 불붙인 힘은 어떤 강제적인 힘보다 세다.

하지만 막상 자신의 부족한 부분을 인식하더라도 어떤 책을 찾아 읽어야 하는지, 어떤 방법으로 공부해야 하는지 아이 스스로 알아내서 노력하는 것은 어려운 일이다. 어른도 사회생활을 하다가 지적 호기심이 생겨 책을 읽으려고 할 때 어떤 책을 잡고 시작해야 하나 고민하지 않는가? 이때를 부모가 잘 포착해서 동기부여된 아이의 마음을 책으로 이끌어줘야 한다. 그것이 아이를 책에 빠져들게 하는 방법이며 부모의 역할이다. 이렇게 책의 재미와 효용을 느끼면, 아이는 말려도 책을 놓지 않는다. 공부는 스스로가 동기를 부여하고 시작해야 제대로 할 수 있다.

우리 딸은 수학 경시대회에서 25점이란 점수를 받은 후 수학 문제집을 사달라고 하더니 스스로 풀기 시작했다. 딸아이의 생각이 바뀌는 계기가 된 것이다. 교과서의 연습문제나 학교 시험지의 문제를 풀어보는 것이 아닌 실전의 수학 경시대회 시험은 차원이 다른 경험이었다고 딸아이는 후에 내게 말했다.

이것이 내가 경시대회 참가를 권하는 또 다른 이유다. 교과서는 심화문제에서 끝난다. 영재 수준의 문제는 교과서에 나오지 않는다. 즉 경시대회에서 제시하는 문제는 아이에게 새로운 자극이 되기에 충분하다는 뜻이다. 이외에도 몇 가지 이유가 더 있는데 첫째, 올림피아드나 경시대회는 실전을 통해 아이들의 경험과 사고를 응용하는 능력을 발휘하게 하고 자신이 가진 '스키마'를 끄집어내서 사용하게 하는 놀라운 경험을 선사한다. 둘째, 경시대회에서 그동안 만나보지 못했던 문제를 맞닥뜨린 아이는 이를 도전의 동력으로 삼는다. 스스로 동기부여를 하고 자기 주도적으로 학습의 방향을 잡는 것이다.

물론 대부분의 학원에서는 경시대회 수준의 문제를 풀게 한다. 그러나 학원에서 아이들에게 경시대회 문제를 미리 여러 번 반복적으로 풀게 해서 만점을 맞으면 그게 무슨 의미인가? 밥 씹어서 입에 넣어주는 격이다. 연습해서 경시대회 시험을 잘 본다고 실제 영재가 되는 것도 아니잖은가? 시험을 그저 평가의 수단으로만 삼을 것이 아니라 이를 적절히 이용하는 것, 즉 시험의 효용은 그동안 아이가 다양한 책을 읽으며 쌓아온 지식을 활용하는 '경험'에 있다는 걸 반드시 기억하자.

중·고등학교 성적은
어휘력이 결정한다

초등학교 1~2학년 교과서를 들춰보면 분량도 적고 내용도 무척 쉽다. 부모들은 당연히 우리 아이가 이 정도는 알 것이라고 미루어 짐작한다. 그래서 아이가 교과서를 읽을 때 뜻을 몰라 멈칫멈칫하면 실망하곤 한다. 하지만 내가 지켜본 바로는 초등학교 입학 전 책을 읽어오지 않은 아이들 대부분이 그것조차 쉽게 소화하지 못한다. 어휘가 의미하는 바를 모르기 때문이다. 특히나 교과서에서 등장하는 어휘들은 마을, 고장, 방위와 같이 일상생활에서 들어보지 못한 것들이기 때문에 어렵게 느낄 수밖에 없다. 1학년 꼬마들은 '다음을 읽고'라는 말에 다음이 어디냐며 뒤를 돌아보기도 한다.

초등학교 3~4학년 사회 교과에는 '희소성'이나 '생산 활동'과 같이 생소한 경제 용어도 나온다. 그나마 초등학교 교과서에는 순우리말이 주로 나오지만 중학교 교과서는 한자어 비중이 높기 때문에 어휘력 습득에 중점을 두고 책을 읽는 것이 중요하다.

중학교 책을 펼치면 생산·소비·수요·공급 등 한자어가 툭툭 튀어나온다. 초등학교에서 이미 배운 것을 근간으로 하는 내용도 용어가 달라지면 아이들은 더 어렵게 느낀다. 초등학교 때 공부 잘하던 아이들이 중학교에 올라가서 갑자기 공부를 어려워하는 이유도 낯선 어휘 때문이다. 그렇다면 어떻게 해야 할까? '수요와 공급의 법칙이란 자유 경쟁 시장에서 수요와 공급이 일치되는 점에서 시장 가격과 균형 거래량이 결정된다는 원칙을 말한다' 하고 달달 외우면 될까?

중학교에 올라가서 처음 보는 어휘들이 나왔을 때 무조건 외워서 시험을 보게 하면 안 된다. 영어사전은 아이들에게 곧잘 찾아보게 하면서 왜 국어사전은 찾아보게 하지 않는가? 우리는 모르는 한글 단어가 나오면 사전을 찾아 정확한 뜻을 알아볼 생각은 하지 않고 그저 외우거나 앞뒤의 문장으로 유추한 뒤 그냥 넘어가곤 한다. 그러나 이는 융합적 사고와 종합적 사고를 요구하는 새 개정교육과정 방향에도 도움이 되지 않는 공부법이다.

7년 전 겨울방학 때 만난 초등학교 2학년 원준이는 만화책을 주로 보는 아이여서 줄글 독서를 시키고자 어머니와 함께 나를 찾아왔다. 나는 처음부터 굳이 줄글이 많은 책을 읽게 하지 않았다. 그 대신

원준이가 좋아하는 만화 형식으로 된 고전을 읽게 했다. 원준이가 초등학교 3학년에 올라가자 나는 『만화 중국고전』을 보게 하면서 그에 딸린 해석을 읽고 느낀 점, 마음에 닿는 부분을 정리하게 했다. 중국 고전을 읽어본 사람들은 알겠지만 어휘가 상당히 어렵다. 그러면서 초등학교 통합교과 주제로 여러 영역의 책을 읽히는 것도 병행했다. 곧 아이의 어휘력이 눈에 띄게 향상되는 게 보이기 시작했다.

원준이는 초등학교 4학년 때 중학교 수준의 과학책을 읽더니 5학년에 올라가자 『정통 한국단편 99선』을 읽기 시작했다. 여기에 언급한 책들은 현재 절판된 책들이지만 구하는 것을 권할 정도로 훌륭한 책이다. 특히 『정통 한국단편 99선』은 현대어로 재편집된 요즘 단편 선집들과 달리 옛말 그대로 구성된 책이라 고어를 익히기 좋은데, 그 책을 초등학교 5학년 아이가 읽는 모습을 보고 독서 선생님인 나도 놀랐다. 원준이는 6학년이 되자 스스로 『사회과학과의 만남』을 읽고 글을 썼고 『살아 있는 과학교과서』를 읽고 과학 이론의 개념을 잡기 시작했다. 물론 수학도 중학교 3학년 과정까지 독학했다. 선행학습을 하기 위해서가 아니라 수학 분야에 스스로 흥미를 느낀 원준이가 더 수준 높은 문제를 찾아 헤맨 결과였다. 중학교 3학년에 올라가서도 전교 1~5등을 유지하던 원준이는 2016년 민족사관고등학교에 합격했다는 소식을 전해왔다. 어휘력의 힘, 독서의 힘을 다시 한 번 절감한 순간이었다.

원준이의 예를 통해서도 보았듯이 초등학교 때 중학교 수준까지의 책을 읽어 어휘력을 길러놓아야 한다. 특히 초등학교 3~4학년은 학습의 틀을 다지는 중요한 학년이다. 이를 아는 부모들은 저학년 때는 놀게 하고 책 읽기만 시키다가도 아이가 3~4학년이 되면 한두 군데 정도 학원을 보내기 시작한다. 학원보다는 독서를 통해 어휘력을 갖추게 해야 학년이 올라갈수록 아이의 이해력과 집중력이 늘어 자기 주도적으로 공부할 수 있는데도 말이다.

저학년 때 읽은 쉬운 책만으로는 어휘 습득이 턱없이 부족할 수밖에 없다. 부모는 아이 성적표를 다른 아이와 비교하거나 이웃 아이가 영재시험을 봤다는 사실에 조급해하지 말고 독서에 집중해야 한다. 그래야 중·고등학교에 가서 큰 결실을 얻을 수 있다. 특히나 앞에 소개한 원준이와 같은 사례는 '엄마발자국'을 운영하면서 여러 아이에게서 보았다. 즉 독서를 통해 어휘력을 습득하여 중·고등학교를 대비하는 것은 매우 흔하고도 확실한 방법이란 뜻이다. 그래서 초등학교 3~4학년 아이를 종일 학원으로 돌리며 시간과 돈을 쓰는 것, 그러면서 아이의 황금기를 그냥 흘려보내는 것을 보면 더욱 안타까움이 크다.

특히 2009 개정교육과정의 시행으로 초등학교 교과 내용은 실생활에 관련된 실험과 관찰을 중시하게 되면서 교과에서 알아야 할 기본 지식 중 많은 양이 중학교 교과로 옮겨 갔다. 그래서 중학교에 올라가면 배워야 할 내용이 갑자기 방대해지고 깊어진다. 어휘도 낯선데 개념도 이해해야 하고 원리도 알아야 하고 추론도 해야 한다.

중학교 교과서를 대충 훑어보기만 해도 초등학교 수준의 어휘력으로는 감당이 안 된다는 것을 알 수 있을 것이다. 그래도 중학교까지는 학원에서 배운 선행학습으로 얼추 좋은 점수를 낼 수는 있을 것이다. 하지만 고등학교 교과서는 더욱 어휘 수준이 높고 질문 자체도 이해하기 어렵다. 참고서를 주로 보거나 학원에서 훈련받은 아이들은 기본적인 교과 내용이나 EBS에서 제시하는 문제를 이해할 때조차 한계에 부딪히게 된다. 고등학교 『국어1』『국어2』『문학』 교과서를 한번 펼쳐보라. 어른이 봐도 질리도록 길고 어렵다. 하지만 이런 것도 초등학교 시절에 전래동화, 고전문학까지 반복해서 읽으면 전혀 문제가 없다. 우리 딸은 초등학교 5~6학년 때 한국 단편소설과 고전을 스스로 찾아 읽고 혼자 낱말공책을 만들 정도로 매진했었다. 그렇게 어휘력을 확 확장해놓으니 2년간 외국에서 머물다 다시 한국 학교로 돌아왔을 때도 아이는 어휘력에 아무런 문제를 느끼지 못했다.

게다가 어휘력이 필요한 과목은 문학뿐만이 아니다. 고등학교에 올라가서 맞닥뜨리게 되는 다른 과목에도 수준 높은 지문들이 가득하다. 게다가 2017년부터는 문·이과 통합형으로 바뀌게 된다는데 이렇게 되면 공부해야 하는 것들이 훨씬 복잡해진다. 그나마 영어, 수학이 쉬워진다는 발표에 그럼 국어, 사회 학원을 보내야겠다는 엄마들이 많아지고 있다는 웃지 못할 이야기도 들린다. 그렇다면 생활과 윤리·윤리와 사상·동아시아·세계사·한국사·법과 정치·세계지리·한국지리·경제·사회문화와 같은 열 가지 사회 영역은 어떻게 할 것인가? 모든 과목을 학원에 보내 해결할 것인가? 아이들이 그렇게 시간을 낼 수도 없고 그렇게 한다고 해서 당연히 교과목을 모두 이해하게 되는 것도 아니다.

교육 정책이 개정되거나 입시제도가 바뀌면 부모들은 무조건 학원으로 보내 해결하려고 한다. 자신은 바뀌는 교육 정책에 대해 잘 모르니 덜컥 겁이 나는 데다 학원 선생님들이야말로 전문가라고 생각하기 때문이다. 게다가 고등학교 때는 1~3학년에 배우는 주요 교과목을 1년 6개월 안에 모두 끝내야 하는 현실이니 내용도 양도 학생들에게는 버겁다. 2학년 2학기부터는 대학 수학능력시험을 준비하느라 진도를 미리 빼는 경우가 대부분이기 때문이다. 책을 덮고 학원을 보내는 것은 교과서를 읽지 않고 문제집만 푸는 것과 마찬가지다. 학원에서는 교과 내용의 앞뒤를 다 끊고, 맥락은 보지 않으면서 단편적인 문제만 보고 유형을 익힐 뿐이다. 학원에서 스토리텔링이니 융합이니 하는 말을 붙여 시키는 학습의 효과는 전혀 없다고 보면 된다. 그저 다른 이름을 덧붙였을 뿐 개념을 달달 외우고, 문제 유형만 학습하는 것은 똑같다.

그렇다면 수학은 어떨까? 수학은 어휘력과 상관없을까? 부모들은 수학을 독서력이나 어휘력과는 별개의 문제라고 생각한다. 수학은 이과 과목이고 숫자로 된 문제 풀이 중심이니 상관없다고 생각하는 것이다. 그러나 수학 문제를 잘 살펴보자. 문제도 결국 어휘로 이루어져 있다. '문제'라는 '문장'과 그 속의 '어휘'를 이해하고 답을 추론하는 게 바로 수학의 시작인 것이다. 수학 경시대회만 전문으로 가르치는 수학 학원에서는 그 학원에 다니지 않으면 절대 경시대회 문제를 풀 수 없다고 광고한다. 아무도 구하지 못한 전년도 문제지를 자신들은 구했다고 말하며 각종 경시대회 문제지를 모아서 풀고 유형을 익히면 경시대회 입상은 떼어놓은 당상이라고 광고하는 것이다. 물론 문제를 푸는 데 익숙해지고 푸는 방법을 외우며 익힐 수는 있다. 그러나 스스로 생각하는 힘이 없고 어휘력도 없다면 경시대회에 참가하여 바뀐 유형의 문제가 나왔을 때 이해 자체를 할 수 없다. 부모의 욕심에 아이에게 헛된 고생만 시키는 셈이다.

부모들은 답을 알고 있다. 그런데도 자신이 잘 몰라서 아이가 뒤떨어질까 봐 겁을 내고 학원으로 돌리는 것이다. 그러나 목적지로 가는 길을 다 미리 가본다고 해서 반드시 목적지에 도착하는 것은 아니다. 중간에 장애물이 생겼다면? 또 길이 없어지거나 새로 생겼다면 어떻게 할 것인가? 게다가 목적지로 향하는 모든 길을 다 가볼 수도 없지 않은가. 스스로 방위를 찾고 사람들에게 물으며 걸을 줄 안다면, 어떤 목적지가 주어지든 모든 목적지에 다다를 수 있다. 아이에게 문제 풀이라는 얕은 기술 대신 평생 가져갈 재산, '어휘력'을 만들어주자. 부모가 마음을 굳게 먹는다면 그리 어려운 일도 아닐 것이다.

독서하는 아이 만드는 십계명

💡 어릴 때부터 책 읽는 습관을 길러라

'세 살 버릇 여든 간다'라는 흔한 속담이 있다. 독서도 당연히 예외가 아니다. 어려서부터 책을 물고 빨고 놀던 아이가 훨씬 책을 편안해하고, 궁금증이 많아지는 4~7세 시기에는 책을 통해 호기심을 충족시킨다. 이런 아이들은 책을 좋아하지 않을 수가 없다. 그러나 책 읽기에 흥미가 없는 아이라면 글을 깨친 초등학생일지라도 엄마가 아이를 무릎에 앉히고 책을 읽어줘야 한다. 책 읽어주기의 힘으로 좋은 습관을 잡아줄 수 있다.

💡 책을 고를 때는 아이 흥미를 고려하라

같은 부모 밑에서 태어나도 아이들은 각자 성격이 다르고 좋아하는 것도 다르다. 우리 아이들 역시 딸은 위인전과 같은 인물 중심의 책을 좋아했고, 아들은 같은 인물이라도 캐릭터가 강한 명작동화나 판타지 소설을 좋아했다. 과학 분야도 딸의 관심은 동식물 → 빛 → 전기 → 물리학 분야로 확장되었지만, 아들은 공룡 → 지질시대 → 지구 → 우주 → 천문학 분야로 관심이 옮겨 갔다. 아이가 좋아하는 것이나 관심이 어디로 이동하는지에 대해 늘 촉각을 세우고 거기에 맞춰 책을 읽게 하자. 이는 아이의 타고난 재능을 발견하는 가장 손쉬운 방법이다.

💡 어려운 책보다 눈높이에 맞는 책부터 골라라

부모들과 상담을 하다 보면 아이 수준은 고려하지 않고 학년과 나이만 고려해서 책을 읽게 하는 경우가 많다. 내 아이 기준이 아니라 남의 아이 기준을 따르는 것이다.

예를 들어, 초등학교 5학년이 되면 한국사를 배우기 시작한다. 아이들이 역사를 어려워하니 부모들은 한국사를 통사로 다룬 책을 골라 읽게 한다. 아이의 수준은 없고 엄마의 정보로만 책을 권하는 것이라 아이들은 초등학교 때 한국사를 배웠음에도 중학교에 가면 다 잊어버린다. 처음부터 다시 배우는 거나 마찬가지인 것이다.

초등학교 때는 고조선·고구려·백제·신라·고려·조선·일제강점기 중에서 아이가 좋아하는 시대의 책부터 고르게 하는 것이 좋다. 이때는 서점으로 가서 여유 있게 책을 고르게 하자. 이렇게 하면 첫째, 자연스럽게 우리나라의 역사를 좋아하게 되고 둘째, 내가 좋아서 읽은 책 내용이 중학교에 가서 다시 나오니 절대 잊히지 않는다. 고등학교 공부에 밑거름이 되는 것은 두말할 것도 없다.

💡 빨리 읽기에 너무 집착하지 마라

아이들이 책을 눈으로 읽기 시작하면 당연히 읽는 속도가 빨라진다.

하지만 초등학교 고학년까지는 조금 천천히 읽도록 지도할 것을 권한다. 중·고등학생들을 가르치다 보면 아이들이 책을 눈으로 빨리 훑어 읽어 핵심 문장을 놓치는 경우가 많다. 읽었으나 읽지 않은 셈이다. 속도는 문제가 아니다. 얼마나 제대로 이해했는가가 가장 중요하다.

나는 아이들에게 책을 많이 읽어야 한다고 강조하지만 절대 빨리 읽으라고 하지 않는다. 오히려 천천히 읽는 습관을 들이라고 한다. 특히 초등학교 저학년 이하의 아이들은 책 읽는 속도가 더 느리다. 글을 읽으면서 모르는 말이 나오면 혼자서 한참 생각하기도 하고, 글 주변에 그림이 있으면 그림을 보면서 내용을 유추해보기도 하기 때문이다. 그때 옆에서 보고 있는 부모는 대개 속이 터진다. 그래도 절대 재촉하지 말자. 책을 읽을 때 재촉하면 어려운 낱말을 유추하거나 원리를 파악하는 사고력이 형성되기 어렵다. 글을 천천히 읽고 그림도 관찰하게 내버려둬야 한다. 충분한 시간이 있어야 생각이 자란다.

항상 곁에 사전을 두고 찾아봐라

아이들은 책을 읽다가 모르는 낱말이 나오면 가까이 있는 엄마나 아빠에게 바로 물어보곤 한다. 그때 바로 답해주는 것도 좋지만, 사전을 찾아보도록 유도해보자. 가끔 아이에게 낱말을 설명하는 일이 어렵다고 느껴질 때가 있다. 아이가 이해할 수 있도록 질문의 답을 잘 씹어서 전달해야 하는데 내가 완벽하게 이해하고 있지 않으니 그게 안 되는 것이다. 사전을 가져다 놓고 아이와 함께 찾아보자. 그 경험을 몇 번 같이하면 아이도 자연스럽게 따라서 한다. 보고 배운다는 것이 그런 것이다. 사전을 통해 다른 어휘와 정보를 습득하면서 아이의 독서 편식도 막을 수 있다.

💡 비문학 독서에도 관심을 가져라

초등학교 교과서에 나오는 지문은 대부분 시·소설·수필·희곡·설명문·논설문으로 구성되어 있다. 여기에서 초등학교 교과서에 등장하는 설명문이나 논설문은 중·고등학교에 가서 비문학 지문으로 접하게 된다. 또한 특수목적고등학교(이하 특목고) 시험 지문도 비문학으로 출제되는 경향이 크다. 대학교 논술 시험도 시사를 다룬 내용이거나 사회과학·인문과학 분야 지문이 많기 때문에 비문학 책을 꼼꼼히 읽게 해야 한다. 어릴 때 책을 체계적으로 읽혀야 하는 이유는 단순히 입시 준비를 위해서만이 아니다. 이런 준비를 해놓아야 고등학교 공부에서 나아가 더 어려운 대학교 전공 공부를 제대로 할 수 있다. 비약이 아니라 체계적인 독서는 사회인으로서 늘 공부할 수 있도록 깨어 있는 사람으로 만들어준다.

💡 틈틈이 영어 독서에 신경을 써라

내가 아이들을 키우던 시절에는 지금과 같은 영어 학원은커녕 제대로 된 영어 학습지나 TV 영어 프로그램도 거의 없었다. 그저 내 깜냥대로 판단하여 시사영어사에서 판매하는 비디오테이프와 책을 들였다. 아들은 키드송 Kidsong 으로 알파벳을 따라 하더니, 두 돌이 안 되어

간판에 씌어 있는 알파벳들을 읽었다. 물론 한글은 초등학교 1학년이 되어서야 겨우 깨쳤지만 말이다.

지금은 영어책 서점도 따로 있고 영어 도서관도 꽤 개관했다. 둘 다 사는 지역에 없더라도 인터넷 서점에서 쉽게 책을 구할 수 있으니 걱정할 필요 없다. 영어책을 읽기 시작할 때 아이가 좋아하는 동화책 중에 원서가 있다면 같이 구입해서 읽히는 것도 좋은 방법이다. 영어책을 구입할 때도 한국어책과 마찬가지로 과학·사회·언어 영역 등 다양한 분야의 책을 읽게 해야 한다.

책을 읽은 뒤에는 관련된 활동을 하라

요즘 아이들을 가르치다 보면 책은 많이 읽었다고 하는데 책 내용을 잘 기억하지 못하는 경우를 자주 본다. 물론 학원을 많이 다니다 보니 숙제하기 바쁘고, 책을 읽더라도 그것을 공부라 생각하기 때문이다. 실제로 추천 필독서를 읽게 한 뒤, 시험을 보는 초등학교들도 있다고 한다.

지식은 아이 스스로 깨닫는 것이다. 아이가 엄마 아빠 손을 잡고 빙빙 도는 놀이를 하면서 원심력을 알게 되고, 더운 여름날 투명한 컵에 차가운 물을 따라 마시면서 응결에 대해 떠올릴 수 있어야 한다. 무조건 학원에 보내서 숙제로 익히는 지식은 교실을 벗어나면 곧 잊힌다. 책도 마찬가지다. 책을 읽고 나서 아이와 함께 대화하거나 실험을 해보자. 잘 모르겠다면 그림이라도 그리게 해라. 최근엔 독후 활동이 굉장히 활성화되어 있어서, 유명한 책의 경우에는 출판사나

도서관에서 독후 활동지를 무료로 배포하기도 한다. 눈으로만 보고 끝내는 것이 아니라 손으로 쓰고 말해보는 등 몸을 움직여 직접 활동을 하고 나면 기억에 훨씬 더 오래 남는다.

책을 읽고 토론을 해보자

우리 가족은 재미있는 책이 있으면 서로 권하며 함께 읽었다. 『너 어느 별에서 왔니?』라는 책은 내가 읽고 재미있어서 초등학교 4학년이 었던 아들과 함께 읽었다. 김훈의 『칼의 노래』는 남편이, 『거상 김만 덕, 꽃으로 피기보다 새가 되어 날아가리』는 딸아이가 추천하여 온 가족이 읽었다. 이렇게 서로 추천한 책을 읽은 뒤 그 책에 관해 이야 기하는 게 우리 집 문화였다.

특히나 밥상머리 교육은 교육부에서도 적극적으로 권장하는 캠페인 이다. 쉽고 재미있는 책을 가지고 가족이 함께 읽고 이야기를 나누면 밥상이 더 풍성해지고 더 행복해질 것이다. 가족의 행복지수를 저비 용 고효율로 높이는 요소가 바로 독서 활동이다.

토론 후에는 느낌을 글로 정리해보자

토론 후 글을 쓸 때는 다독 – 확장 – 개념 정리의 생각지도 정리법을 사용한다. 처음부터 줄글을 쓰라고 하면 아이들은 부담스러워한다. 생각지도로 정리하면 재미있고 시간도 절약되며 기억하기 쉽다. 그 림을 그리거나 사진을 오려 붙인 뒤 설명을 쓰는 활동은 아이의 쓰 기 훈련에도 많은 도움을 줄 수 있다.

"책을 통해 나는 인생에 가능성이 있다는 것과
세상에 나처럼 사는 사람이 또 있다는 걸 알았다.
독서는 내게 희망을 줬다. 책은 내게 열려진 문과 같았다."
:
:
:

방송인 오프라 윈프리 Oprah Winfrey

제3장

책 읽는 방법만 바꿔도
내 아이의 미래가 바뀐다

01

아이가 원하는 책은
무조건 사줘라

얼마 전 영국의 일간지 「텔레그래프」는 "스트레스를 해소하는 데 최고의 효과가 있는 것은 독서"라고 보도했다. 영국 서식스 대학교 인지신경심리학과 데이비드 루이스 David Lewis 박사 연구팀은 독서·산책·음악 감상·비디오게임 등 우리에게 스트레스 해소 방법이라고 알려진 방법들이 얼마나 스트레스를 줄여주는지 알아보는 실험을 했다. 그리고 6분간 독서를 한 집단에서 스트레스 68% 감소, 심장 박동수 감소, 근육 긴장 완화라는 결과를 얻어냈다.

이런 연구는 우리가 이미 체험한 바 있는 독서의 효능을 과학적으로 증명한 것뿐이다. 책을 읽으면 앎의 쾌감, 몰입의 즐거움, 책 한 권을 모두 읽었다는 성취감을 느낀다는 사실을 책을 읽어본 사람들은 다 알 것이다. 책을 자주 읽지 않는 사람들조차도 일생에 한 번은 겪어봤을 일이다. 만성 스트레스에 시달리는 현대인에게 가장 확실한 스트레스 해소법이라는 연구 결과까지 보도되었는데, 아이들이 책을 멀리하는 오늘날의 풍경은 정말 안타까울 뿐이다.

'엄마발자국'에 방문하는 엄마들에게 꼭 하는 질문이 있다. "언제 아이에게 책을 사주시나요?" 하고 물으면 책을 좋아하는 아이를 둔 엄마는 아이가 책을 사달라고 말만 하면 곧바로 반응하여 책을 사다 준다고 말한다. 하지만 책을 별로 좋아하지도 싫어하지도 않는 아이들의 엄마는 책을 선뜻 사주기가 망설여진단다. 아이가 한두 번 열어보고 안 보니까 아깝다는 생각이 들기 시작해서다. 이런 엄마들은 도서관에서 빌려보자면서 잊어버리거나 비슷한 다른 책을 가져다주기도 한다. 하지만 아무리 비슷한 내용이 담긴 책이라도 이렇게 하다 보면 아이의 독서 습관에 문제가 생긴다. 왜냐면 아이가 관심을 쏟는 타이밍과 스스로 깨닫는 시기를 놓치기 때문이다. 당연히 아이는 공부에 흥미를 잃게 된다. 그래서 나는 아이가 원하는 책은 무조건 사주라고 엄마들에게 늘 말한다.

우리 아이들이 어렸을 때, 나는 아무리 바빠도 한 달에 한 번은 함께 서점에 갔다. 일단 서점에 가면 기본으로 서너 시간은 머물렀다. 마음껏 둘러보고 책 읽을 시간을 주기 위해서다. 온 가족이 출동해서 자기가 좋아하는 분야에서 한참을 보냈다. 딸은 소설, 나는 경제경영과 베스트셀러 코너, 남편은 잡지 등 관심사에 따라 코너는 매번 달라졌는데 우리 아들은 대체로 만화책 코너에 가 있었다.

원하는 책은 뭐든지 다 고르라고 하면 신기하게도 아이들은 꼭 엄마가 안 샀으면 하는 책을 고른다. 게임 만화책, 귀신 만화책, 괴물 만화책까지. 나는 그래도 토 달지 않고 사줬다. 우리가 쇼핑할 때를 생각해보자. 이성적으로 생각하면 필요 없는, 집 안 어딘가에 있을 법한 옷을 충동적으로 산 적이 있지 않은가? 아이도 그럴 수 있다. 엄마는 성인이고 결정권이 본인에게 있으니 충동구매를 해도 되는 것이고 아이는 안 되는 것일까? 나는 독서에 관해서는 충동구매라 해도 무조건 존중해줬다. 책을 통해서 쾌감을 느끼게 하려면 엄마가 살살 달래며 동행해줘야 하기 때문이다. 문제집을 풀게 하고 숙제하게 하는 것보다 아이가 쉽게 빠져드는 것이 책이요, 그것보다 좋은 것은 '본인이 선택한 책'이다. 나는 심지어 아이가 집에 있는 책과 비슷한 책을 고르더라도 일단 사줬다. 똑같은 주제를 다룬 책도 새 책으로 읽으면 또 새롭게 되새기기 때문이다. 이전에는 이해하지 못했던 사실을 깨닫는 기회가 되기도 한다. 물론 좋은 버릇이라고 할 수는 없지만 '숙독'으로 이어지는 연결고리는 될 수 있다고 믿었고 실제 그 효과도 경험했다.

공부그릇을 만들려면 아이로 하여금 스스로 책을 읽게 만들어야 한다. 그러나 책에 재미를 붙이고 독서력을 스스로 만들게 하는 것은 쉬운 일이 아니다. 나 또한 '엄마발자국'에서 책과 친구가 되지 못한 여러 유형의 아이를 만나면서 책에 재미를 붙이게 하는 방법을 늘 고민해왔다. 그런데 수많은 시도 끝에 얻은 해답은 의외로 간단했다. '무조건 많이 읽히는 것'이 가장 확실하고 정직한 방법이었던 것이다.

앞서는 무턱대고 아무거나 읽히지 말라고 해놓고서는 무슨 소리냐 하는 부모도 있을 것이다. 초등학교 3학년쯤 되면 좌뇌가 발달하는 시기다. 그전에는 주제를 정해 영역별로 확장하는, 우뇌를 활용하는 방법으로 책을 읽게 했으므로 이 시기부터는 잡다하게 마구 읽는 '자신만의 독서'를 하게 만들어야 한다. 나는 쉬운 책, 어려운 책, 만화책 할 것 없이 읽는다고 하면 아무 말 하지 않고 읽게 하였다. 자기가 좋아하는 책을 수십 번 읽게 두는 것도 좋다. 그래야 책의 참맛을 알게 되고 그렇게 책 맛을 느껴야 다음 책으로 넘어갈 때도 스스로 마음이 동할 수 있다.

이렇게 말하면 엄마들은 만화책만 보는 아이는 어떻게 하느냐고 묻는다. 특히 남자아이들은 만화책에 한번 빠지면 걸으면서도 눈을 떼지 못한다. 나는 만화책을 본다고 해서 덮어두고 못 보게 하지 않았다. 초등학교 3~4학년이 되면 흥미 위주의 만화책은 자제해야 하나 만일 책 읽기에 즐거움을 붙이기 전이라면 그런 만화책도 허락해야 한다.

요즘 서점에 나가 보면 만화책 중에서도 중간중간에 줄글이 나와 있는 책들도 있고 어휘 수준이 괜찮은 것도 상당하다. 학습만화의 고전 『먼 나라 이웃나라』와 같은 역사 만화책도 수준 높은 것들이 꽤 출간되어 있다. 특히 과학 교과를 바탕으로 한 만화책 종류는 다 보기 벅찰 정도로 많다. 이 중에서 스테디셀러로 자리 잡은 『WHY』시리즈는 아이가 만화책에 빠져 있다면 권할 만하다. 오히려 저학년은 과학(물리·화학·생물·지구과학 등)이나 사회(세계사·한국사·법과 정치·경제·사회문화 등)를 만화책으로 접근해서 푹 빠져 읽게 하는 것도 좋은 방법이다.

하지만 아이가 이야기 전개도 허접하고 교훈도 없는, 그다지 남는 내용이 없는 만화책을 좋아한다면 그것대로 골치가 아프다. 이럴 때는 '아이가 원하는 것 세 권에 엄마가 추천하는 책 한 권 읽기' 식으로 아주 조금씩 강요해야 한다. 나 또한 아들에게 책을 읽힐 때 처음에는 줄글이 섞여 있는 만화책을 읽게 하고 이후에는 아이가 흥미로워하는 주제의 책을 읽게 하는 식으로 서서히 적응하게 했다.

어떻게든 책에 빠져 '읽는 재미'를 느껴보는 것이 중요하다. 그것이 독서의 바다로 가는 시발점이 되기 때문이다. 이 책에서 제시하는 책 읽기 방법대로 한다면야 가장 좋지만, 그럴 수 없는 상황이라면 아이에게 책을 읽힐 때 '읽는 재미'만이라도 느끼게 하자. 이것만 목표로 삼아도 아이들은 무한한 가능성의 세계로 가는 저마다의 열쇠를 갖게 될 것이다.

나는 책 구입에 관한 충동적 자아뿐 아니라 책 읽기에 있어 충동적 자아도 고려했다. 아이의 유치원 시절을 떠올려보라. 아이가 하는 엉뚱하고 기발한 질문에 엄마는 즉각 대답을 해줬을 것이다. 상식 수준의 대답이었으니 수월했을 것이다. 초등학생 아이가 질문하면 어떻게 해야 할까? 초등학생쯤 되면 원리나 기원을 묻는 등 질문의 수준이 높아져 상식선에서 답하기가 어렵다. 이때는 책을 함께 찾아 읽어봐야 한다. 엄마가 나중에 찾아주겠다고 얼버무리거나 아이에게 찾아보라고 떠미는 것이 아니라 "엄마랑 책에서 찾아볼까?" 하며 집에 있는 책을 꺼내 같이 읽어야 한다.

아이의 질문을 무시하거나 흘려듣는 것은 금물이다. 아이는 지금 모르는 것을 당신에게 질문하고 있다. 아이가 자신이 모르는 것에 대해 호기심을 갖는다는 것은 이미 지적 호기심이 생기기 시작했다는 신호이니 매우 중요한 시점이다. 아이는 부모와 함께 궁금한 문제를 해결하는 과정을 통해 친밀감과 신뢰감을 쌓을 뿐 아니라 지식도 함께 쌓는다. 그리고 이런 과정을 통해 답을 찾아냈을 때 충족감과 성취감을 느끼는 것이다.

아이마다 책 읽는 방식이 다르다는 점도 유념해야 한다. 역사와 위인전을 좋아했던 딸은 김만덕, 슈바이처, 테레사 수녀 같은 인물의 이야기를 여러 가지 책으로 읽는 것을 좋아했다. 그래서 위인전집을 다섯 질이나 사줘야 했다. 위인전은 출판사마다 인물을 그려내는 방식과 중요하게 생각하는 부분, 세부 사항 등이 다른데 큰 아이는 같은 위인을 다룬 다양한 책을 읽고 차이점을 찾아내는 것에 흥미를 느꼈던 것이다.

어떨 때는 도시 이름이 다르다며 이상하게 여긴 적도 있는데 아이와 함께 백과사전을 찾아가며 함께 알아봤다. 예를 들면 '율곡 이이가 태어난 곳은 강원도 강릉 북평촌의 외가'라고 쓰인 책과 '사임당은 친정집에 와 있다가 이이를 낳았고 이이가 태어난 곳은 오죽헌'이라고 쓰인 책을 발견해 강릉 북평촌에 오죽헌이 있는 것이냐는 질문을 하기도 했다. 사소한 내용도 이 책 저 책과 맞춰보며 퍼즐 게임을 하듯 책을 읽는 모습이 신통하고 대견했음은 물론이다.

둘째 아이는 초등학교 5학년 때 법에 관한 이야기를 읽더니 6학년쯤 되어 민법·형법 책을 사달라고 졸랐다. 어이가 없었지만 따져 묻지 않고 사줬다. 당연히 한자가 많아서 하나도 읽지 못했다. 그래도 아이가 보고 싶을 때 바로 꺼내볼 수 있도록 책장에 잘 꽂아주었다. 어른들도 '어, 그게 뭐였지?' 하고 궁금증이 일었을 때 바로 찾아서 읽어보면 속 시원해하며 성취감을 느끼게 되는 것처럼 아이도 궁금한 것에 대한 답을 스스로 찾아 해소하면 성취감을 느낀다.

물론 나중에 도서관에 가서 찾아보거나 인터넷으로 즉시 검색하면 되지 않느냐고 반문하는 부모도 있을 것이다. 하지만 도서관에 가서 책을 골라 질문에 해당하는 내용을 찾기까지 아이의 지적 호기심이 이어지면 다행이지만, 아이의 뇌는 아직 그걸 유지할 만큼 발달하지 못했다. 또한 인터넷으로 너무나 손쉽고 빠르게 찾아버리면 아이의 호기심도 빠르게 사그라든다. 그러니 번뜩하고 피어오른 지적 호기심이란 불꽃이 꺼지지 않도록 많은 책을 이용하여 유지해주고 더 크게 피어오르게 해줘야 한다. 그것이 바로 부모의 몫이다.

02

독서는 아이에게
'생존의 법칙'을 알려준다

책을 그나마 꾸준히 읽던 아이들도 중·고등학교에 올라가면서 책을 멀리하는 모습을 그동안 수도 없이 봐왔다. 아무리 읽으려고 시간을 내고 노력해도 중·고등학생이 되면 어릴 때처럼 앞뒤 안 가리고 책에 빠질 시간이 부족하다. 잠잘 시간도 부족한데 태평하게 책이나 붙잡고 있을 만한 마음의 여유도 없다. 결국 아이들이 책을 마음껏 읽을 수 있는 시간은 초등학교 때뿐인데, 시기적으로도 이때 가능한 한 책을 많이 읽어둬야 한다. 이 시기에 무한대로 읽어두면 그것이 아이가 평생 발휘할 상상력, 창의력의 바탕이 되기 때문이다.

초등학교 때에 가능한 한 많이 읽어둬야 한다고 해서 체계적인 책 읽기를 초등학교 때부터 시작해서는 곤란하다. 초등학교 때는 아이가 독서에 취미를 붙이고 어느 정도 습관이 형성되어 있어야 한다. 그래서 측두엽의 발달로 언어 발달이 왕성해지는 5~6세에 독서와 친숙해지는 것이 중요하다. 이 시기의 기초 독서 습관이 초등학교 공부의 바탕이 되기 때문이다. 책을 읽고 있는 지금 아이가 이미 초등학생이라며 때를 놓쳤다고 지레 포기할 필요는 없다. 초등학교 저학년도 늦은 건 아니다. 이때 시작하여 독서 습관을 형성해주고 고학년 때까지 영역을 확장해준 뒤, 점점 수준을 높이면서 폭넓은 독서를 할 수 있도록 지도하면 된다. 언어지능이 12세 정도면 성장이 멈춘다는 것을 알고 있는가? 그러니까 초등학교 시절에 습득한 독서력이 평생 그 아이의 독서력이 된다는 것도, 이때 발달한 언어지능이 평생 간다는 것도 잊어선 안 된다.

'엄마발자국'을 운영하면서 실제 지켜본 바로도 초등학교 1학년 때부터 보습학원에 다닌 아이보다 5~6세부터 책을 읽은 아이가 학년이 올라갈수록 공부를 더 잘했다. 놀라운 점은 일찍 책 읽기를 시작한 아이가 공부뿐만 아니라 다른 분야에서도 두각을 나타냈다는 것이다. 독서를 통해 이해력이 커진 덕분이다. 수학·과학·사회와 같은 분야뿐만 아니라 악보를 보는 이해력, 감정에 공감하는 능력, 규칙을 이해하고 실행하는 능력의 바탕을 독서가 만들어주었다.

그러나 근시안적으로 생각해 당장 시험에서 좋은 점수를 얻고자 하는 수많은 엄마가 하교해서 집에 돌아온 아이에게 학습지를 풀리고 편도 30분이 넘는 거리까지 차에 태워가며 학원에 보낸다. 남들보다 뒤떨어질 것이라는 조바심 때문에 책보다는 학원을 우선한다. 하지만 빈둥거리며 책 읽는 시간, 뒹굴뒹굴하면서 책 읽는 이 시간이 아이가 즐겁게 배우는 시간임을 잊지 말아야 한다. 아이들에겐 지식의 주입보다 스스로 생각할 시간의 여유, 마음의 여유가 필요하기 때문이다.

대표적인 읽기 발달 이론가인 진 챌 Jeanne Chall 의 연구에 따르면 읽기가 더 나은 독서력, 즉 단어에 관한 정확한 인식·해독·철자법·독해력을 키운다고 한다.

이 이론에서는 읽기 발달단계를 0~5단계로 나누어 설명하는데 0단계는 읽기 전 단계로, 태어나서 초등학교에 입학하기 전까지의 시기다. 생활 속에서 문장과 단어를 이해하고 단어에 대한 통찰력을 얻게 된다. 1단계는 초등학교 1~2학년 시기로, 문자를 알고 그 문자를 음성단어로 연결해서 읽는 문자해독 단계다. 2단계는 초등학교 3~4학년까지로, 1단계에서 습득한 읽기의 유창성을 다지는 단계다. 새로운 정보를 얻기보다 1단계에서 습득한 것을 바탕으로 읽기가 유창해지는 시기다.

3단계는 초등학교 5~6학년 시기로, 지식·정보·생각·경험 등 새로운 것을 배우기 위해 읽기를 시작하는 단계다. 4단계는 읽기에 다양한 관점이 생기고 이를 통해 개념과 관점을 습득하는 시기로, 진 챌은 이를 초등학교 이후로 잡고 있다. 5단계는 18세 이후로, 자기 스스로 지식을 구성하는 단계다.

나는 이 과정 전체를 초등학교 때 모두 수행할 수 있다고 믿는다. 적어도 책의 바다에 빠지게 하고 습관을 들이면 4단계까지는 어렵지 않다. 5단계는 그간 독서로 축적한 배경지식과 신체적·정신적 성장으로 아이의 사고가 깊어지면 자연스럽게 고차원적·추상적 사고를 할 수 있을 것으로 생각한다.

'엄마발자국'을 찾아온 엄마들은 종종 "독서가 왜 중요할까요?"라고 묻곤 한다. 공부와 인성에 도움이 된다는 것까진 당연히 알겠는데 구체적으로 어디에 무슨 도움이 된다는 건지 알 수 없다고 말하기도 한다. 그럴 때 나는 "독서가 아이의 생존을 결정합니다"라고 답한다.

이렇게까지 이야기하는 이유가 있다. 살아 있으나 생각이 없으면 살아 있다고 할 수 있을까? 멀리 거슬러 올라가보자. 오래전 인간의 의사소통 수단은 몸짓언어와 음성언어 두 가지였다. 문자언어 없이 음성언어와 몸짓언어만으로 사람들끼리 소통하고 구전을 이용하여 다음 세대에게 삶의 지혜와 수단을 전수해줬다. 하지만 음성언어와 몸짓언어는 순간적이고 일회적이므로 보전이 불가능하다. 그래서 기호가 생기고 문자가 생겨난 것이다. 문자가 탄생하면서 지역의 고유문화와 정서가 고착화되었고 이것을 다음 세대에게도 전달할 수 있게 되었다. 그런데 문자는 직관적인 음성언어나 그림언어와는 달리 추상적이어서 특정 교육을 받지 않으면 이해하기 힘들다. 그래서 문자를 통해 사회계층이 형성되고 계급화가 시작된 것이다. 지배계층은 선진 지역의 문자를 익히고 이를 고도화하면서 자신들의 권력을 유지했다.

오래전 서양에서는 흑인이 글자를 알고자 노력하면 두 눈을 빼서 글자를 알지 못하게 하고 우리나라 역시 양반계층이 문자를 독점하여 하인은 글자를 읽지 못하도록 했다는 사실을 생각해보라. 즉 문자를 알게 되면 피지배자의 사고가 확장되어 옳고 그름을 변별하게 되므로 지배가 불가능해진다. 과거로 돌아가보면 '글을 읽는다'는 것에 이러한 의미까지 있다는 것을 알 수 있다. 이는 현재에도 다르지 않다. 적나라하게 지배계층과 피지배계층이 보이지 않을 뿐이지 자기 생각이 없으면 세상의 파도에 휩쓸려 살 수밖에 없다. 정보가 무엇보다 중요한 시대에 앞으로 더하면 더했지, 결코 덜하다고 할 수 없을 것이다.

독서로 수많은 정보를 얻을 수 있고 생각을 성숙하게 만들 수 있다는 것은 이미 많은 독서 이론가가 이야기한 바 있다. 독서는 굉장히 정신적인 과정이다. 문자, 기호를 통해 머릿속에 의미를 체계화시킨다. 우리가 글을 읽고 의미를 파악하는 것이 당연해 보이겠지만 이는 문자와 소리의 규칙에 숙달되어야 하고 문장의 의미와 구조를 파악하는 능력이 있어야 가능한 일이다. 또한 독서를 통해 배우는 건 새로운 사실뿐만이 아니다. 문제에 접근하는 다른 방법을 깨닫고 문제에 대하여 다르게 생각하는 방법도 배울 수 있다. 읽기 능력은 학습을 포함해 사회생활과 인격 형성을 위한 도구라고까지 할 수 있다.

　물론 문자를 그저 읽고 쓰는 것은 단순한 기능이다. 그러나 글을 읽으면, 즉 독서를 하면 생각하는 힘이 길러진다. 정보를 알게 되는 것은 덤이고 어떤 상황이 일어났을 때 분별하고 판단할 수 있는 힘도 생긴다. 나 또한 주변에서 아는 것도 많고, 문제도 잘 푸는 우등생이라고 하는데 정작 자기 생각은 한마디도 말하지 못하는 여러 아이를 목격했다. 여러분도 엄마가 주도하는 코스대로 잘 따라 좋은 대학에 입학한 아이 중에 수강신청도 스스로 못하고 성적 항의도 하지 못하는 아이가 있어 엄마가 대신한다는 놀라운 소문을 한두 번 들어봤을 것이다. 심지어 회사원이 된 자식을 대신하여 회사에 전화해 결근을 통보하는 엄마도 있다고 한다. 그런 아이는 씹어서 떠 넣어주는 밥만 먹어서 그렇다.

　어른 중에서도 생각은 있지만, 편협한 사람들이 있다. 이렇게 치우친 사고를 하는 이유는 스스로를 돌아보지 못하고 자기 생각 안에 갇혀 있기 때문이다. 당연히 이런 사람들은 일상생활은 물론 관계 맺기를 포함한 사회생활에서도 문제를 보인다. 이 모든 것이 독서 결핍에서 비롯됐다는 말은 결코 비약이 아니다. 특히 수십 년 동안 아이들을 가르치면서 책을 읽기 시작한 이후 그 아이가 어떻게 달라지는지 똑똑히 목격한 나는, 독서를 생존의 문제라고 말하지 않을 수가 없다.

　내가 책 읽는 습관을 들이라고 강조하는 이유는 평생 책을 읽어야 급변하는 사회에서 '생존'할 수 있다고 생각하기 때문이다. 생각해보라. 요즘 들어서는 새 개정교육과정의 흐름과 비슷하게 기업 채용 과정에서도 인문학으로 직원을 평가해 채용하는 기업들이 늘고 있다. 심지어 이공계열 기업에서도 이런 채용 정책을 펼치고 있어 어려서부터 책을 읽지 않았던 학생들도 취업을 목적으로 인문학 분야 책 읽기에 몰두한다고 한다. 반드시 읽어야 하는 시기를 놓치고 어른이 되어버린 데다가 다른 입사 시험 준비 때문에 시간이 모자란 취업 준비생들이 이제 와 책을 읽으려니 얼마나 고단하겠는가.

성적이 아무리 좋아도 사회에서 한번 미끄러지면 다시 기회를 잡기도, 다시 위로 올라가기도 힘든 세상이다. 이런 세상에서 아이 스스로 자신의 길을 개척하는 '주체적인' 인간으로 자라게 하려면 책 읽기를 간과해서는 안 된다. 나는 요즘도 사회인이 되어 해외에서 근무하고 있는 딸과 통화할 때마다 "책은 좀 읽었니?" 하며 '독서 안부'를 잊지 않는다. 아이의 성장은 어른이 되었다고 해서 멈추는 것이 아니기 때문이다.

03

동화책이
독서력의 문을 여는 열쇠다

책을 잘 읽는 아이의 부모라도 고학년이 된 아이가 동화책을 읽고 있으면 달가워하지 않는다. 대부분 동화책은 쉬운 것이니 학습에 그다지 도움이 안 될 것 같다는 생각에서다. 그러나 아이가 컸다고 해서, 쉬워 보인다고 해서 더 이상 읽지 않기에 아까울 만큼 동화책에는 수많은 장점이 있다. 이번 장에서는 동화책이 가진 놀라운 힘에 대하여 알아보자.

첫째로 아주 당연한 사실이지만, 스토리를 따라가는 능력은 동화책을 읽으며 다져진다. 이 훈련이 잘되어야 중학교에 올라가 고전문학과 현대문학을 맞닥뜨렸을 때 자연스럽게 받아들일 수 있다. 동화책도 문학이지 않은가. 동화로 문학의 특징, 스토리의 구성 등을 익힌 후 고전문학, 현대문학을 읽으면 어렵지 않게 느껴진다.

둘째, 동화책은 인간다운 삶과 자신을 둘러싼 세상에 대한 이해를 돕는다. 즉 동화책은 건강한 삶을 지속하기 위해 꼭 필요하다. 인간의 삶 속에서 아름다움을 찾고 제대로 된 가치관을 발견하게 해주는 것이 문학 작품의 본령이라면 어린이 문학의 기초인 동화는 아이들이 힘을 기울여 읽을 만한 충분한 가치가 있다.

셋째, 동화책으로 다양한 분야의 어휘와 그 쓰임을 익힐 수 있다. 서점으로 가서 동화책 코너를 한번 살펴보라. 전래동화부터 창작동화까지 그냥 훑어보기만 해도 다루지 않은 분야가 없다고 할 정도로 다양한 주제의 동화가 존재한다. 이런 동화책에서 시작해 전기, 신화까지 이끌어가다 보면 생각보다 방대한 어휘를 습득할 수 있다. 상급학교에 가서도 국어뿐 아니라 다른 과목의 공부도 수월하게 잘할 수 있다. 앞서 말했듯이 중·고등학교 과학이나 수학 교과서를 들춰보면 다른 과목 공부에서도 왜 어휘력이 필요한지 알 수 있을 것이다. 결국 수학, 과학도 문제와 개념 설명은 어휘로 이루어져 있기 때문이다. 그러니 어휘력이 떨어지면 단어의 뜻을 몰라 개념조차 이해하지 못하고 문제가 요구하는 것이 무엇인지 몰라 헤매게 된다.

넷째, 동화책을 읽으면 합리적, 분석적 사고와 감수성, 상상력을 기를 수 있다. 아이는 동화책을 읽음으로써 동화 속 주인공의 상황에 이입해 간접 체험을 하고 자신이 경험하지 못한 넓은 세계를 보게 된다. 등장인물의 감정에 몰입하다 보면 정신세계도 넓어진다. 이런 경험으로 아이는 자신이 평소에 느끼는 감정을 말과 글로 표현할 수 있게 된다.

물론 요즘에는 각종 체험 학습이 많아 예전과 달리 아이가 다양한 경험을 해볼 기회가 많다. 그러나 체험 학습으로 세상 모든 것을 경험해볼 수는 없다. 게다가 감정의 영역은 그 감정이 발현될 특수한 상황을 맞닥뜨리지 않고서는 경험 자체가 불가능하다. 아이에게 고독과 경이로움을, 슬픔과 좌절을 어떻게 체험하게 해줄 것인가?

동화 속에 어떤 장면을 보고 공감하기 위해서는 자기 속에 있는 정신작용이나 감정을 끌어내는 과정이 필요하고, 이러한 과정은 책과 독자를 연결하는 자연스러운 고리가 되어 다른 종류의 책을 읽을 때도 도움이 된다. 요즘에는 대입 시험이나 입사 시험에서도 인성 시험을 본다고 하는데 동화책이나 고전문학, 현대문학을 읽으면 인성은 저절로 형성된다.

동화책 읽는 순서를 살펴보자

동화책을 읽을 때도 순서는 있다. 아이가 태어날 때를 시작으로 생활동화 →창작동화 →명작동화 및 전래동화 →위인동화 →철학

동화 → 일반 문학 순서로 가면 된다.

아이가 저학년일 때는 명작동화와 전래동화를 많이 읽혀야 한다. 물론 취학 전 유아기에 읽은 명작동화나 전래동화보다는 글의 형식과 짜임새가 탄탄하고 소설적 특성을 제대로 갖춘 책을 부모가 꼼꼼히 살펴보고 골라 읽혀야 한다.

이때 글의 전개 방식이 발단 – 전개 – 위기 – 절정 – 결말을 잘 갖추고 있는지 살펴보자. 사건을 이끌어가는 주체인 인물과 인물이 일으키는 갈등과 전개, 사건이 일어나는 시간적, 공간적 배경이 유기적으로 수준 있게 펼쳐진 책이어야 한다. 저학년 때 이렇게 제대로 만들어진 동화책을 읽어두면 고학년에 올라가 고전이나 철학책을 읽어낼 때 좋은 밑거름이 된다.

초등학교 3~4학년이 되면 위인전이나 신화를 읽힌다. 유치원 때 위인동화를 읽게 했으니 더 읽을 필요가 없다고 생각한다면 이는 잘못된 생각이다. 그때 읽은 위인동화는 인물 중심이거나 단순히 위인이 성취한 결과에 초점을 맞춰 교훈 위주로 쓴 책이 대부분이다. 글의 형식도 본격적인 전기가 아니다. 전기도 소설과 마찬가지로 인물·사건·배경을 바탕으로 인물의 생애를 다룬다. 흥미를 위해 재구성하지만 사실을 바탕으로 하고 위인이 살던 시대의 사회적 배경과 역사적 특징이 잘 나타나 있다. 3~4학년은 학습의 틀을 다지는 시기이고 교과서에는 문학과 비문학 형식의 글이 모두 실리기 때문에 이런 글을 읽어본 경험이 필요하다.

초등학교 5~6학년 때는 단편소설을 시작한다. 단편소설은 호흡이 길지 않으므로 고학년 정도면 충분히 읽을 수 있다. 이때 한국문학과 세계문학을 고루 읽혀 문학의 맛을 보게 한다. 줄거리도 다채롭고 내용의 깊이도 차원이 다르니 아이의 사고도 더욱 깊어질 것이다.

초등학교 1학년 때부터 알고 지낸 고등학생 승호는 어찌 보면 엉뚱하다고 할 정도로 생각의 깊이가 어릴 때부터 남달랐다. 승호 엄마에게 어떤 책을 읽혔느냐고 물었더니 승호가 초등학교에 들어가기 전부터 책이라면 닥치는 대로 읽게 해줬다고 했다. 특히 아이가 어릴 때부터 수학이나 과학을 흥미로워하고 재능도 그쪽에 훨씬 많았는데도 고학년이 될 때까지 꾸준히 동화책을 읽혔다고 했다. 궁금했다. 왜 동화책을 계속 읽혔을까? 내가 물으니 어디선가 초등학교 때 동화책을 많이 읽어야 어휘력과 상상력이 풍부해진다는 글을 읽고 한번 해보자 싶어 그렇게 했다고 승호 엄마는 말했다. 그제야 승호가 보여준 독창성·창의력·상상력이 이해가 됐다. 승호는 학원 한번 다니지 않고 중학교 때는 물론 고등학교에 가서도 국어뿐 아니라 다른 과목도 수월하게 잘해냈다. 또한 대부분의 아이가 부담스러워하는 논술 준비도 따로 하지 않았지만 승호는 그 분야에서도 두각을 나타냈다. 승호를 통해서 나 또한 동화책의 힘을 새삼 깨달았다.

마지막으로 어떤 책이나 문제에서 요점을 잘 집어내고 근거 자료를 활용할 줄 아는 능력도 동화책으로 키울 수 있다. 그렇다면 아예 시간 낭비하지 말고 효율성을 높이기 위해서 논리가 부족할 때는 과학 동화책을 읽히고, 역사를 이해시키기 위해서는 역사 동화책을 읽히며, 수학 개념을 잡기 위해서는 수학 동화책을 읽히는 것이 낫겠다고 생각하는 부모들도 있을 것이다. 그러나 이는 머리가 아프다고 할 때 두통약을 먹이고, 소화가 안 된다고 하면 소화제를 먹이는 것과 같다.

건강하기 위해서는 기초 체력 관리가 필요하듯이 다른 분야 공부를 위해 그 바탕을 만드는 것이 동화책이다. 창작동화, 전래동화, 명작동화, 위인동화, 신화 등 다양한 종류의 동화를 말 그대로 차고 넘치게 읽히도록 하자.

04

10년 치 학원비 모아서
책을 사라

매 학년 학기 초가 되면 학교에서 학생들에게 추천 필독서 목록을 나누어준다. 교과 내용에 관련된 책을 선정한 것인데, 대개 60권에서 100권 정도 된다. 이 정도 양이면 의무적으로 일주일에 한 권 이상은 읽어야 겨우 다 읽을 수 있다. 생각보다 많은 양이라고 생각하는 부모들도 있을 것이고, 별다른 도움이 안 될 것으로 생각해 그냥 잊어버리는 부모들도 있을 것이다. 그러나 학교에서 권하는 추천 필독서 목록은 교과 내용과 긴밀하게 연관되어 있으니 반드시 읽혀야 한다. 게다가 배경지식을 쌓기에 턱없이 부족한 양이니 연계 독서 또한 해야 한다.

　예를 들어 한 초등학교의 4학년 추천 필독서 목록에는 『물고기도 아프다! – 어린이가 알아야 할 물고기 이야기』라는 책이 있다. 이 책에서는 물고기의 생태계와 수질오염에 대해 이야기한다. 특히 수질오염의 원인과 그 심각성을 쉽게 설명하고 있다. 그런데 학교에서 권장한 책이 이것뿐이니 충분하다고 생각한다면 아이는 환경오염 중 수질오염에 관해서만 자세히 알게 된다. 물론 교과서에서 배우긴 하지만, 교과서는 개념 정리에 치중하므로 아이로서는 다양한 환경오염 요인들을 유기적으로 연결하기가 어렵다. 환경오염의 범위는 대기오염·토양오염·방사능오염 등으로 확대할 수 있고 이는 다시 산업화와 기후 변화까지 연결된다. 추천 필독서만 읽으면 아이는 환경오염에 관한 지식을 물고기와 수질오염까지만 확장하게 된다. 가지를 치려고 해도 칠 가지가 없게 되는 것이다.

　추천 필독서를 출발점으로 삼아 주제와 분야를 확장하는 것이 가지치기의 기본이다. 사방으로 가지를 친 후, 그 가지에서 다시 새로운 가지가 뻗어 나갈 수 있도록 하는 것이다. 이때 관련된 도서를 바로바로 찾아 읽어야 하기 때문에 다양한 책을 집에 구비해놓는 게 무엇보다 중요하다. 특히 앞서 말한 것처럼 아이가 좋아하는 책은 무조건 집에 갖춰놔야 한다. 생각해보자. 어른들도 좋아하는 작가의 신간이 나오면 읽고 싶어 하고 또 소장하고 싶어 한다. 하지만 직장 일이나 가정일에 치여 시간이 지나고 그 욕구가 사라지면 언제 그랬냐는 듯이 잊고 만다. 하물며 아이들의 지적 충동은 지속되는 힘이 약하기 때문에 제때 충족시켜주지 않으면 금세 시들고 만다. 그러니 수시로 읽어볼 수 있도록 아이의 눈높이에 맞게 사두는 게 좋다. 아이를 책 속으로 빠지게 하기 위해서는 말이다.

나는 엄마들과 상담할 때 집을 도서관처럼 만들라고 말한다. 초등 6년, 중등 3년, 고등 3년 과정까지 사교육비가 얼마나 들어가는지 한번 계산해보자. 사교육비는 집집마다 다르겠지만 2015년 서울시 교육청에서 발표한 서울 학생 1인당 월 평균 사교육비는 33만 5천 원이다. 학생 수는 줄었는데도 오히려 사교육비는 전년도 대비 계속해서 증가하고 있는 실정이다. 초등 6년 동안만 계산해도 약 2천 400만 원이다. 여기에 중등 3년과 고등 3년까지 합치면 대략 5천만 원 정도를 학원비로 지출하는 것이다.

5천만 원. 마음만 먹으면 작은 마을 도서관을 건립할 수 있을 정도의 금액이다. 이 정도 비용이면 교과서와 관련된 웬만한 책을 다 구비하고도 많은 돈이 남는다. 다른 활동에 투자할 비용과 시간까지 남는 것이다. 아이가 둘이라면 한 명당 반값만 지출하는 것이니 오히려 남는 장사다. 학원에 보내 얻는 비용 대비 효과보다 그 효과가 더 확실한 책에 투자하는 것이 훨씬 이득이라는 소리다. 그러니까 아까워하지 말자. 학원비보다 훨씬 싸고 효과도 확실하다. 초등학교 때부터 독서 목표를 높게 잡고 많은 책을 읽을 수 있도록 수준 높은 필독서를 미리 갖춰놓는 것도 정말 중요한 일이다. 앞에서 독서의 위력이 어느 정도인지 설명하지 않았는가.

나는 첫아이가 태어난 지 45일 만에 전집을 구입했다. 그때만 해도 전집류 판매는 이른바 '방판'으로 이루어졌다. 나 또한 전집 방문 판매를 하던 여고 동창이 찾아와서 당시 남편 월급의 세 배 정도 되는 돈을 주고 샀던 게 기억이 난다. 큰돈이었기에 정말 큰마음 먹고 책을 샀더랬다. 그런데 책을 읽어줄 때마다 딸아이가 너무나 좋아하는 게 아닌가. 모든 부모가 그렇듯 나도 내 아이가 천재인 줄 알고 그때부터 책이란 책은 가리지 않고 다 사주었다. 우연히 사들인 전집 한 질이 나를 독서의 바다로 이끌었던 것이다. 그 이후부터 '책 사재기'에 집중했지만, 두 아이를 책으로 길러내고 현재 내 직업도 책으로 만들었으니 결과적으로 보면 참으로 잘한 일이었다.

많은 부모가 책을 구입할 때 전집과 단행본 중 어떤 게 더 좋은 것인지, 또 어떤 비율로 구입하는 게 좋은 것인지 고민한다. 내가 오랜 기간 아이들과 독서 수업을 진행하면서 가장 효과적이라고 결론 내린 비율을 소개하자면 전집은 70~80%, 단행본은 20~30% 정도로 구비하는 게 적당하다. 일단 전집은 여러 주제를 두루두루 경험하기에 좋다. 낱권 책인 단행본은 전집에서 다루지 않은 부분이나 깊이 있는 내용을 경험하기에 좋다. 특히 전집으로 읽은 것 중 아이가 흥미를 느낀 주제는 해당 주제를 심화한 책으로, 아이가 어려워한 부분은 좀 더 쉽게 설명한 책으로 보는 등 난이도를 조절하며 읽기에 적합하다. 예컨대 자연관찰책은 전집으로 사서 동물·식물·자연환경 등 다양한 분야의 내용을 파악한 후에 깊이 들어가야 좋다. 자연관찰

책을 읽은 뒤 새에 대해 더 알아볼 욕심이 생기면 조류를 깊게 다룬 단행본을 찾아 구비하는 식이다.

전집류의 장점은 엄마가 미처 생각하지 않았던 주제의 책들도 선정되어 묶여 있다는 것이다. 아무리 책에 관심이 많은 부모라도 세상의 모든 주제를 다 알지도 못하거니와 모든 주제를 찾아볼 시간적 여유도 없다. 전집 덕분에 부모는 책을 선정하는 시간을 줄이고 아이는 다양한 주제의 독서 활동을 할 수 있다. 겹치는 내용 없이 골고루 접하게 한다는 것 또한 좋은 점이다.

물론 전집의 단점도 있다. 다양한 주제로 구성된 책을 읽어볼 수 있다는 크나큰 장점 뒤에는 대부분 그 깊이가 얕고 구성 면에서 단조롭다는 점, 그리고 구입할 때에 목돈이 들어간다는 단점이 있다. 나의 경우에는 아이가 태어나서 초등학교를 졸업할 때까지 전집류 구입에 수천만 원을 지불하였다. 물론 둘째 아이까지 읽혔으니 남들에 비하면 가장 저렴한 투자를 한 셈이다.

단행본의 장점은 일일이 다 열거할 수 없을 만큼 많지만 세 가지로 압축하면 다음과 같다. 첫째, 책을 좋아하는 아이라면 고르는 재미를 줄 수 있다. 둘째, 단행본은 교과서에서 다룬 주제 중에서 관심 있는 부분을 수준별로 선택하여 읽힐 수 있으며 전집에서 빠진 주제들을 골라서 읽히는 경험을 줄 수 있다. 셋째, 가계의 부담도 전집에 비해 크지 않다.

나 역시 전집에서 빠진 주제의 책들은 아이와 함께 직접 서점을 방문해 한 달 평균 열 권 정도 구입하곤 했다. 물론 단행본에도 단점은 있다. 부모가 부지런히 서점을 방문해야 한다는 것이다. 인터넷으로 책을 구입하면 책의 전체 내용을 훑어볼 수 없고 아이가 다른 책에 호기심을 갖도록 유도도 할 수 없다.

서점에 직접 가서 사야 하는 다른 이유도 있다. 일단 아이가 어릴 경우 수많은 책의 겉표지 그림만 봐도 큰 자극이 된다. 또 아이는 컴퓨터 화면으로 책을 볼 땐 시큰둥해하다가도 실물로 책을 보면 스스로 관심을 가진다. 거기에 직접 책을 선택하게 하면 애착도 생긴다. 마지막으로 가장 중요한 이유가 있다. 책을 보고 선택하게 하는 과정 또한 아이가 살아가면서 무엇을 선택하고 포기해야 하는지 결정하는 데에 많은 도움이 된다는 것이다. 소중한 정보를 획득하는 계기가 됨은 말할 것도 없다.

05

독서 편식하는
아이를 위한 처방전

많은 부모가 아이와 함께 서점에 들어설 때 가장 먼저, 가장 많이 하는 말은 무엇일까? 바로 "만화는 안 돼"다. 줄글도 좀 있고 학습 효과도 꽤 있는 학습만화라도 일단 '만화'기 때문에 대부분의 부모는 이를 사지 못하게 한다. 앞서 만화책이라고 해도 아이가 좋아하면 묻지 말고 사주라고 했지만, 아무 발전 없이 주야장천 만화만 보는 아이는 문제가 좀 다르다. 계속해서 그림 없이 줄글만 있는 책을 읽기 싫어한다면 책을 읽는 의미가 없기 때문이다.

그렇다면 만화책에만 빠진 아이는 어떻게 해야 줄글이 있는 책을 읽게 될까? 또 그림책만 보는 아이를 자연스럽게 '글밥' 많은 책으로 넘어가게 하려면 어떻게 해야 할까?

일단 만화책에서 줄글로, 쉬운 책에서 어려운 책으로 넘어가는 가장 보편적인 방법은 '아이가 관심 있는 주제'에 관해 읽히는 것이다. 아이가 요즘 배우고 있는 교과서 주제나 최근에 관심을 보인 주제 등을 기억해뒀다가 그와 관련해 살짝 어려운 책을 내밀면 한결 수월하게 쉬운 책에서 수준이 높은 책으로 옮겨갈 수 있다. 이때 수준을 계속 높여 어려운 책을 권하는 것보다는 만화로 된 책, 사진이 있는 책, 그림이 많은 책, 글이 많은 책 등 같은 주제를 여러 방법으로 다룬 책을 골라 같이 읽히는 편이 좋다.

아이가 어느 날 교과서나 TV 프로그램 등을 보고 '진화進化'에 흥미를 느꼈다고 가정해보자. 진화는 아이에게 이해시키기 어려운 주제다. 그래서 백과사전이나 관련 학습 자료로 개념 정리부터 하려고 하면 아이는 쉽게 흥미를 잃는다. 그렇다면 이 아이의 흥미를 어려운 책까지 이끌려면 어떻게 해야 하는가? 첫 단계는 언어 영역에 자극을 주는 것이다. 예컨대 주제가 진화이므로 찰스 다윈Charles Robert Darwin의 위인전을 읽게 하는 것도 좋다. 이때 위인전은 다른 영역에 비해 쉬운 편이니 줄글이 다소 있는 것을 택한다. 위인전을 통해 배경지식을 얻은 아이는 그렇다면 찰스 다윈이 주장한 진화론이 무엇인지 호기심을 갖게 된다. 이때 과학 영역에 자극을 줘야 한다. 과학 영역으로 넘어가면 수준이 좀 더 높아지므로 사진이 많은 책을 선택해 진화와 유전의 개념까지 설명한다. 진화를 사회 영역으로 바라보기 위해서는 아이가 모든 개념을 이해하고 스스로 사고할 수 있어야 한다. 어려운 주제이므로 진화론과 창조론의 논쟁을 다룬 학습만화를 읽게 하거나 그림이 많은 책을 선택해서 읽히고 난 뒤, 부모가 아이와 함께 토론하는 등 다양한 방법으로 이해하게 하는 편이 좋다.

앞서 말한 것처럼 아이들은 학년별로 전혀 다른 내용을 배우는 것이 아니라 같은 주제를 확장 또는 심화하여 배우게 된다. 이때 수준이 급작스럽게 높아지면 원래 줄글 있는 책을 싫어했던 아이들은 지레 포기부터 생각한다. 어려운 책으로 넘어가기도 전에 아예 시도 자체를 거부하는 것이다.

이때는 같은 주제를 난이도만 다르게 다룬 책을 찾아 읽히면 아이도 수월하다고 느낀다. 즉 초등학교 3~4학년에서 쉬운 책을 읽고 5~6학년에서 수준이 좀 있는 책을 읽더라도 똑같은 주제를 다룬 책을 이용하면 아이는 익숙한 느낌이 들어 거부하지 않는다는 의미다. 이 단계에서는 엄마도 아이를 잘 지켜봐야 한다. 아이는 주제를 더 깊숙이 다룬 책을 읽을 준비가 충분히 되어 있는데도 오히려 엄마들이 더 깊이 읽어야 하는 단계에서 멈춰버리는 경우를 종종 본다. 자연관찰 그림책에서 동화책으로 넘어갔다가 더 이상 그 주제를 다룬 책을 읽히지 않는 것이다.

아이가 '식물과 동물의 성장'에 관심을 갖는다고 가정해보자. 이때 자연관찰 그림책이나 동화책을 권해주고 할 일을 다했다고 생각하면 안 된다. 초등학교 5학년 1학기 『과학』 '식물의 구조와 기능' 단원에서는 기공·삼투압·증산작용 등의 개념이 나온다. 아이마다 다르긴 해도 보통은 초등학교 3~4학년 때 미리 식물의 줄기·뿌리·잎 등 세세하게 다룬 책까지 확장해서 읽을 수 있도록 도와줘야 한다. 그런데 자연관찰 그림책이나 동화책에서 독서를 끝낸다면 심화 과정 바로 아래 단계에서 멈추게 된다. 이렇게 독서를 끝내버리면 초등학교 5학년 때 식물의 기공·삼투압·증산작용이 나오는 단원을 맞닥뜨린다 하여도 아이들은 과거에 책을 읽어 쌓은 지식과 연계시키지 못한다.

동물 분야로 가면 더욱 심각해진다. 초등학교 3학년 1학기『과학』에서는 '동물의 한살이'를, 2학기에는 '동물의 생활' 단원에서 전반적인 내용을 배우고, 4학년 2학기『과학』에서는 '작은 생물의 세계'를, '우리의 몸'에서는 미생물과 인체에 관한 개념을 배운다. 그러니 책을 읽힐 때는 동물원에 있는 동물부터, 미생물을 거쳐 마지막에는 인체를 다룬 책까지 읽을 수 있도록 지도해야 한다.

나는 심지어 한글책에서 영어책으로 넘어가게 할 때도 '같은 주제로 넘어가기'를 이용했다. 해리 포터에 푹 빠져 책뿐만 아니라 영화까지 섭렵하고 나서 새로운 것을 찾던 아들에게 해리 포터 원서가 있다는 것을 알려줬다. 그랬더니 아이가 욕심을 내며 원서를 사달라고 했고 이 기회를 통해 아이는 영어책 읽기에 눈을 떴다.

저학년 때 만화책을 주로 읽은 아이라면 줄글이 있는 책으로 유도하는 게 말만큼 쉬운 일은 아니다. 위에서 설명한 방법마저 힘들어

한다면 적절한 보상으로 유도하는 것도 괜찮은 방법이다. 강압적으로 해서는 발전하지 않는다. 아이를 살살 달래고 어르며 원하는 길로 인도하는 것이 과정도, 결과도 훨씬 좋다.

나는 만화책이든, 줄글로 된 책이든 아이가 특정 책에 빠져 있을 때 아이가 읽었으면 하는 책을 슬며시 책상 위에 펼쳐 놓곤 했었다. 그러면 아이가 무엇인가 싶어 관심을 보이게 돼 있다. 호기심을 보이지 않으면 궁금증이 일도록 부추겨야 한다.

"이거 엄마가 요즘 읽는 건데 너무 재미있더라."

"그 페이지도 재밌는데 다음 페이지는 더 재미있어."

이러면서 조금씩 관심을 유도하는 것이다.

우리 아들도 만화책에 빠져 있던 때가 있었다. 서점에 가서 책을 고르라고 하면 아이는 만화책 코너에서 떠날 줄을 몰랐다. 하도 좋아해서 일단은 사줬는데, 집에 와서 며칠 동안 그 만화를 읽는 데에 정신이 팔려 다른 책은 거들떠보지도 않았다. 나는 곧바로 제지하지 않았다. 3~4일쯤 지난 뒤 읽을 만큼 읽어 슬슬 싫증이 날 때쯤 만화책 열 권에 줄글이 있는 책 두 권을 읽는 게 어떠냐며 협상을 시작했다. 만화책 열 권을 읽더라도 줄글이 있는 책 두 권을 읽으면 안 읽는 것보다 나을 거라고 생각했기 때문이다. 아이가 원하는 책 두 권을 읽으면 엄마가 권하는 책 한 권 읽기 식의 협상도 하고, 아이가 좋아하는 간식을 만들어준다며 약속하고 책을 읽게도 했다. 이때도 포인트는 엄마가 제안은 하되 선택은 아이가 해야 한다는 것이다. 책을 읽는 행위란 즐겁고 행복한 기분을 주는 것이라 인식해야 하고, 아이가 글에 공감해야 책과 친해질 수 있다.

세계적인 심리학자 바버라 프레드릭슨 Barbara Fredrickson 노스캐롤라이나 대학 교수는 학습 전후로 유쾌한 상황을 줄 때 학습자의 학습 애호감과 학습 의욕이 높아진다는 사실을 발견했다. 그녀는 정서와 인지 능력의 상관성에 관한 실험들을 통해 '확장 및 축적 이론 broaden-and-build theory'을 도출해냈는데 이는 긍정적인 정서가 단지 순간적인 행복감을 가져오는 것에 그치지 않고 개인의 생각과 행동의 폭을 넓혀 여러 가지 도전을 하게 한다는 이론이다. 특히 이러한 긍정적인 경험이 지속되고 반복될 때 개인의 능력과 내적 자원 또한 계속해서 축적된다는 것을 발견했다. 굳이 이런 이론까지 가지 않더라도 남이 시키는 일을 억지로 했을 때 어떤 기분이 들었는지 자신에게 반문해보면 알 것이다. 심지어 하려던 일도 누가 하라고 하면 김이 새지 않는가. 시켜서 하면 즐겁지도 않고 싫증도 쉽게 난다. 어른이 그렇다면 아이들도 마찬가지다.

줄글이 있는 책을 좋아하지 않는 아이도 문제지만, 줄글이 있는 책을 읽더라도 자기가 좋아하는 분야만 읽는 독서 편식쟁이도 부모의 걱정거리다. 우리 둘째 아이도 저학년 무렵에는 한국사·세계사·자연관찰에 관한 책은 좋아했지만 명작동화나 전래동화 등 문학은 영 등한시했다.

그때 나는 명작동화와 전래동화를 미리 읽고 자기 전에 아이에게 옛날이야기처럼 들려줬다. 이야기를 좋아하지 않는 아이는 없다. 특히 엄마의 음성으로 들려주는 이야기는 아이에게 안정감을 준다. 글로 읽는 것보다 귀로 듣는 이야기는 훨씬 더 편하게 다가간다. 그렇게 잠자리 머리맡에서 들려주는 이야기를 부담 없이 듣던 아들은 어느 날 주인공이 곤란한 상황에 부닥치는 대목이 나오자 "그럼 그땐 이렇게 하면 되잖아" 하며 반응을 보이기 시작했다. 그때를 잡아야 한다. "그럼 주인공이 어떻게 했는지 볼까?" 하며 아이가 흥미를 보일 때 전래동화책을 뽑아 와서 읽어주는 것이다.

아이가 좋아하지 않는 분야에 접근할 때는 앞서 줄글이 많은 책을 싫어하는 아이에게 읽어주는 방법과는 조금 다르게 해야 한다. 싫어하는 분야는 사진이 많거나 그림이 많은 책으로 접근한다. 사진첩을 보듯 넘기다가 사진 밑의 짤막한 글을 한두 줄 읽으라고 하면 된다. 그렇게 책에 익숙해지면 옆 페이지의 글 단락을 읽는다. 역사·사회와 친하지 않은 아이들은 만화책으로 그 분야를 시작하면 수월하다. 요즘에는 많은 교수진의 참여로 훌륭한 학습만화가 꽤 나와 있어, 개중엔 줄글이 있는 책보다 나은 것들도 있다. 또 한 가지, 역사를 본격적으로 공부하려면 위인전으로 시작하는 것도 좋다. 인물 중심의 이야기는 아이들이 훨씬 쉽다고 느껴 자연스럽게 역사적 배경 등을 익힐 수 있다.

초등학교 6학년 승엽이는 4학년 때 처음으로 '엄마발자국' 수업을 시작했다. 집이 충북 진천인데 매주 토요일 '엄마발자국'이 있는 대전까지 먼 길을 마다치 않고 왔다. 승엽이는 평소에 다른 책은 전혀 읽지 않고 오로지 과학책만 읽는 독서 편식이 심한 아이였다. 관심 있는 분야의 책으로만 지식을 쌓다 보니 좋아하는 과학 시간에는 열심히 참여하지만, 관심 없는 과목 시간에는 딴짓을 하는 등 수업 태도가 좋지 않았다.

지금 승엽이는 6학년이지만 성인 대상 책인 『과학 콘서트』 수준의 책을 읽는다. 분명 책을 싫어하는 것은 아니니 나는 오히려 과학을 향한 아이의 흥미를 이용하기로 했다. 과학을 좋아하니 쥘 베른^{Jules Verne}의 『해저 2만 리』와 같은 고전이나 베르나르 베르베르^{Bernard Werber}의 『개미』 등을 권했다. 과학 교양서만으로 지식을 쌓던 아이는 문학에서 펼쳐지는 과학의 세계를 무척 신기해했다. 그렇게 고전문학과 과학 소설로 문학을 읽기 시작하면서 국어 과목에 마음을 붙였다. 비슷한 방법으로 자연스럽게 사회 관련 책으로 확장하자 사회 과목에도 흥미를 느끼게 되었다.

독서 편식을 방지하는 방법 중 또 한 가지는 잡지 읽기다. 나는 아이가 초등학생이 되자마자 「내셔널지오그래픽 키즈」와 「뉴턴」이라는 잡지를 '아이의 이름'으로 정기 구독하기 시작했다. 월간 잡지를 구독해보니 아이는 매달 자기 앞으로 우편물이 오는 것 자체를 즐거워했다. 또 잡지라는 특성상 전집류에서 다루지 않는 최신 정보까지 알려주기 때문에 흥미를 확장하고 충족시키는 데 큰 도움이 됐다. 효과를 보기 시작하자 어른용 잡지도 정기 구독했다.

아이들이 보는 잡지가 아니더라도 집에 사다 두면 아이들이 한 번은 들춰본다. 특히 「좋은 생각」은 수필 위주의 글에 따뜻한 내용이 많아 아이들 정서 함양에도 좋았다. 읽으라고 권유한 적조차 없었는데, 엄마 아빠가 읽는 모습을 보더니 어느새 스스로 읽고 있었다.

독서 편식은 음식 편식보다 고치기 쉽다. 앞서 설명을 보았듯이 그저 흥미를 느끼도록 옆에서 부추기는 것만으로도 가능하다. 책상에 잠깐 올려둔 책 한 권으로 가능한 게 독서 편식 고치기가 아닌가. 중요한 것은 아이가 어느 분야에 흥미가 있고 없는지 알 수 있도록 부모의 지속적이고 세심한 관심이 수반되어야 한다는 점이다. 물론 맞벌이 부부에게는 그것조차 어려운 일이겠지만 불가능한 일은 아니다. 퇴근 후 아이에게 쏟는 관심이 아이 학습의 '골든타임'을 잡게 한다는 걸 명심하자.

06

시간이 도저히 안 난다면
책 읽어주는 과외라도 시켜라

나는 큰아이가 색도 구분하지 못하는 신생아일 때 전집을 구입해서 거실 책장에 쫙 꽂아두었다. 내가 책을 읽어줄 때마다 아이가 너무나 좋아하는 것을 보고 하루에 100권이 넘게 읽어준 적도 있었다. 그러더니 18개월 된 아이가 더듬더듬 한글을 읽기 시작했고 28개월에는 그림책 한 권을 스스로 읽어냈다.

보통 엄마들이 첫아이를 키울 때는 온갖 열정을 다 쏟는다. 나 또한 그랬다. 그런데 과한 관심과 사랑이 함정이 되었다. 천재인 줄만 알았던 아이에 대한 큰 기대가 오히려 아이를 위축되게 만든 것이다.

더 큰 문제는 큰아이 신경 쓰느라 여섯 살 터울인 둘째 아이를 상대적으로 소홀히 한 것이었다. 한창 일을 하던 때라 끼고 책을 읽어줄 시간이 절대적으로 부족했다. 큰아이는 어려서부터 책을 좋아해서 6~7세쯤엔 스스로 명작동화나 전래동화를 척척 읽어냈는데 둘째 아이는 같은 나이가 되어도 그렇게 하지 못했다. 한글도 늦게 깨친 데다 어휘력이 없으니 이해 능력이 떨어졌던 것이다.

아들이 초등학교에 입학하고 나서의 일이다. 수업 시간에 '봄'에 대해 배우기에 함께 교과서를 읽다 보니 아들은 민들레, 진달래 등 봄에 피는 꽃이 무엇인지도 모르고 있었다. 집 주변의 자연조차 함께 관찰한 적이 없었기 때문이다. 더 놀라운 것은 '보기에 해당하는 식물의 특징을 쓰시오'라는 문제를 보면서 나에게 "특징이 뭐예요?"라고 물어보는 게 아닌가. 어휘력은 또래보다 떨어지는 데다 보는 책은 죄다 만화책이니 걱정이 이만저만이 아니었다.

학년이 올라가도 아들은 줄글이 있는 책은 읽을 생각도 하지 않아 늘 걱정이었다. 명색이 독서 전문가라면서 정작 아들은 책을 안 좋아한다니 보통 고민이 아니었다. 이 방법 저 방법 쓰다가 안 읽는다면 듣기라도 하는 편이 나을 거 같아 자기 전에 책을 읽어주기 시작했다. 듣다 보면 흥미가 붙겠지 하고 시작한 건데 매일 잠깐 시간 내서 책을 읽어주는 것도 쉬운 게 아니었다. 퇴근해서 저녁 차려주고, 아이들과 시간표를 보며 책가방을 챙겨주고, 집안일까지 하고 나면 분명 폭풍 치듯 일을 했는데도 늘 시간이 모자랐다. 독서가 중요하다는 걸 뻔히 알면서도 일에 치여 내 아이에게 책 읽어줄 시간이 없다니 속이 상했다.

그래서 결국 '책 읽기 과외'라는 걸 시작했다. 요즘에는 북시터 booksitter라는 직업도 생겼다지만 10년 전만 해도 낯선 과외였다. 독서를 하며 생각하고, 만들어보고, 써보는 요즘의 독서 지도가 아니라 그저 책만 읽어주는 선생님이 필요했다. 집 근처 교육대학 학생을 수소문해 아이를 맡겼다. 물론 몇 가지 규칙은 있었다. 첫째, 분야나 대상 또는 연령대 상관없이 아이가 원하는 책은 무엇이든 읽어줄 것. 둘째, 싫증을 내면 거기서 읽어주는 것을 멈출 것. 셋째, 아이가 골라오는 책을 읽어주되 딱히 읽고 싶어 하는 책이 없다고 하면 위인전을 읽어줄 것. 이렇게 딱 세 가지만 부탁했다.

위인전을 읽어달라고 한 이유가 있었다. 앞에서도 위인전의 장점을 열거했지만, 좀 더 구체적으로 살펴보면 첫째, 위인전을 읽으면 인물이 살던 시대적 배경, 인물을 둘러싸고 있는 역사적 사실이 아이의 머릿속에 자연스럽게 스며든다. 둘째, 인물이 역경을 극복하는 과정을 통해 아이도 도전 의식을 고취시킨다. 셋째, 한자어로 이루어진 수준 높은 어휘, 일상에서 접할 수 없는 전문적인 어휘까지 생각보다 훨씬 다양하고 깊은 어휘를 습득할 수 있다. 학교 선생님들이 괜히 위인전을 많이 읽으라고 하는 게 아니다.

'책 읽어주는 과외'가 좀 유난스럽다고 하는 사람도 있었지만 나는 아이가 '책을 좋아하는 사람'으로 크도록 하는 게 무엇보다 중요했다. 나는 선생님께 그날 아이가 읽은 책은 책장에 거꾸로 꽂아달라고 부탁했는데, 이는 무슨 책을 읽었는지 내가 알기 위해서였다. 퇴근 후 집에 돌아와 책장을 보면 요즘 아이의 관심사가 무엇인지 알 수 있었다.

그렇게 하다 보니 반복해서 읽은 책도 보였다. 그러면 반복해서 읽은 책을 유심히 본 뒤에 해당 분야에서 수준이 한 단계 더 높은 책을 사두었다. 보통 아이들은 책 읽기를 시작할 때 쉬운 것부터 읽으려고 한다. 그러다가 재미를 붙이면 궁금한 게 생기는데 그때가 되면 고난도의 책도 읽어낸다. 흥미를 붙이기 전에 엄마 욕심으로 여러 분야의 책을 들이밀지 않는 것이 포인트다.

'책 읽기 과외'는 2년 동안 계속됐다. 일주일에 두 번씩, 90분간 꾸준히 하고 나니 아이는 분명히 달라졌다. 아니 그 효과는 기적에 가깝다고 말할 수 있을 것이다. 아들은 2년 만에 책에 빠져, 몰래 책을 읽느라 잠도 안 자려고 하고 책을 읽고 싶어 학교를 빠지겠다고 말하는 등 책 좀 적당히 읽으라고 말할 지경까지 이르렀다.

일주일에 두 번씩 책 읽기 과외를 한 것도 아이에게 '독서 습관'을 들이기 위해서였다. 앞서 독서를 습관으로 만들기 위해서는 10분이라도 매일 반복해야 한다고 하지 않았던가. 작심삼일이란 말도 있듯 습관은 며칠만 하지 않으면 말짱 도루묵이 되기 때문에 그 습관을 이어가게 하려고 과외 시간도 화요일, 금요일로 정했다. 선생님이 책을 읽어줌으로써 아이의 흥미에 불꽃을 일게 하자, 아이는 타오르기 시작했고 하루 이틀 동안 같은 책을 계속해서 읽었다. 그렇게 반복해서 읽은 것이 독서에 재미를 붙이는 데 큰 도움이 되었던 것이다.

초등학생에게 책을 읽어줄 때는 방법이 달라야 한다

●

첫째, 차분한 톤으로 읽어주자. 초등학생 아이에게는 책을 읽어줄 때 구연동화를 하듯 연기하기보다 차분한 톤으로 읽어주는 것이 좋다. 물론 유아기에는 아이의 흥미를 끌기 위해 구연하듯 읽어주는 것이 좋지만, 초등학생에게는 그렇게 할 필요 없다. 구연을 하면 음성의 높낮이에 집중하느라 스토리를 놓칠 수 있기 때문이다.

둘째, 약간 빠르게 읽어주자. 역할별로 읽기, 대화 나눠 읽기 등도 마찬가지로 스토리에 집중할 수 없으니 권하지 않는다. 차분한 톤으로 읽되 아이가 지루해하지 않도록 약간 빠르게 읽어주는 것이 좋다. 그렇게 하면 소리에 집중하는 데도 도움이 된다.

셋째, 일정한 시간을 정해 읽어주자. 책 읽어주는 시간은 잠자기 전이나 저녁 먹은 뒤 등 일정한 시간을 정해두고 읽어주도록 한다. 특히 잠자기 전에 책을 읽어주면 아이들은 갑자기 그날 있었던 인상적인 일을 이야기하기도 하고, 속마음을 꺼내놓기도 한다. 아이와 엄마의 교감이 이루어지는 시간이니 이때를 잘 이용하자.

요즘은 내가 둘째 아이에게 책 읽기 과외를 시켰던 때와 달리 북시터가 흔한 직업이 됐다. 맞벌이 부부라서 아이에게 책 읽힐 시간이 없다면, 책 읽기 과외라도 시키자. 물론 요즘의 북시터들은 나름의 노하우까지 있어 독서 지도를 제대로 해주는 사람도 많다. 하지만 무엇보다 아이의 특성을 잘 파악해 어떻게 읽힐 것인지 그 방향 설정은 부모가 해야 한다는 것을 잊어선 안 된다.

07

독서의 비상약은
사전이다

아이가 있는 가정에서는 갑작스럽게 아이가 아플 때를 대비하여 비상약을 구비해둔다. 나이가 어릴 때는 자칫 약을 먹어야 할 시기를 놓치면 걷잡을 수 없을 정도로 금세 악화되기 때문이다. 아이가 독서를 할 때도 이렇게 비상약을 투여할 시기가 분명 있다. 책을 읽다가 어휘의 뜻을 모를 때, 특히 그 의미를 파악하지 못해 다음 장으로 넘어갈 수 없을 때가 그러하다. 독서를 할 때도 이런 긴급 상황이 발생하면 투여하는 비상약이 있다. 바로 국어사전, 백과사전이다.

약에는 어린이용이 따로 있지만 사전을 구입할 때는 어린이용이 아닌 일반용으로 골라야 한다. 어린이 국어사전은 동의어와 유의어 수가 현저히 떨어져서 어휘력 늘리기에 별 도움이 되지 않기 때문이다. 어린이 백과사전은 사진이 많고 본문의 색도 4도라서 아이의 흥미를 끌기에는 좋지만 그 내용은 확실히 일반용에 비해 디테일이 떨어진다. 사진을 많이 넣은 데다 글자도 크게 들어가 요약한 내용만 간략하게 들어 있기 때문이다.

독서의 비상약을 마련하는 시기는 아이가 초등학교에 입학하기 전인 6~7세쯤 되었을 때가 적당하다. 이 시기에 미리 백과사전과 국어사전부터 마련해두면 좋다.

국어사전은 어휘 확장에 필수적이다. 우리나라 말은 동음이의어가 많아 아이들은 곧잘 어려움을 느낀다. 백과사전은 그야말로 아이가 궁금한 게 있을 때 거의 모든 질문의 답이 들어 있는 종합선물세트다. 나는 엄마들을 만날 때마다 책장에 백과사전을 꼭 구비해두라고 말한다. 그러면 엄마들은 "인터넷에서 찾으면 다 나오는데 꼭 사야 할 필요가 있을까요?" 하고 의아해하며 되묻는다.

전자책을 읽는 것과 종이책을 넘기며 읽는 것에는 큰 차이가 존재한다. 그러니 인터넷 페이지를 오르내리며 보는 것과 책장을 손으로 넘겨가며 짚어 읽는 것은 얼마나 다를 것인가. 전혀 다른 경험이라는 것을 넘어서 차원이 다른 쾌감까지도 준다.

부모들이 나에게 어떤 백과사전이 가장 적당하냐고 물어보면 나는 항상 『두산세계대백과사전』을 추천한다. 하지만 30권이나 돼서 책장에 차지하는 부피도 만만치 않고, 일반 백과사전은 아이에게 어려울 것이라는 선입견 때문에 부모들은 구입을 망설인다. 하지만 독서 습관 들이기, 빠른 호기심 충족, 나아가 공부에 대한 동기부여를 위해 꼭 사야 하는 필수품이다.

하지만 안타깝게도 『두산세계대백과사전』은 절판되어 중고로만 구할 수 있다. 재미있는 건 나의 권유로 중고서점을 뒤져 백과사전을 산 엄마들의 이야기를 들으면 하나같이 백과사전이 새 책처럼 깨끗하단다. 대부분이 사놓고 제대로 활용을 못 했기 때문이다.

아이들은 궁금한 것이 참 많다. 그런데 유아기 때는 아이가 끊임없이 질문해도 엄마의 상식과 재치로 대답해줄 수 있었는데 초등학생이 되면 질문의 수준이 높아진다. 일일이 답해주기가 수월하지 않다. 그럴 때 사전 찾기를 하면 된다. 처음부터 아이에게 찾아보라고 시키지 말고 "엄마랑 같이 찾아볼까?" 하며 엄마가 사전 찾는 모습을 보여주면 좋은 본보기도 된다. 그 모습을 자연스럽게 익히면 모르는 것이 있을 때 스스로 찾아보게 될 것이다.

일반 백과사전은 두께나 권수가 주는 압도감이 있고 글자 크기도 작아 어른이 보기에도 부담스러운 것이 사실이다. 아이들은 오죽할까. 그래서 나는 아이와 백과사전을 친구로 만들기 위해 방법을 생각해냈다.

바로 백과사전을 놀잇감으로 이용하는 것이다. 백과사전을 처음 사들였을 때 둘째 아이는 호기심에 몇 권 훑어보더니 이내 흥미를 잃어버렸다. 그러더니 뒤편으로 밀어두고 다시는 열어보지 않는 게 아닌가. 나는 아이를 붙잡고 읽어줄까 하다가 마음을 바꿔 놀이를 생각해냈다. 유아기에는 아이들이 책을 가지고 물고 빨기도 하고 책으로 집을 짓기도 한다. 바로 이러한 책에 익숙해지는 과정을 상기시켜 백과사전과도 친해질 수 있도록 노력했다. 거창한 것은 아니었다. 아이가 아주 어릴 땐 백과사전을 펼쳐서 사진에 사람 숫자가 많이 나오는 사람이 이기기, 힘이 센 동물이 나오는 사람이 이기기 등의 게임을 하다가 조금 크고 나서부터는 펼친 페이지에 등장하는 숫자를 더해서 숫자가 큰 사람이 이기기 등 여러 게임을 만들었다. 그리고 이 방법을 통해 백과사전에 익숙해지도록 만들었다. 우리가 어린 시절에 했던 놀이를 응용한 것이다. 백과사전에 전혀 관심 없던 아이들도 이 놀이를 하면 열이면 열 신나서 집중한다.

국어사전도 비슷한 방법으로 친숙해지게 했다. 일반 국어사전에는 사진이 등장하지 않기 때문에 펼쳐서 세로줄에 단어가 많은 사람이 이기는 것으로 꿀밤 맞기나 손목 맞기를 하며 놀았다. 초등학교 3학년쯤 되자 스스로 국어사전을 찾도록 했다. 대신 누가 빨리 찾나 시합을 해서 직접 찾은 단어의 뜻을 소리 내어 읽게 했다. 몇 번만 하면 책을 좋아하는 아이는 사전의 맛에 중독되고 책 읽기를 좋아하지 않던 아이도 '찾는 재미'를 붙이게 마련이다.

'엄마발자국'에 오는 아이들은 여름방학, 겨울방학이 되면 말하지 않아도 준비물을 가져온다. 바로 일반 국어사전이다. 특히 초등학교 고학년들은 고전소설, 단편소설 등을 읽을 때 모르는 단어를 사전에서 찾아 낱말공책에 단어 뜻을 적게 한다. 소설 속에 들어 있는 고어의 의미를 찾아서 눈으로 보고 손으로 적으면 머릿속에 훨씬 오래 저장된다. 학창 시절 선생님이 내줬던 '깜지' 숙제에도 다 이유가 있었다. 물론 이렇게까지 노력했는데도 백과사전이나 국어사전을 전혀 들춰보지 않는다면 다른 방법을 써야 한다.

우리 큰아이는 초등학교 5~6학년 때 단편소설을 읽으면서 스스로 낱말공책을 꾸몄다. 대부분의 여자아이는 필기를 좋아하고 또 공책을 정리하면서 기쁨과 보람을 느끼곤 한다. 반면 남자아이들은 대체로 필기를 질색한다. 그래서 아들에게는 끝말잇기 놀이를 할 때 일부러 어려운 단어를 툭툭 던져 호기심을 자극했다. "○○는 이 단어 아니? 이건 진짜 어려운 단어라 ○○는 잘 모를 거야" "사전에는 어려운 단어가 정말 많이 들어 있어"라고 말하면 아이는 게임에서 이기려고 사전에서 어려운 단어를 찾기 시작한다. 또 친구들 사이에서 으쓱하고 싶은 마음에 최대한 낯선 단어를 골라낸다.

이런 남자아이들이 좋아할 만한 어휘 놀이 중에 십자말풀이가 있다. '엄마발자국'에 다니는 남자아이들에게 신문에 나온 십자말풀이를 오려서 주면 어려운데도 꽤 열심히 하려는 의지를 보인다. 요즘에는 교과서에 등장하는 낱말로 십자말풀이를 하는 책도 있으니 국어사전을 거부하는 아이에게는 이런 식으로 단어 뜻을 알아가는 재미를 붙여줘도 좋을 것이다.

백과사전의 장점은 무궁무진하지만, 가장 좋은 점은 세상의 다양한 지식을 상식 수준으로 담고 있다는 것, 그리고 아이가 생활 속에서 가지게 된 관심을 지식으로 연결시키는 도구이기도 하다는 것이다.

백과사전은 특히 중학교 1~2학년 수준의 독서를 하는 아이들을 그다음 단계로 넘어가게 하는 좋은 지식 창고다. 서점에 나와 있는 책을 살펴보면 유아나 어린이 책은 연령별로 세세하게 나뉘어 있지만, 어린이 책을 제외한 다른 책은 중학교 1~2학년 수준의 청소년 책과 성인 수준의 책뿐이다. 고등학생용 책이라고 따로 나온 것은 없다. 고등학생 정도라면 성인 수준의 일반 단행본을 읽을 수 있다는 판단에서다. 물론 그렇기는 하다. 그러나 중학생 수준의 어휘력에서 성인 수준의 어휘력으로 발전하는 건 아무 노력 없이는 불가능한 일이다. 이때 백과사전이 그 간극을 채워주기에 적절하다.

백과사전은 외국의 것을 번역한 것보다 우리나라에서 만든 것을 추천한다. 문화는 물론이고 고려하는 대상이 다르기 때문이다. 결정적으로 학습의 목적이 다르니 강조하는 바에도 차이가 있다. 우리나라에서 만든 백과사전은 지식을 해석할 때 우리의 관점에 맞춰 만들었기 때문에 학습용으로 더 적절하다.

부모라면 누구나 백과사전 앞에서 몇 번을 망설였던 경험이 있을 것이다. 놓을 자리가 없어서, 너무 어려워 보여서, 가격이 비싸서, 본인도 어렸을 때 사놓고 한 번도 보지 않았기 때문에 등 각종 이유를 대며 차일피일 미룬 사람도 있을 것이다. 또 아이가 모르는 것, 호기심 가는 것이 생겼을 때 부모가 해당 사실에 관련된 체험 학습을 시켜주거나 인터넷을 찾아서 알려줄 수 있으니 큰 필요성을 느끼지 못한 부모도 있을 것이다. 그러나 그것은 아이 스스로 지식을 찾는 기회를 박탈하는 것과 같다. 지식 창고에 들어가 자신만의 성을 쌓을 수 있도록 들어가는 길을 닦아주는 것이라 생각하자. 단지 길만 닦아 줬을 뿐인데 어느 날 아이가 멋들어지게 지은 성의 주인이 되어 나타날지도 모를 일이다.

08

책 읽고 나서
아이에게 어떻게 질문해야 할까?

앞에서 언급했듯이 새로운 개정교육과정이 궁극적으로 추구하는 바는 교과 내용을 일상생활과 연결시키는 것이다. 그런데 아이들은 교과서에서 '스테인리스'라는 말을 배워도 주방에 놓인 주전자가 스테인리스라는 것을 잘 모른다. 결국 생활과 짝지어주기는 부모의 몫이다.

나는 아이들에게 라면을 끓여주면서 수증기와 응결에 대해 알려주곤 했다. 물론 나는 과학 전공자도 아니고 과학에 대해서도 잘 모른다. 그저 교과서를 미리 봤을 뿐이다. 교과서를 부모가 미리 봐야 한다고 강조하는 이유가 여기에 있다. 시간이 없다면 훑어보기라도 하자. 교과서를 미리 보고 거기에 나오는 단어를 이용해서 아이들은 주방에서 일하는 엄마 옆에 서서 구경하기를 좋아한다. "라면 꼬들하게 끓여줄까? 달걀을 넣어줄까?" 이렇게 물으면서 물을 끓이던 냄비의 뚜껑을 열어 올라오는 김을 보여줬다. "지금 올라오는 김이 바로 수증기야. 냄비 뚜껑을 닫았다가 열면 이렇게 뚜껑에 물방울이 맺히는데 이건 공기가 미처 다 빠져나오지 못하고 응결된 거란다"라고 말해주는 식이었다. '응결'이라는 단어는 어른도 일상적으로 쓰지 않으니 교과서를 예습해 단어를 숙지하고 있어야 한다.

어른들은 배경지식이 있기 때문에 교과서를 보면 금방 내용을 파악할 수 있다. 고등학교만 나왔다면 아이 교과서를 보고 직접 다 가르칠 수 있다. 공부방, 보습학원, 영재학원도 어쨌든 교과서에서 크게 벗어나지 않는다. 별난 것 가르치지 않는다는 말이다. '엄마발자국'에서 학부모 상담을 하거나 강연을 다닐 때 내가 늘 하는 말이 있다. 학원 알아보러 다니는 정성으로 아이 교과서를 훑어보라는 것이다. 진심으로 신신당부한다.

교과서를 보고 나서 아이에게 어떤 말을 할 것인지 미리 대사를 짜놓는 것도 좋다.

"○○야, 엄마가 오리털 점퍼를 하나 사려고 하는데 50만 원이나 하네. 왜 이렇게 비싸니? 원자잿값은 내려간다는데 왜 옷값은 안 내려가지?"

"압력 밥솥은 왜 더 빨리 밥이 되는 걸까?"

아이들이 어렵게 느끼는 사회, 과학도 얼마든지 생활 속에서 이야기로 풀 수 있다.

초등학교 저학년 수학은 마트에서 해결할 수 있다. 엄마 아빠는 카트만 준비하면 된다. 아이와 함께 카트를 끌고 가서 가격·용량·성분 비교를 아이에게 시키는 것이다. "200mL 우유 다섯 개면 몇 mL일까?" "1,000mL인데 왜 겉으로 보기에는 200mL 다섯 개가 더 많아 보일까?" 이렇게 아이에게 질문해보자. "정말 똑같을까? 아니면 다를까? 함께 알아보자"라고 아이에게 제안한 뒤 실제로 200mL 다섯 개와 1,000mL 우유를 하나 사 오자. 그다음 집에 와서 아이에게 같은 크기의 그릇에 붓게 한 뒤 비교해보도록 한다. 주의할 것은 이때 공부하듯 가르치면 안 된다는 것이다.

얼마 전 로봇공학자 데니스 홍Dennis Hong UCLA 교수의 자녀 교육법이 화제가 되었다. 그는 미국의 유력 과학 잡지 「파퓰러 사이언스」에서 세계 10대 젊은 천재 과학자, 「워싱턴포스트」에서는 달 착륙 이후 최고의 성과를 낸 과학자로 선정된 바 있다.

하루를 끝내고 밤이 되어 집에 돌아가면, 아이들이 한 번쯤 하는 질문이 있다. "왜 이렇게 캄캄해요?" 그러면 보통의 부모들은 "해가 지니까" 하고 대답한다. 아이는 지치지 않고 또 묻는다. "왜 해가 지는데요?" 이럴 때 뭐라고 대답해야 하는가? 어떤 부모들은 어렵더라도 사실을 알려주는 게 좋다고 생각해 "지구가 자전을 하기 때문에 그렇지"라고 대답한다. 하지만 아이는 여전히 의문이다. 궁금증이 해결될 만한 어떤 대답도 듣지 못했기 때문이다.

아이가 이런 질문을 던졌을 때 데니스 홍은 아이가 좋아하는 커다란 파란 공에 스마트폰을 테이프로 감아 붙여놓은 뒤 동영상 촬영 버튼을 눌렀다. 그러고 나서 고정되어 있는 스탠드를 켜 태양을 만들고 그 공을 돌리기 시작했다. 마치 지구가 자전하는 모양으로 말이다.

"그게 뭐예요?"

그냥 공을 돌리고 있을 뿐인데 이것과 해가 뜨고 지는 것이 무슨 상관이 있는 건지 아이는 갸우뚱했다. 데니스 홍은 이번엔 파란 공에 붙였던 스마트폰으로 촬영한 동영상을 아이에게 보여줬다. 영상 속에는 빛을 뿜어대는 스탠드가 보였다가 스탠드 반대편으로 공에 묶인 스마트폰이 향하면 깜깜해지고 다시 제자리로 돌아와 스탠드를 만나면 눈부시게 밝아지는 화면이 계속됐다. 마치 스탠드가 보이면 해가 뜨는 것처럼 보였고 스탠드 반대편으로 향할수록 해가 지고 밤이 되는 것처럼 보였다. 지구의 자전으로 인해 해가 뜨고 진다는 것을 직접 실험으로 보여준 것이다.

한번은 초콜릿 우유를 꺼내려고 냉장고 문을 연 아들이 데니스 홍을 급하게 불렀다고 한다.

"냉장고에 불이 켜져 있어요. 어떻게 꺼요?"

당신이라면 어떻게 대답해주겠는가? 아마도 냉장고 문을 닫으면 자동으로 꺼진다거나, 조금 더 노력한다 하더라도 문이 닫힐 때 눌리는 스위치를 보여주는 정도로 이야기를 끝낼 것이다. 데니스 홍은 좀 다르게 접근했다.

"아, 그래? 이걸 어쩌지?"

그리고 다시 스마트폰 동영상 촬영 버튼을 눌렀다.

"자, 냉장고로 가서 아직도 불이 켜져 있는지 확인해보자."

부자는 냉장고 문을 열고 불이 여전히 켜져 있는지 확인했다. 그 다음 데니스 홍은 스마트폰을 냉장고 속에 넣었다.

"우리가 냉장고 속에 들어갈 수 없으니까 스마트폰을 대신 넣고 문을 닫아보자. 그러고 나서 무슨 일이 생기는지 볼까?"

아들은 냉장고에 넣었다 꺼낸 스마트폰으로 동영상을 보고 나서야 냉장고 문을 닫으면 불이 꺼진다는 사실을 알게 되었다. 그리고 아이는 다시 생각했다.

"그런데 어떻게 문이 닫히면 불이 꺼지는 거지?"

데니스 홍의 예처럼 본인이 알고 있는 지식이 생활 속으로 튀어나올 수 있도록, 생활 속에서 숨 쉴 수 있도록 해야 한다. 책 읽고 아이에게 질문하는 방법의 핵심은 책에 갇혀 있는 지식을 생활로 끄집어내는 것에 있다.

책을 읽고 나서 아이와 질문을 주고받을 때 반드시 지켜야 하는 몇 가지 주의사항이 있다. 어렵지 않은 방법들이니 질문 주고받기의 효과를 제대로 얻으려면 반드시 지키도록 하자.

첫째, 아이가 어떤 일에 집중하는 모습을 보일 때는 가급적 흐름을 깨지 말아야 한다. 뭔가를 골똘히 생각하고 있거나 책 읽기에 빠져 있는 아이에게 다른 행동을 유도해 흐름을 끊으면 길게 생각하는 습관을 들이기 힘들다. "무슨 딴생각을 그렇게 하니?" 혹은 "왜 읽던 책을 또 읽는 거니?"라는 핀잔이 아이가 가진 생각의 우물을 얕게 만든다는 것을 잊지 말자.

둘째, 아이가 어떤 질문을 하면 가능한 한 끝까지 받아줘야 한다. 때로는 아이에게 '모르겠다'고 말하는 게 싫어서, 끊임없는 질문이 귀찮아서 부모는 화제를 다른 곳으로 돌리곤 한다. 이렇게 금세 다른 대화로 넘어가면 아이도 생각할 시간을 갖기 힘들다. 꼬리에 꼬리를 무는 식의 생각을 하다 보니 아이도 끊임없이 질문을 하는 것이다. 이런 생각이 반복되어야 생각이 깊어진다. 또한 깊은 곳까지 생각의 꼬리를 늘어뜨릴 줄 알아야 문제를 잘 해결할 수 있다.

셋째, 하나를 보더라도 면밀히 볼 수 있도록 격려해줘야 한다. 어느 날 우리 딸아이가 텔레비전에서 면섬유를 태우는 장면을 보더니 질문을 한 적이 있었다. "책에서 봤을 땐 나일론을 불에 태웠더니 딱딱한 덩어리가 생겼는데 왜 면섬유는 안 그래요? 텔레비전에서 보니 종이처럼 재가 부서지는데요?"

그때 헌 옷을 뒤져서 나일론 옷과 면 옷을 찾아냈다. 밖에 나가 함께 태우는 실험을 하고 나서, 그 과정에 관련된 책과 사전을 조사해서 정리하도록 했다. 아이의 질문을 그냥 넘기지 말자. 호기심을 무시할 때마다 아이는 점점 평범해진다.

한편 수학을 힘들어하는 아이 중에는 자세히 생각하는 방법을 아예 모르는 경우가 많다. 어떤 대상을 세심하게 관찰해본 적이 없어서 관찰 후 소감을 물어보면 단순하게 "좋아요" "싫어요" "몰라요"라고만 대답한다. 아이가 여러 모로 따져볼 수 있도록 이끌어줘야 한다.

예컨대, 서랍 맨 아래 칸에 무거운 물건을 넣어두면 꺼낼 때 힘이 덜 들고, 두 번째 서랍 속에 종이와 가위와 색연필을 넣어두면 찾기 쉽고, 세 번째 서랍 속에는 네가 좋아하는 머리핀과 머리 묶는 끈과 액세서리를 넣자며 정리 정돈을 유도하는 등 실생활과 연결시키면 아이에게 사물을 분류하고 비교하는 능력이 자연스럽게 생긴다. 또한 분석력·논리력·기억력을 높이는 데도 효과적이다. 골고루 따지는 버릇이 사고의 균형을 가져오기 때문이다. 수학을 통해 여러 방향으로 따져 생각하는 습관을 몸에 배게 하면 자기주장만 하지 않게 되고, 논리적인 사람이 될 수 있다.

대부분의 부모가 실생활과 지식의 연결을 어렵게 생각해 시도조차 해보지 않는다. 체험 학습이나 과학 실험과 같이 어떤 특별한 일을 같이 해야 한다고 부담을 느끼기 때문이다. 그러나 앞에서도 봤듯이 실제 생활에서 벌어지는 모든 일은 지식과 연관 지을 수 있다. 그저 아이보다 앞서 교과서를 읽고 오늘은 어떤 것과 연결해서 설명해줄 것인가 고민 한 번 더 하면 될 일이다. 부모의 이 작은 행동이 아이의 미래에 얼마나 큰 나비효과를 불러일으킬지 궁금하지 않은가? 바로 오늘 시작해보자.

09

다독 – 확장 – 개념 정리
3단계 솔루션

아이들이 읽고 싶어 하는 책, 교과서 주제와 연계된 책들을 10년 치 학원비를 투자해서 샀다고 해도 어떻게 활용해야 하는지 모른다면 결국 안 사느니만 못하다. 문제는 부모 중에 이런 사람이 꽤 된다는 사실이다. 다행히 이런 사람들을 위해서 '독서의 기술'이라는 게 존재하는데 이른바 '3단계 독서법'이라고 불리는 이 기술은 부모에게 독서법을 가르쳐주는 한편, 책을 고를 때도 편중되지 않게 고르는 법을 알려준다.

3단계 독서법은 다독 – 확장 – 개념 정리 단계를 거쳐 완성된다. 앞서 누누이 강조했듯 교과 주제에 맞춰 책을 먼저 골라야 한다. 그런데 이때 지속적으로 책을 읽어 취향이 다양한 부모들은 책을 골고루 잘 고르지만, 그렇지 않은 부모들은 창작동화나 과학동화 등 특정한 분야의 책만 선택하게 된다. 일단 이 3단계 독서법을 따르면 한 분야에 편중하여 책을 고르는 것을 예방할 수 있다.

첫 번째 단계인 다독은 말 그대로 다양한 영역의 책을 많이 읽게 하는 단계다. 앞에서 설명한 주제를 잡고 다양한 분야를 섭렵하는 통합독서가 바로 이 다독 단계의 방법 중 하나라 할 수 있다.

이 단계를 쉽게 비유하자면 냉장고에 여러 가지 재료를 채워 넣듯 다양한 책을 읽게 하는 단계다. 아이가 관심과 호기심을 가지고 볼 수 있게 언어·사회·과학·예술 등 여러 영역을 골고루 읽게 하면 아이의 지적 욕구가 자극된다. 이때 많은 양의 책으로 그 욕구를 한껏 채워주는 게 이 단계에서 해야 할 일이다.

확장 단계는 읽은 책에 들어 있는 재료들을 분리 및 정리한 뒤 쓰게 하는 단계다. 예를 들어 된장찌개를 끓인다고 생각해보자. 일단 된장찌개를 끓이기 위해서는 된장·두부·호박·양파·버섯 등이 필요하다. 또한 된장찌개를 끓일 때는 '물과 버섯을 끓이다가 된장을 푼 뒤 호박과 양파를 넣고 두부를 넣고 조리한다'와 같이 '레시피'가 존재하며 이것을 잘 파악했을 때 맛있는 된장찌개가 만들어진다. 책을 읽고 나서도 읽은 책의 '레시피'를 정리할 수 있어야 한다. 읽은 책의 핵심 내용을 아이 스스로 정리해 글로 쓰고, 때로는 그림을 그려 넣거나 사진을 오려 붙이며 정리할 수 있어야 한다는 뜻이다. 이보다 더 괜찮은 방식을 생각해냈다면, 그 방식을 사용해도 무방하다.

각자 자기만의 방식으로 정리하면 된다. 집집마다 된장찌개 레시피에 차이가 있듯이 아이에 따라 책을 읽고 나서 어떤 게 핵심 내용인지 파악하고 정리하며 구조화시키는 방법도 다양할 수 있다. 그래서 아이 성향에 맞는 방법을 찾도록 도와줘야 한다. 물론 완전히 내용을 잘못 파악했다면 올바른 방향으로 이끌어줘야 한다.

마지막으로 개념 정리는 의미를 구조화하는 단계다. 한 가지 주제와 관련해서 다양한 책을 읽었다면, 그 책들을 정리함으로써 개념을 형성하는 것이다. 따로 무엇을 할 필요는 없다. 두 번째 단계를 통해 한 가지 주제에 관련해 읽은 책을 정리한 공책들이 쌓였다면 그것을 정리하면서 개념도 함께 정리하면 된다. 즉 두부나 된장이 각각 무엇인지를 알고, 두부가 된장찌개에서 어떤 역할을 하는지 정리해내는 단계로 비판적 사고력까지 발휘하게 된다.

'엄마발자국' 수업도 이와 같은 방식으로 진행된다. 수업은 총 90분 동안 진행되는데 교과 주제에 따라 언어·사회 탐구·과학 탐구·예체능 등 영역별로 여러 권을 골라 책상 위에 올려놓고 아이가 원하는 것을 읽게 한다. 아이에 따라 다르기는 하지만, 보통 1회 수업에 평균 열 권의 책을 읽힌다. 50분간은 혼자 책을 읽도록 두고 그 후에는 읽은 책 중에 교과 주제에 관련된 중요한 범위를 찾게 한 다음 소리 내어 다시 한 번 읽힌다. 그리고 해당 책의 내용에 관해 아이들끼리 혹은 선생님과 토론을 한 후 생각지도로 정리하도록 도와준다. 그다음 단계는 교과 주제로 책을 읽힌 후 토론과 정리한 내용의 주제를 아이 스스로 범주화할 수 있도록 돕는 것이다. 마지막으로 아이 혼자 주제를 정해 책을 읽고 개념을 정리할 수 있게 도와준다.

그런데 이 3단계 독서법을 실행하기 전에 알아볼 것이 하나 있다. 바로 아이의 독서 능력이다. 아이의 독서 능력이 어느 수준인지 파악해야 독서 단계마다 알맞은 읽기 방법을 적용할 수 있다. 책을 본격적으로 읽히기 전에 아이의 수준에 따라 음독(소리 내어 읽기), 정독(자세한 곳까지 주의 깊게 살펴 읽기), 숙독(책이 익숙해질 때까지 반복해서 읽거나 공들여 읽기) 등의 읽기 방법을 터득할 수 있도록 지도하자. 특히 다독 단계나 토론과 생각지도로 내용을 정리하는 확장 단계에서는 반드시 '정독'을 하도록 유도해야 한다. 그래야 스스로 소주제를 잡아 의미를 구조화할 수 있기 때문이다. 그러니 독서 능력이 부족한 아이들은 수준을 높일 수 있도록 부모가 부단히 노력해야 한다.

음독, 즉 소리 내어 읽기는 독서를 시작하는 모든 아이에게 내가 제일 먼저 시키는 읽기 방법이다. 띄어 읽기, 문장 부호와 느낌을 살려 읽기 등을 통해 책 내용을 정확하게 읽어낼 수 있기 때문이다. 더불어 맞춤법도 저절로 익히게 된다. 특히 초등학교 저학년 때까지는 학습 능력을 월등히 높여주는 효과적인 독서법이기도 하다. '엄마발자국'에서도 여러 권의 책을 읽고 나면 교과서와 관련된 부분을 짚어준 뒤 아이들에게 그 부분을 한 번 더 소리 내어 읽게 한다. 그 후에 스스로 내용을 정리하는 방식으로 이루어진다.

그러나 이 독서법도 아이가 그나마 책에 호감을 느껴야 할 수 있는 일이다. 책 자체를 좋아하지 않거나 독서를 처음 시작한 경우에는 흥미를 끌기 위해 어휘가 어렵지 않으면서, 글 분량이 적고, 구성도 단순한 책을 선택한다. 예컨대, 초등학교 5~6학년에 처음 읽기를 시작하는 아이라면, 3~4학년 수준으로 낮춰 다독의 기쁨을 맛보게 한다.

그다음에는 가지고 있는 책으로 어휘 조사하기, 책에서 공통 주제 찾아내기 등으로 책을 자세히 들여다보면서 본격적으로 책과 친해지는 훈련을 시킨다. 이후엔 서서히 책의 수준을 높여, 하위어에서 상위어를 익힐 수 있도록 지도한다. 폭넓고 깊이 있는 책들을 읽어 어휘 수준을 높이고, 또 토의를 하면서 어휘 간의 관련성을 터득해 정확한 어휘 개념을 형성하는 것이다.

개념 정리가 마지막인 이유는 여러 가지 배경지식이 쌓여야 개념이 서기 때문이다. 어른을 기준으로 생각하면 먼저 개념이 서야 책을 읽을 수 있을 것 같지만, 아이들은 경험이 없으니 우선 폭넓게 관련 책을 읽어 배경지식을 만든 상태에서 지식을 구조화시키고 마지막에 확장 및 개념 정리를 해야 한다.

이제 다독 – 확장 – 개념 정리로 이루어진 3단계 독서법을 '빛'이라는 주제를 예로 들어 구체적으로 살펴보자. 아이가 햇빛, 전깃불은 아는데 빛의 원리는 모른다면 어떻게 해야 할까? 그렇다면 빛에 관련된 사회·과학·언어·예술·통합 영역 등 다양한 분야의 책을 읽힌다. 이게 바로 다독 단계다.

확장 단계에 이르면 빛에 관한 내용을 영역별로 읽고 난 후에 빛에 관한 내용을 분류하고 구조화하여 공책에 적는다. 같은 주제를 가지고 다독과 확장 단계를 거쳐도 아이마다 분류하고 구조화해 적어놓은 카테고리가 모두 다르다. 또 교사가 따로 지도하지 않았는데도 아이 스스로 원리를 깨닫고 잡아내는 것도 참으로 신기하다.

개념 정리 단계에 이르면 아이들에게 좀 더 수준 있는 책을 읽게 한다. 그리고 확장 단계에 정리한 원리를 개념화하고 자기 것으로 만들게 한다. 물론 다독-확장-개념 정리 3단계마다 A3 크기의 공책을 활용해 필기하도록 해야 한다. 눈으로 읽고 말로 하는 것보다 자신이 읽고 파악한 것을 손으로 적으면 표현력도 좋아지고 내용도 한 번 더 정리하게 되는 효과가 있다. 이때 각 단계마다 앞서 설명한 생각지도를 이용해 정리하면 아이들도 필기를 어렵게 느끼지 않는다. 필기 과정을 거치면 단기 기억에서 장기 기억으로 내용이 전환되기 때문에 자기 지식으로 남을 확률도 그만큼 높아진다.

물론 모든 아이가 매 수업 시간에 다독-확장-개념 정리 단계에 도달하는 것은 아니다. 저학년은 1년 정도 다독 단계를 거치고, 보통 처음 시작한 아이들은 6개월간 다독 단계에 머물며 여러 책을 섭렵한다. 그러니 3단계 독서법을 한번에 익히게 하려고 조급해할 필요는 없다. 오히려 그렇게 하면 아이는 독서에 대한 흥미를 잃어 책을 멀리할 가능성이 크다.

고무적인 것은 다독-확장-개념 정리 단계를 통해 아

이들이 지식을 축적하고 사고력이 커지면서 자연스럽게 자신감도 커진다는 것이다. 그리고 자신이 하고 싶은 일, 즉 꿈도 생긴다.

중학교 2학년인 은서는 중학교 1학년 2학기 『국어』 교과서 개념 정리를 통해 공부에 자신감을 갖게 됐다. 은서는 중학교 1학년 시절 『정통 한국단편 99선』을 읽는 방학특강 때 만났는데 고어로 된 『정통 한국단편 99선』 읽기를 무척이나 힘들어하고 지겨워했었다. 수업 시간마다 졸기 시작하더니 어느 날부터는 120분 내내 졸거나 아예 엎드려 잤다. 방학특강이 끝나고 더 이상의 교류는 없었는데 중학교 1학년 2학기 중간고사 대비를 하면서 마음이 급해진 은서가 『국어』 교과서를 들고 찾아왔다. 일단 『국어』 교과서에서 지정해준 시험 범위를 차근차근 읽어보라고 했다. 그다음 『국어』 교과서를 하나하나 짚어가며 설명했더니 매번 졸기만 하던 아이가 눈을 빛내며 몰입하는 게 아닌가. 공부에 흥미를 느끼기 시작한 아이의 표정이었다. 그렇게 은서는 교과서 읽기로 개념을 잡아갔다.

중학생들은 3단계 독서법으로 접근하는 것이 시간상 어려우므로 「독서평설」로 수업을 진행하고 있다. 방학에는 현대문학이나 인문고전을 읽을 시간이 충분하지만 평상시에는 「독서평설」로 다양한 지문을 읽히고 중심 내용을 파악하는 연습을 한다. 중학교 국어, 사회, 과학 교과서를 가지고 학습목표를 자연스럽게 익힌 뒤, 단원에서 배울 내용이 무엇인지 관련된 소단원과 제재를 이해할 수 있도록 도와준다. 중학생이 되도록 책 읽기의 기본조차 되어 있지 않았던 은서는 이러한 수업을 통해 아무런 생각도, 꿈도 없는 듯 무미건조하게 살아가던 여중생에서 자기 생각을 가진 문학소녀로 탈바꿈했다. 이제는 미술에 깊숙이 관심을 갖고 미대생을 꿈꾸는 은서가 무엇인가를 해보겠다고 노력하는 모습 자체가 눈부실 뿐이다.

독서 문제아를 위한
Q&A-1

Q1 초등학교 1학년 남학생을 키우고 있습니다. 워킹맘인지라 저녁에 잠깐 숙제를 봐주고 잠자기 전에 책 한 권 읽어주면 잠잘 시간을 훌쩍 넘기곤 합니다. 그런데 이때 '소리 내어 읽기'를 시키면 잘 안 하려고 해요. 계속 저에게 읽어달라고만 합니다. 책을 스스로 읽게 하는 요령 같은 건 없을까요?

A 초등학교 1학년 아이는 아직 유아기 아동처럼 상상력으로 책을 읽는 과정에 있습니다. 또 우뇌로 책을 읽기 때문에 소리 내어 읽는 것을 조금 힘들어합니다. 처음에는 엄마가 한 페이지를 읽고 아이에게 한 페이지를 읽으라고 해보세요. 그런데도 아이가 싫어한다면 그냥 눈으로 많이 읽게 하는 것도 나쁘지 않습니다. 엄마에게 읽어달라고 하는 것은 아이가 엄마의 소리를 들으면 마음이 편안해져 상상하기 좋고 집중도 잘되기 때문입니다. 아이가 성장하면 독립적으로 책을 탐독할 시기가 찾아올 것입니다. 남자아이는 그 시기가 조금 느릴 수도 있으니 참고 조금만 더 읽어주시면 책을 좋아하는 아이가 될 것입니다.

 추천 필독서를 안 읽으려는 아이는 어떻게 해야 할까요? 학년 초에 학교에서 나눠주는 필독서 목록에 유난히 아이가 관심이 없어요. 필독서는 꼭 읽어야 하는 건가요?

A 학기 초가 되면 반별로 혹은 학교별로 추천 필독서 목록을 나눠주곤 합니다. 교사의 안목으로 채택한 것이거나 교육과 관련된 여러 기관에서 추천한 도서들이니 다 읽어두면 당연히 좋겠습니다만, 책을 고를 때 항상 우선해야 하는 조건은 '아이가 좋아하는 책'입니다. 많이 읽히기보다는 제대로 읽게 하는 것이 중요하기 때문입니다. 우선 엄마가 교과서를 보고 나서 필독서가 아니더라도 교과서와 비슷한 내용이 연계되어 있는 책을 선정해보세요. '아이와 엄마가 함께 만드는 필독서' 목록을 만들어보는 겁니다. 그중에서도 특히 아이가 좋아할 만한 책을 고른 뒤, 그 책을 먼저 읽게 해 흥미를 유발하는 것이 좋겠습니다.

저희 아이는 책을 읽을 때 5분만 지나면 주의력이 흐트러지고 딴짓을 해요. 어떻게 하면 아이를 집중시킬 수 있을까요?

A

초등학생이 보는 동화책이라도 종종 어려운 단어가 등장하곤 합니다. 모르는 어휘가 많이 나오면 이야기의 흐름이 끊기니 두뇌도 집중하지 못하는 것이죠. 그럴 때는 아이의 지적 수준보다 쉬운 책 또는 아이가 재미있어하고 궁금해하는 내용의 책을 읽어주세요. 일단 '집중'을 경험하게 해주는 것이 중요합니다. 그렇게 집중하는 시간이 길어지면 듣는 능력이 향상되고 어휘력도 좋아집니다. 물론 처음부터 너무 오랜 시간 집중하기를 기대하지 마세요. 차츰차츰 시간을 늘리면 집중력도 향상됩니다.

참고로 평소에 집중력을 향상시킬 수 있는 놀이를 해보는 것도 괜찮은 방법입니다. 동전 쌓기, 젓가락으로 콩 줍기, 숨은그림찾기 등은 집중력을 향상시키는 데 효과적입니다.

아이가 만화책만 보려고 해요. 다른 책은 아무리 재미있다고 말해도 펼쳐 보지 않습니다.

A

요즘 만화책 중에는 학습 정보를 잘 담아낸 좋은 책들도 많습니다. 그러나 이런 학습만화도 만화책이기에 지나치게 읽다 보면 줄글 읽는 기회가 줄어듭니다. 이로 인해 어휘력이 부족해지고 결정적으로 상상력도 빈곤해지죠. 이렇게 어휘력과 상상력이 부족해진 아이는 계속해서 줄글이 있는 책을 멀리하고 읽기 쉬운 만화책만 자꾸 집게 되는 악순환이 반복됩니다. 만화책 중에서도 글이 좀 있는 것, 그다음엔 사진이나 그림이 많은 것을 골라 만화책에서 줄글이 있는 책으로 넘어가는 징검다리를 자연스럽게 만들어주세요. 하지만 고학년은 반드시 어휘력을 향상시켜야 하는 시기이므로 만화책을 피하도록 강력하게 지도해주는 편이 더 좋습니다.

초등학교 2학년인데, 독후 활동을 너무 싫어합니다. 요즘엔 유치원에서부터 독서기록장을 쓰게 하는데, 초등학생이 되어도 여전히 독서기록장 쓰는 걸 싫어해요. 글 쓰는 건 질색하고 겨우 그림만 그리는 정도입니다.

A

먼저 아이가 관심을 갖는 캐릭터나 친구, 운동 등 아이와 관련된 것을 단어나 그림으로 조금씩 써보게 하세요. 3~4개월 꾸준히 했다면 이번에는 아이가 읽었던 책 제목을 쓰게 하고 주인공, 배경을 천천히 생각지도로 그리게 하면 됩니다. 특히 과학이나 사회 영역 책으로 독서기록장을 시작하면 주어진 정보가 명확하여 글을 길게 쓰게 하는 데 도움이 될 겁니다.

그래도 글 쓰는 것을 부담스러워한다면 사진이나 그림을 오려서 붙이는 방법으로 생각지도를 시작하게 하세요. 그다음 그 밑에 부연 설명을 짧게 쓰도록 지도해주세요. 차차 '이 책은 어느 부분이 재미있었어?' '주인공의 어떤 행동이 마음에 들었니?' 등 질문을 하면서 아이의 생각을 이끌어주면 사진이나 그림을 줄이고 글로 쓸 수 있게 됩니다.

우리 아이는 초등학교 2학년입니다. 동화책 말고 동시도 읽히고 싶은데 아이가 동시에는 별로 반응을 하지 않습니다. 제가 읽어 주기도 하는데 도통 흥미를 느끼지 못해요. 여러 장르의 문학을 접하게 해주고 싶은데, 동시를 가까이할 수 있는 방법에는 뭐가 있을까요?

동시에 흥미를 영 느끼지 못한다면 동요를 찾아 함께 부르는 것도 좋은 방법입니다. 동시에 멜로디를 붙인 것이 동요니까요. 아래의 유명한 동요로 시작하여 다채로운 동요를 함께 부르면 아이는 흥미를 붙이기 시작할 겁니다. 동요에 익숙해지면 아이와 함께 새로운 동시에 멜로디를 입혀 불러보는 것도 추천하는 방법입니다.

달

달 달 무슨 달
쟁반같이 둥근 달
어디어디 떴나

동산 위에 떴지

달달 무슨 달
해와 같이 밝은 달
어디어디 비추나
우리 동네 비추지

윤석중 지음
초등학교 2학년 『국어』 수록

숨바꼭질하며

꼭꼭 숨어라 머리카락 보일라 옷자락이 보일라
꼭꼭 숨어라 발뒤꿈치 보일라 치맛자락 보일라
꼭꼭 숨어라 장독 뒤에 숨어라 대문 뒤에 숨어라
앉아서도 보이고 서서도 보인다 꼭꼭 숨어라

찾아보자 찾아보자 어디 숨었나 어디 숨었나
요 숨었네 찾았다

초등학교 2학년 『국어』 수록

아이가 책을 제대로 읽었는지 자연스럽게 확인하는 방법이 있을까요? 시시콜콜한 질문을 했더니 오히려 싫어하는 눈치입니다.

A

초등학교 저학년이라면 부모도 같은 책을 읽고 식사 시간 혹은 잠자기 전 아이와 대화하는 중에 넌지시 물어보는 것이 좋습니다. 고학년의 경우, 자연스럽게 대화할 기회가 생겼을 때 아이가 읽은 책의 내용이 몹시 궁금했다고 하면서 질문하는 방법도 있습니다.

하지만 가장 중요한 것은 아이의 성향을 파악하는 것입니다. 다른 사람이 이용했다거나 자녀 교육서에 나오는 질문지를 무작정 아이에게 적용하려고 하진 마세요. 아이에게 말 거는 방법, 특히 '책으로 말 걸기'는 아이가 '공부'라고 생각할 수 있으므로, 그런 느낌이 들지 않도록 대화를 건넬 때도 신경을 써야 합니다.

"당신의 인생을 가장 짧은 시간에
가장 위대하게 바꿔줄 방법이 무엇인가?
만약 당신이 독서보다 더 좋은 방법을 알고 있다면
그 방법을 따르기 바란다.
그러나 인류가 현재까지 발견한 방법 가운데서만 찾는다면
당신은 결코 독서보다 더 좋은 방법을 찾을 수 없을 것이다."
.
.
.
투자가 워런 버핏 Warren Buffett

●

학년별
실천 포인트가 다르다

01

1~2학년,
서두르지 말고 책만 읽어라

교과서 '그림 읽기' 놀이

유치원생 수준의 책들을 살펴보다 보면 '이야기 꾸미기'라는 종류의 책을 발견할 수 있다. 글씨는 없고 그림으로만 구성되어 있는 것인데 그림을 보고 상황을 유추하여 이야기를 꾸미는 책이다. 초등학교 국어 교과서에도 전래동화나 창작동화를 그림으로만 제시하여 아이들에게 경험과 느낌을 말로 표현하게 하는 내용이 자주 등장한다. 저학년 국어 교과서의 경우에는 매 학기에 나온다고 해도 과언이 아니다. 바로 이 '이야기 꾸미기'를 해보면 아이의 부모가 평상시 어떤 이야기를 주고받는지, 또 아이와 부모가 어떤 이야기를 나누는지 그대로 드러난다.

초등학교 1학년 『봄』『여름』『가을』『겨울』『우리나라』와 같은 통합교과서 첫 페이지를 펼쳐보면 '그림을 보며 주제에 대해 자유롭게 이야기를 나눕시다'라는 그림 읽기 단원이 나온다. 그다음이 '이야기 읽기' 그리고 '단원 읽기' '해봐요' '마무리해요' 순이다. 그중 초등학교 1학년 1학기 통합교과 『학교』 1단원 '우리 학교(그림 읽기)'에서 나의 학교생활 편을 보면 학교 그림과 아이들이 나온다. 도서실·과학실·급식실·음악실·체육관 등의 그림을 보며 이야기를 하도록 구성되어 있다. 어렵게 생각할 필요 없이 아이와 교과서를 함께 보며 이렇게 물어보면 된다.

"도서실은 무엇을 하는 곳일까?"

"과학실에서는 어떤 실험을 하면 재미있을까?"

"급식실에서 줄을 설 땐 어떤 태도를 보여야 할까?"

대화를 통해 새로운 정보를 자연스럽게 던져주거나 이전에 경험한 기억을 되살려 이야기를 나누면 된다. 이 과정에서 아이는 새로운 정보를 받아들이고 기존의 정보를 꺼내는 훈련을 하게 된다.

한 가지 예를 더 살펴보자면 초등학교 1학년 1학기 통합교과 『봄』 1단원 '봄맞이(그림 읽기)'에는 '즐거운 봄맞이'가 등장한다. 이 그림을 보며 아이와 함께 이야기를 나눈 다음 봄에 관련된 꽃·식물·곤충들에 관한 책을 찾아 읽어보자. 책을 읽고 나서는 자신이 좋아하는 꽃과 싫어하는 꽃, 좋아하는 곤충과 싫어하는 곤충에 관한 이야기를 하고 난 뒤 집 주변을 관찰하자. "아까 찾아봤던 꽃이네? 이름이 뭐였지?"라는 질문 등을 던지면 배경지식을 쌓은 아이는 교과서를 처음 읽었을 때보다 할 말이 더 많아진다. 이런 과정을 통해 아이들의 호기심과 흥미를 이끌어주도록 한다.

초등학교 저학년 때 하는 '그림 읽기'는 아이가 상상력과 창의력을 발휘할 수 있는 마지막 교과서 단원이나 다름없다. 아이들이 고학년으로 올라갈수록 교과서에는 상상력을 필요로 하는 부분이 줄어들고 그 자리를 문자가 차지하기 시작한다. 문자를 통해 정보를 채우기 때문이다. 상상력의 본래 의미는 "머릿속에서 이미지를 만들어내는 힘"이고 이미지의 본래 의미는 "그 자리에 실존하지 않는 것의 시각적인 상"이다. 쉽게 말하자면 눈앞에 없는 친구의 얼굴을 떠올릴 수 있으면 그것이 이미지고 그렇게 해서 떠올리는 힘이 이미지네이션, 즉 상상력인 것이다. 따라서 상상력이란 특별한 능력이 아니라 누구나 가진 힘이다. 글 없이 단순한 그림으로 구성된 그림책은 앞을 예상하기 쉽기 때문에 상상력을 키우는 데 적합하다. 단순한 그림을 읽음으로써 상상력 훈련을 하면 문자로만 이루어진 묘사를 통해서도 인물과 정경을 생생하게 떠올릴 수 있게 된다. 이것은 책을 읽는 데 있어 꼭 필요한 힘이므로 특히 책 읽기를 싫어하는 아이의 경우 반드시 훈련해야 할 능력이다. 그러니 초등학교 저학년 때는 교과서 그림 읽기를 통해 아이가 마음껏 상상력을 펼치고 소통할 수 있도록 부모가 이끌어줘야 한다.

초등학교 저학년 때는 '무엇이든' 읽게 하라

●

　초등학교에 들어가는 시기는 제2의 독서기로 아이에게 가장 중요한 시기이기도 하다. 아이들도 유치원의 분위기와 초등학교의 분위기가 사뭇 다르다는 것을 직감적으로 느낀다. 그래서 아이의 심리를 잘 아는 부모라면 아이의 마음을 잘 살펴 차분히 독서하는 분위기를 만들어준다. "누가 어느 학원에 다니는데 너도 해볼래?"는 아이를 남의 기준에 맞추려 하는 것이지만 "누구는 어떤 책을 읽고 재미있었다고 하더라" "누구는 요즘 어떤 책을 읽고 있는데 그 책을 읽었더니 선생님의 질문에 대답을 잘하게 됐대" 하는 것은 아이에게 넌지시 지적 호기심 혹은 지적 욕구를 자극해주는 것이다.

　어른도 새해가 되면 새로운 결심을 하고 낯선 장소에 가거나 사람을 처음 만나면 새 사람과 분위기에 적응하려고 노력한다. 우리 아이들도 마찬가지다. 새로운 환경에서 처음 만나는 초등학교 교과서는 아이들을 자극하고 긴장하게 하면서 동시에 새로운 마음가짐을 갖게 한다. 이 시기에 독서 습관을 들인다면 평생 가는 요긴한 재산이 될 것이다.

　아이가 책을 좋아하게 만드는 방법은 앞에서도 설명했지만 무엇보다 무조건 책처럼 생긴 것이라면 다 읽게 하는 것이다. 만화책이든 동화책이든 아이가 봤던 책만 계속 읽더라도 그냥 내버려두자. 같은 책을 반복해서 읽더라도 읽을 때마다 다른 각도로 상상하고 공감하는 것이 다르기 때문이다. 흔한 말로 아이 기분에 따라 그때그때 느낌이 달라진다. 전혀 책을 읽지 않는 건 아닌데, 같은 책만 반복해서 본다고 걱정하는 부모들이 있다. 기우일 뿐이다. 여러 번 읽는 숙독의 효과를 나중에 깨닫게 될 것이다.

많은 부모가 자주 하는 실수가 하나 있다. 아이가 초등학교에 입학했으니 초등학생에게 어울리는 책, 혹은 교과서보다 수준 높은 책을 강요하는 것이다. 교과서를 훑어본 적이 있는 부모라면 교과서에서 참 배우는 게 없다는 생각을 해본 적이 있을 것이다. 개정된 교과서는 더욱 그렇다. 스티커 붙이기나 그림 그리기 판이 부록처럼 붙어 있는 걸 보면 교과서에 대한 진지한 마음이 사라진다. 교과서가 쉬워 보이니 아이에게 큰 도움이 되지 않으리라고 생각해 그것보다 더 어려운 책을 들이미는 것이다.

이때 발생하는 부작용은 크게 두 가지다. 첫째, 책이 '어렵다'는 인상을 받는 순간 아이는 책을 더 멀리하게 된다. 둘째, 부모가 교과서를 무시하는 모습을 본 아이 또한 보고 배우려는 태도가 사라진다. 결국 수업의 첫 단추를 잘못 끼우게 되는 것이다. 글자가 적은 책부터 재미있게 읽다 보면 흥미가 생기고 읽은 책을 반복해서 읽으면 집중력과 암기력이 발달하게 된다. 쉬워 보이는 것도 어른 기준이라는 것을 기억하자.

짧은 글은 소리 내어 5분 정도 읽게 하라

●

이제 막 초등학교에 입학한 1학년들은 대부분 띄어 읽기를 어려워한다. 띄어 읽기는 나중에 시험문제를 푸는 데도 도움이 되고 어휘 속에 숨어 있는 개념을 파악하게도 한다. 책 읽기의 '읽기'는 본래 '소리 내어 읽기'다. 고대 그리스인들은 입으로 소리를 내어 읽어야 마침내 문자가 완성된다고 보았다. 또 고대 로마의 부유한 계층은 내용 전체를 그대로 암기하고 있다가 주인이 명령하면, 그 내용을 들려주는 노예를 두기도 했다. 그뿐만 아니라 당시 대중이 모이는 경기장, 공중목욕탕 등에서 시 낭송회가 열리는 것은 흔한 일이었다. 르네상스 시대 이탈리아 피렌체의 정치·종교·예술 분야를 이끌었던 메디치 가문의 통치자들도 책 읽어주는 학자들을 따로 두었다. 입으로 소리를 내는 낭독이 책을 읽는 대표적인 방법이었던 서양에서 묵독이 널리퍼지기 시작한 것은 빨라야 10세기 이후다.

아이들은 한글을 깨치면 눈으로 책을 훑기 시작한다. 부모들도 아이가 이러한 행위를 시작하면 더는 책을 읽어주는 것에 관여하지 않고 그저 많은 책을 사들이는 것에만 신경을 쓴다. 그러다 보니 아이들은 계속해서 눈으로만 책을 읽는다. 글은 뇌로 읽어야 하는데 말이다. 눈은 카메라 렌즈의 역할만 할 뿐이다.

초등학교 저학년 시기에는 우뇌로 책을 읽기 때문에 저절로 속독이 이루어진다. 속독을 하다 보면 어절과 문장에 대한 변별력이 떨어져 끊어 읽기가 제대로 되지 않는다. 결국 책 내용을 등장인물과 사건으로만 기억하게 되는데 그것만 보고 부모는 아이가 책을 잘 읽고 있다고 판단한다.

소리 내어 읽기는 글의 전개 방법을 파악하는 데 중요한 역할을 한다. 고학년이 되면 이야기 중 한 문단을 끊어서 사건 전개나 중심 내용을 묻는 문제가 영역별로 등장하는데, 이때 문장을 소리 내어 끊어 읽는 훈련을 하지 않았던 아이는 요지를 파악하지 못하는 어려움을 겪는다. 중학생 아이들을 가르치다 보면, 단편소설을 읽고도 주제를 제대로 파악하지 못하는 경우가 꽤 많아서 놀란 적이 한두 번이 아니다. 심지어 문단을 요약하지 못하는 경우도 더러 있었고 소설의 구성단계를 구분해내지 못하는 경우도 많았다. 어려서부터 소리 내어 끊어 읽는 훈련을 하지 않았기 때문이다.

위에 언급한 내용 외에 음독의 장점을 살펴보면 다음과 같다. 첫째, 소리 내어 읽으면 정신이 다른 곳으로 가지 않아 집중할 수 있다. 둘째, 읽는 소리를 자신이 들으니 깊게 생각할 수 있다. 셋째, 어려운 단어와 문장을 말하면서 읽으니 그 단어와 문장이 입에 밴다. 마지막으로 소리 내어 읽다 보면 자신의 목소리를 가장 빠르게 듣기 때문에 발음 교정에도 도움이 된다.

앞서 읽기 발달 이론가인 진 챌은 읽기 발달을 생후부터 성숙한 수준에 이르기까지 0~5단계로 가정했다고 설명했는데, 그것을 표로 정리하면 다음과 같다.

진 챌의 읽기 능력 발달단계

단계	시기	주요 특징
0단계	읽기 전 단계 (생후~취학 전)	• 언어의 다양한 측면(문장과 낱말) 이해, 낱말의 특성에 관한 통찰(두운·각운 인식, 음소·낱말 인식)을 익힌다. • 연구 결과에 따르면 이 시기의 읽기 준비도 그리고 여러 가지 기초 학습 능력과 지식이 초등학교 1학년에서의 읽기 능력과 실질적으로 관련이 있다.
1단계	초기 글 읽기와 문자 해독 단계 (초등 1~2학년)	• 문자 체계를 습득하여 각 문자에 대응하는 음성단어를 연결시킬 수 있다. • 철자법의 특성에 대한 통찰을 얻게 되는 질적 변화가 일어난다.
2단계	유창성 단계 (초등 3~4학년)	• 문맥을 파악하는 기술을 습득하며, 정확하고 빠르게 읽는 읽기의 유창성을 익힌다. • 새로운 정보를 얻기보다는 지금 알고 있는 것을 확고히 하기 위해 학습한 것을 다지는 시기다.
3단계	새로운 것을 배우기 위해 '읽기'를 하는 단계 (초등 5~6학년)	• 새로운 지식·생각·경험들을 학습하기 위한 읽기 정보를 얻는 과정을 배우고, 찾고자 하는 것을 효율적으로 발견하는 방법을 익히게 된다. • 즉 중학년 때는 읽기 자체를 배우는 것이고 고학년 때는 어떤 교과를 배우기 위해서 읽게 되는 것이다.
4단계	다양한 관점에서 이해하는 단계 (초등 이후)	• 읽기에서 한 가지 이상의 관점을 지니게 된다. • 이전에 습득한 사실들과 개념 위에 새롭게 부가된 사실, 그리고 개념을 다룰 수 있는 능력이 필수적으로 요구된다. • 다양한 출처의 정보를 비교하지만 아직 정보를 통합하지는 못한다.
5단계	구성과 재구성을 통한 읽기 단계 (18세 이후)	• 타인의 의견을 읽음으로써 자기 스스로의 지식을 구성하게 된다. • 이 과정은 분석·종합·판단에 의존한다. 읽기 자료를 관심 분야에서 선택적으로 활용할 수 있게 된다.

아래는 진 챌의 읽기 발달단계를 우리나라 교육과정에 대입하여 개발한 독서 능력 발달단계다.

1. 독서 맹아기(유치원 시기까지)

1) 글을 읽기 이전 단계로 아동은 부모·형제·친구 등으로부터 모국어 화자로서 음성언어를 배우고 사용한다.

2) 아동의 직접적인 경험과 부모에게서 듣게 되는 전래동화, 비디오와 텔레비전에서 보게 되는 어린이 프로그램, 그림책 등은 이 단계에서 언어 발달의 주요 동인이 된다.

2. 독서 입문기(초등학교 1~2학년)

1) 음성언어에서 문자언어로 나아가는 단계로 아동은 말뿐만 아니라 글로도 의사소통할 수 있다는 것을 깨닫는다.

2) 이 시기에 아동은 글자를 배우며 글자와 소리의 관계를 인식한다.

3) 단어를 소리 내어 읽을 수 있으며 독서에서는 음독 활동이 중요하다.

4) 아동은 그림과 글자를 구분하고 글자가 그림보다 추상적인 실체라는 사실, 글자는 소리와 일정한 관계를 맺고 있다는 사실, 기초어휘에 대한 발음과 해독解讀, 단어와 구절, 문장 정확하게 끊어 읽기 등을 익힌다.

5) 독서 학습 시기에 해당하며 이 단계에서 배우는 독서 학습은 나중에 다른 교과 학습의 기초가 된다.

3. 기초 기능기(초등학교 3~4학년)

1) 아동은 긴 문장을 의미 중심으로 끊어 읽기 시작한다.

2) 음독에서 묵독으로 넘어가는 과도기라고 할 수 있다.

3) 앞 단계에서 글자에 집중하여 더듬더듬 읽다가 이 단계에 오면 글로부터 안구가 점점 자유로워져 유창하게 읽는다는 점에서 낭독의 형태로 글을 읽을 수 있다.

4. 기초 해독기(초등학교 5~6학년)

1) 해독보다 독해에 더욱 큰 비중을 두고 읽게 되며, 묵독이 강화된다.

2) 사실과 의견을 구별하기, 정보를 축약하기, 생략된 정보 추론하기, 이어질 내용 예측하기, 비유적 표현의 의미 이해하기, 표현의 적절성 판단하기 등과 같은 기초 독해가 가능하다.

3) 앞 단계와 구별되는 것은 묵독 중심으로 글을 읽으며 의미 중심으로 글을 읽는 시기다.

5. 고급 독해기(중학교 1~2학년)

1) 글쓴이의 의도나 목적을 파악하며 글 읽기, 내용의 통일성을 생각하며 글 읽기, 글의 구조를 파악하기, 글의 일관성을 평가하기, 추론하기, 읽은 내용의 신뢰성과 타당성 판단하기 등 작자의 관점·태도·글의 동기 등에 대하여 비판적인 시각으로 글을 읽을 수 있다.

6. 독서 전략기(중학교 3학년~고등학교 1학년)

1) 구체적인 독서 목적에 맞춰 자기의 독서 상황을 점검하고 조정하면서 전략적으로 독서를 할 수 있다.

2) 독자와 작자가 글이라는 매개체를 통해 의사소통하고 서로 의미를 타협하고 중재하는 과정이라는 것을 깨닫는다.

7. 독립 독서기(고등학교 2학년 이후)

1) 능숙한 독서 단계로 각자의 교양, 학문이나 직업의 필요에 따라 전문적인 상황에서 필요한 책과 글을 스스로 선택하여 자발적으로 글을 읽을 수 있다.

2) 이전까지의 시기가 남의 도움을 받아 책을 읽는 시기였다면 이 시기는 독립된 독자로서 책을 읽는 단계다. ●

위의 두 발달단계에서도 볼 수 있듯이 묵독 강화가 이루어지는 시기는 초등학교 고학년 때부터다. 그 이전까지 음독, 즉 소리 내어 끊어 읽기가 제대로 이루어져야 독서 능력을 균형 있게 발달시킬 수 있다.

물론 평소에 하지 않던 음독을 갑자기 시키면 아이는 싫어할 수 있다. 특히나 부끄러움을 잘 느끼는 아이는 더욱 그럴 것이다. 그럴

● 천경록, 「독서연구」, 제4호, 1999, p.15~19, 천경록의 독서 발달단계.

때는 역할을 바꾸어 아이가 선생님이 되고 엄마가 학생이 되어 설명을 듣는 등 놀이를 개발하여 시작해보자.

스마트폰, 게임기는 무조건 멀리하라

●

요즘 사람들은 걸어 다닐 때도 사람을 만날 때도 고개 숙여 스마트폰을 들여다본다. 세 살짜리 아이도 스마트폰을 다루는 게 능숙한 세상이다.

정보통신정책연구원이 2014년에 발표한 보고서에 따르면 국내 어린이와 청소년의 스마트폰 보유율은 2011년 19.2%에서 2014년 89.8%로 4년 만에 다섯 배가량 높아졌다. 특히나 초등학교 고학년(4~6학년)의 스마트폰 보유율은 60%를 넘어선 것으로 나타났다. 최근 한 온라인 취업포털 사이트가 직장인을 대상으로 한 스마트폰 중독 위험성 조사에 따르면 61.1%가 '주의가 필요한 수준'이라고 답했다고 한다(2015년 기준).

어른도 이 정도인데 아이들은 오죽할까. 요즘 아이들은 TV도 스마트폰으로 보고 게임도 스마트폰으로 하는 등 휴식 시간 내내 스마트폰을 이용한다. 이뿐만 아니라 친구와의 우정도 스마트폰 메신저로 나누며 심지어 수업 시간에조차 스마트폰을 놓지 못한다. 그러나 부모들은 아이들이 얼마나 빠르게 스마트폰에 중독되는지, 그 영향이 얼마나 큰지 잘 인식하지 못하고 있는 상황이다.

스마트폰 중독은 아이에게 생각보다 훨씬 큰 영향을 미친다. 미국 워싱턴 대학교 정보대학원 교수 데이비드 레비David Levy에 의하면 스마트폰을 자주 사용할수록 우리의 뇌가 '팝콘 브레인Popcorn brain'이 될 확률이 높다고 한다. '팝콘 브레인'이란 팝콘이 튀어 오르는 것처럼 즉각적인 현상에만 반응할 뿐 평소에는 생각하지 않는 뇌 상태를 말한다. 즉 뇌가 스마트폰 세계의 빠르고 강한 정보에만 반응하고 현실 세계의 느리고 약한 현상에는 움직이려 하지 않는다는 것이다.

팝콘 브레인은 특히 청소년에게 잘 나타나는 증상이다. 어려서부터 스마트폰을 자주 사용할 경우 주의력 저하, 사고력 저하, ADHD(주의력결핍 과잉행동장애), 틱 장애에 걸릴 확률이 매우 높다. 그래서 나는 부모들에게 최대한 늦게 스마트폰을 사주라고 당부한다. 사실 아이를 대상으로 한 위험한 범죄가 들끓는 세상이다 보니 아이에게 스마트폰을 쥐여주고 언제든 연락할 수 있도록 하려는 마음을 모르는 것은 아니다. 하지만 부모가 적절히 통제시키는 것에 실패하면 아이는 정신적으로 위험한 상태가 되어버린다.

스마트폰에 중독된 아이들은 친구의 얼굴을 보며 이야기하는 것보다 문자로 말하는 게 훨씬 쉽다고 고백한다. 눈을 보고 표정을 읽으면서 상대의 언어를 이해하기보다는 직관적인 이모티콘으로만 대화하다 보니, 보이는 것만 인식하고 보이지 않는 것은 유추하지 못한다. 당연히 공부하는 데도 영향을 미친다.

일단 첫째, 저학년 교과서에 나오는 동화에서는 인물의 감정이나 느낌을 빨리 알아차릴 수 있다. 그러나 고학년으로 올라갈수록 인물의 감정을 숨기고 갈등을 간접적으로 나타내는 지문으로 이루어져 있다. 그러므로 추론하고 깊게 생각하는 습관은 초등학교 때 굳어지게 해야 한다.

둘째, 책은 느림이다. 책을 읽을 때는 꽤 많은 시간을 들여야 하는 데다 잘 움직이지도 않게 된다. 반면 스마트폰 게임은 한 판에 3분도 채 안 걸린다. 그래서 스마트폰에 일찍 빠지면 책 읽기가 매우 힘들어지는 것이다. 그 결과는 처참하다. 교과서에서 무엇을 배울 것인지, 무엇을 묻고 있는지 핵심을 파악하지 못하게 되고 자연스럽게 공부에도 관심이 사라지게 된다.

이미 스마트폰으로 시간을 보내는 습관을 들였다면 이제부터라도 힘겨운 싸움을 시작해야 한다. 단호하게 제지하여 스마트폰 보는 시간을 줄여보자. 꼭 필요하다면 전화 기능만 되는 폴더폰이나 키즈폰으로 교체하는 것도 좋은 방법이다. 무엇을 우선순위로 둘 것인지 현명하게 판단해야 한다.

초등학교 저학년 아이들은 순수하다. 즉 부모가 조금만 정성을 들여 훈육하면 좋은 습관을 들이기가 쉽다는 뜻이다. '세 살 버릇 여든 간다'는 흔하디흔한 속담이 아이가 고학년이 되었을 때 부모들이 뼈저리게 후회하면서 내뱉게 되는 말이 될 수 있다. 책 읽는 습관을 들이는 것은 어려워도 스마트폰을 하는 버릇은 너무나 쉽게 생긴다는 것을 언제나 명심해야 한다.

1~2학년 추천도서 목록 : 전집

번호	전집명	출판사
1	한국의 전래동화	대교출판 한국프뢰벨 교학사 (주)교원
2	이솝이야기	지경사 계림
3	세계명작동화	대교출판 한국프뢰벨 금성출판사
4	자연관찰	한국프뢰벨 몬테소리
5	위인동화	한국프뢰벨 슈타이너
6	탄탄 스타트 뮤직	여원
7	아이쿡	여원
8	한자동화	여원
9	만화로 된 한국사	어느 출판사 것이든 고조선·고구려·백제·신라·고려·조선 등 시대별로 구성된 것을 구입하는 것이 좋다.
10	탄탄 역사 속으로	여원

번호	도서명	저자	출판사
1	니 꿈은 뭐이가: 비행사 권기옥이야기	박은정	웅진주니어
2	거짓말이 찰싹 달라붙었어	신순재	아이세움
3	설탕을 조심해	박은호	아이세움
4	칭찬으로 재미나게 욕하기	정진	키위북스
5	아름다운 꼴찌	이철환	주니어RHK
6	누가 초콜릿을 만들까?	이지유	창비
7	잘 먹겠습니다	허은실	창비
8	뿌웅~ 보리방귀: 보리 농사와 맛좋은 보리밥	도토리	보리
9	스마트폰 괴물이 나타났어요	박혜정	하늘콩
10	행복한 청소부	모니카 페트	풀빛
11	내 더위 사려!	박수현	책읽는곰
12	할머니, 어디가요? 쑥 뜯으러 간다!	조혜란	보리
13	앗! 모기다	정미라	비룡소
14	보물이 된 쓰레기: 지구를 살리는 다시 쓰기	임덕연	휴이넘
15	유리만 한 것도 없을걸	허승회 외	웅진주니어
16	부자의 밥상 양반의 밥상	허시명	웅진씽크하우스
17	물은 어디서 왔을까?	신동경	길벗어린이
18	집 안 치우기	고대영	길벗어린이
19	꿈꾸는 뇌	조은수	아이세움
20	가방 들어주는 아이	고정욱	사계절
21	효재 이모와 전통 놀이 해요	채인선	살림어린이
22	학교에 갈 때 꼭꼭 약속해	박은경	책읽는곰
23	꺼벙이 억수	윤수천	좋은책어린이
24	우리 할아버지	정설희	노란돼지
25	어머니의 감자 밭	아니타 로벨	비룡소
26	소중한 내 몸을 위해 꼭꼭 약속해	박은경	책읽는곰
27	울보 선생님	소중애	효리원
28	솔이의 추석 이야기	이억배	길벗어린이
29	사라, 버스를 타다	윌리엄 밀러	사계절
30	내 맘대로 할 거야	양태석	스콜라
31	바늘땀 세계여행	레지나	한겨레아이들

32	경복궁에서의 왕의 하루	청동말굽	문학동네어린이
33	까만 아기 양	엘리자베스 쇼	푸른그림책
34	내 동생 싸게 팔아요	임정자	아이세움
35	부엉이 곳간에 우리말 잔치 열렸네	이미애	웅진주니어
36	콧구멍만 바쁘다	이정록	창비
37	아기개미와 꽃씨	조장희	푸른책들
38	가족의 가족을 뭐라고 부르지?	채인선	미세기
39	나는 나의 주인	채인선	토토북
40	우리 동네 이야기	정두리	푸른책들
41	똥으로 종이를 만드는 코끼리 아저씨	투시타 라나싱헤	책공장더불어
42	행복한 청소부 곰	훌리오 코르타사르	살림어린이
43	자라는 몸	서천석	웅진주니어
44	오소리네 집 꽃밭	권정생	길벗어린이
45	멋진 여우 씨	로알드 달	논장
46	벼가 자란다	도토리	보리
47	설빔: 여자아이 고운 옷	배현주	사계절
48	창덕궁: 임금님의 집	최재숙	웅진주니어
49	꿈꾸는 징검돌: 화가 박수근 이야기	김용철	사계절
50	아주 바쁜 입	신순재	아이세움
51	내 꿈은 100개야!	원유순	살림어린이
52	비무장지대에 봄이 오면	이억배	사계절
53	100원이 작다고?	강민경	창비
54	세상에서 가장 힘이 센 말	이현정	맹앤앵
55	가을이네 장 담그기	이규희	책읽는곰
56	일등이 아니라도 괜찮아!	잭 갠토스	푸른숲주니어
57	지구가 흔들흔들! 해운대에 지진이 일어난다면?	최영준	살림어린이
58	동물의 대이동	김황	논장
59	쓰레기에서 레를 빼면 쓰기	신현경	해와나무
60	다 같이 돌자 직업 한 바퀴	이명랑	주니어김영사
61	울렁울렁 맞춤법	이송현	살림어린이
62	궁궐사람들은 무얼했을까	김경화	살림어린이
63	효재이모처럼 지구를 살려요	채인선	살림어린이

02

3~4학년,
평생 성적이 결정된다

초등학교 3학년 공부가 대학을 좌우한다

초등학교 3~4학년이 되면 아이들은 자기 정체성이 생기고 타인의 시선을 의식하기 시작한다. 1~2학년 때 열심히 손들고 큰 소리로 말하던 아이들도 점차 발표 횟수가 줄어들고 소극적으로 변하기도 한다. 아이의 몸과 마음이 자란 만큼 '이제 더 이상 어린아이가 아니에요' '나도 이제 다 컸으니 그만한 대접을 해주세요'라는 마음이 들기 시작하여 이른 사춘기가 오기도 한다.

이러한 정서 발달과 함께 추상적 사고력도 급속도로 발달하기 시작한다. 이전까지는 눈에 보이는 사실만 보고 이야기했다면 이제 효·도덕·신뢰·인내 등 추상적인 개념도 이해하게 된다. 그래서 아이의 수준보다 높아 보이는 공부를 갑자기 잘해내기도 하는데 이때 부모가 관심을 갖고 도와주면 잘 따라간다. 관찰력도 높아져 사물을 세밀하게 그릴 수 있고 새로운 지식에 대한 호기심이 풍부해지기도 한다.

이 시기에는 식물 키우기, 자석 놀이, 동물의 한살이 관찰, 우주 탐구, 생활 속 화학 실험 등과 같이 과학 교과와 관련된 소재로 자유 탐구 활동을 시작하면 새로 배우는 과학 교과에 대한 호기심과 과학적 관심도 높일 수 있다.

예컨대 초등학교 3학년 1학기 『과학』 '자석의 이용' 단원에서는 자석의 성질과 자석을 이용한 물건에는 어떤 것이 있는지 알아본다. 이 단원의 핵심은 자석의 성질을 이해하는 것이므로 일상생활 속에서 자석이 어떻게 이용되고 있는지 아이와 함께 찾아보자. 집 안 곳곳에는 자석을 이용한 제품들이 넘쳐나니 따로 어디 나갈 필요도 없다. 성질에 대한 이해가 끝나면 확장하여 지구 또한 자석이라는 정보도 함께 알려줌으로써 지식을 넓혀준다.

사회 과목은 대부분의 부모가 봐주기 힘든 과목이라고 한목소리로 말한다. 어려운 어휘와 개념 정리 식의 딱딱한 설명 때문에 아이들이 쉽게 흥미를 느끼지 못할뿐더러 부모들도 어떻게 해야 재미있게 설명할 수 있는지 잘 모르기 때문이다. 사회 과목은 특히나 문제집 또는 전과보다 책의 도움을 받는 게 가장 효과적이다. 부모가 할 일은 하나다. 단원별로 관련된 책을 찾아주는 것이다. 이 또한 부모가 교과서를 먼저 읽어야 한다고 강조하는 이유 중의 하나다. 아이가 공부를 힘들어하는데 부모의 할 일은 그저 닦달하는 것일까? 내 아이가 요즘 무엇을 공부하는지, 무엇을 어려워하는지 살피고 책을 찾아주자.

초등학교 3학년 1학기 『사회』에는 '우리가 살아가는 곳'이라는 단원이 나온다. 단원 내용을 살펴보면 위치·지도·방위·기호·자연환경·기온·강수량·인문환경·산업 등 기존에 접하지 않았던 각종 낯선 어휘가 튀어나올 것이다. 부모들이 보기에는 일상적이고 쉬운 단어처럼 보일 수도 있다. 그러나 아이들의 눈에는 어려운 한자어요, 딱딱한 개념어다.

이에 관련된 책을 하나씩 찾아주고 읽혀라. 단어 하나에 책 한 권이라니 눈이 휘둥그레지겠지만 시간이 오래 걸릴지라도 가장 확실한 방법이다. 책을 고를 시간이 없다면 이 장 말미에서 제시하고 있는 사회 전집이나 단행본이라도 읽히자.

초등학교 3~4학년 시기는 책을 좋아하는 아이와 책을 좋아하지 않는 아이로 확연히 나뉘는 때이기도 하다. 책에 대한 관심은 공부에 대한 관심과 거의 일치하며 공부하는 아이와 안 하는 아이가 눈에 띄게 구분된다. 그동안 책을 열심히 읽지 않았거나 교과서 연계 읽기를 하지 않은 아이들은 어려워진 학교 공부를 버거워하고 쉽게 지치고 만다. 또 정서적으로 반항하기 시작하는 때라서 책 읽는 습관이나 공부 습관을 들이지 않은 아이들은 그 버릇을 잡기가 무척 어려워진다. 아이가 책을 좋아하지 않는다면 반드시 원인이 있다. 그 원인을 알아야 문제를 해결할 수 있으니 아이의 생각, 행동, 일상과 공부 패턴 등을 유심히 살펴보자. 이때 그 원인을 알아야 고학년으로 올라가기 전에 책을 좋아하는 아이로 만들어놓을 수 있다.

국어사전과 백과사전을 활용하라

●

앞서 사전이야말로 독서의 비상약이라고 말한 바 있다. 사전도 일반용을 사라고 권했는데 본격적으로 사전을 이용하는 시기가 바로 초등학교 3~4학년 때다. 3~4학년이 되면 교과서에 추상적인 개념어들이 등장하기 시작하고 일상생활에서는 쓰지 않는 낯선 말들이 나온다. 아이들이 3~4학년부터 공부가 어려워진다고 느끼는 이유는 바로 낯선 어휘 때문이다.

초등학교 4학년 국어 과목을 예로 들어 살펴보자. 4학년 2학기 『국어』 '고양이야, 미안해!' 단원에서는 '죽은 휴머니스트'라는 단어가 나온다. 또 같은 교과서 '새' 단원에서는 '양력' '자외선'이라는 단어가 등장한다. 11세 아이 수준으로서는 어렵다고 느낄 수밖에 없는 단어다. 바로 이런 순간에 그동안 해온 사전 읽기의 위력이 드러난다.

앞서 말했듯 어렸을 때부터 백과사전을 가지고 놀던 아이는 이런 낯선 어휘를 봐도 두려워하지 않는다. 오히려 흥미를 느끼고 더 알고 싶어 한다. 모르는 단어에 자극을 받는 것이다. 그러나 사전 읽기를 하지 않은 아이는 낯선 어휘의 등장에 당황하며 흥미를 금세 잃고 만다. 단어 뜻을 모르니 당연히 앞뒤 문맥의 흐름을 놓치게 되고 이로 인해 전체적인 내용도 이해하지 못하기 때문이다.

취학하기 전에 국어사전이나 백과사전, 한자사전, 영어사전은 미리 준비해놓자. 함께 사전 찾는 연습을 함으로써 공부가 급작스럽게 어려워져도 아이들이 이에 대한 두려움을 떨칠 수 있도록 도와줘야 한다.

월간지를 구독하라

●

월간지는 일반 상식뿐만 아니라 다루는 분야에 따라 해당 분야의 지식을 넓히는 역할을 한다. 나는 아이들을 위해 과학 잡지 「뉴턴」을 구독했다. 여러 잡지 중에 「뉴턴」을 고른 이유는 이 잡지가 최신 천문 소식을 잘 다루는 데다가 과학의 여러 분야를 균형 있게 싣는 편이기 때문이었다. 정기적으로 「뉴턴」을 구독하자 아이는 신기한 사진이 커다랗게 실린 잡지에 처음부터 흥미를 가지기 시작했다. 그리고 점점 과학에 대한 관심이 넓어지고 상식과 지식이 깊어지는 것을 눈으로 확인할 수 있었다. 특히 이런 잡지는 백과사전이나 자연관찰책에서 다루지 않는 고화질 사진과 최신 과학 소식도 쉽게 얻을 수 있어 아이들도 좋아한다.

한번은 TV에서 보았던 과학 뉴스를 월간지에서 특집으로 다룬 적이 있었다. 아이는 이미 본 적이 있는 내용인 데다 그동안 궁금해 했던 내용을 더 상세하게 다루고 있어 그 꼭지를 유심히 보기 시작했다. 그러더니 자신이 알고 있던 지식을 줄줄 말하기도 하고 새롭게 안 사실들을 체크하는 등 스스로 공부하고 있는 게 아닌가. 잡지 정기 구독의 힘을 절감한 순간이었다.

음악이나 미술 잡지도 아이들에게 교과 내용이 아닌 색다른 정보를 얻게 하는 중요한 책이다. 예체능 교육은 아이들의 정신 건강을 지키고 학업 성취를 끌어올리기 때문에 소홀히 해서는 안 되는 부분이다. 나는 큰아이에게 어렸을 때부터 첼로를 가르쳤고 둘째 아이에게는 바이올린을 가르쳤다. 공부도 중요하지만 '아름다운 것'을 알아보는 심미안을 가지면 좋겠다는 생각에서였다. 큰아이는 대학에서 공부를 하면서도 계속 첼로를 연습했고 학부 과정으로 일본에 유학을 가 있을 때는 오케스트라 악장을 맡아 클래식 공연을 열기도 했다. 어려서부터 클래식 공연과 음악 잡지를 꾸준히 보여준 덕분이라고 생각한다.

중국 고전을 베껴 써보자

●

『논어』『중용』『장자』『대학』『소학』 등 중국 고전의 내용과 한자는 아이는 물론 어른에게도 어렵다. 하지만 그 속에 녹아 있는 의미와 교훈은 아이에게 무척 중요하다. 어렸을 때 읽어두지 않으면, 어렵다는 이유로 차일피일 미루다가 결국 어른이 될 때까지 읽지 못한다. 그러니 고전은 다소 강제적이더라도 읽게 해야 한다. 특히나 고전에 있는 한자는 한자 학습지나 한자 문제집에서는 잘 나오지 않는 한자다. 어렵더라도 한자를 보고 직접 손으로 그리게 해야 한다.

오늘날의 아이들은 부모 세대가 학교에 다니던 시절과는 비교할 수 없을 정도로 다양한 스트레스 요인에 노출되어 있다. 그런데 고전에는 삶에 대한 시야를 넓혀주고 깊어지게 하여 마음을 치유하는 효과가 있다. 이는 비단 어른뿐 아니라 아이에게도 해당하는 이야기다. 즉 고전 읽기는 학습을 넘어서 아이들이 '삶'을 살아가는 데도 매우 중요하다.

교육부가 앞으로 대학 입시에서 인성 평가를 강화하겠다고 발표하자 아이들이 인성 학원에서 인성 과외를 받고 있다는 뉴스를 보았다. 참으로 어처구니없는 현실이다. 인성이란 사람에 대한 이해, 삶에 대한 처세다. 그 답은 문학에 있고 고전에 있다. 서울대 인문고전 50선이나 아이비리그 대학에서 꼽은 고전 리스트는 인터넷에서도 쉽게 구할 수 있으니 꼭 챙겨서 아이에게 읽히도록 하자.

각 과목별 학습법을 달리해야 한다

●

| 사회 | 지리·한국사·세계사·정치·경제에 관련한 책을 미리 읽게 해 아이가 교과서를 보고 낯선 느낌을 받지 않도록 해야 한다. 사회는 용어가 중요하다.

앞서 설명했듯이 아이들이 사회 교과를 어려워하는 이유 중 하나는 교과서에 나오는 어휘 때문이다. 평소에 아이들이 자주 타는 승용차도 사회 교과서에서는 '이동수단'이라고 표현하니 낯설게 느낄 수밖에 없다.

사회 용어를 학습하는 방법 중 하나는 자녀와 대화할 때 부모가 자연스럽게 해당 용어를 사용하는 것이다. 그러다 보면 아이가 무슨 뜻이냐고 질문할 수도 있고 대화의 흐름에서 자연스럽게 그 뜻을 유추하기도 한다.

초등학교 4학년 2학기 『사회』에서는 '도시와 촌락의 문제와 해결'이라는 단원이 등장한다. 아이들이 고장 간의 문제와 해결 방법을 어떻게 알 것인가? 이런 것을 실생활에서 익히는 방법으로는 직접 아이를 데리고 여행을 하여 알게 하는 방법과 체험 학습을 보내 경험하게 하는 방법이 있다. 나는 아이를 키울 때 우리나라 지도를 펼쳐 놓고 우리가 사는 곳을 매직펜으로 표시한 뒤 거리를 점점 멀리하며 아이와 함께 지역을 선택했다. 그리고 그곳으로 틈틈이 여행을 떠났다. 북쪽으로 휴전선 이남과 남쪽의 제주도까지, 그리고 지도에 표시

된 아주 작은 섬으로의 여행을 통해 자연환경의 영향으로 만들어지는 농촌·어촌·산촌의 모습과 특산물이 발달하게 된 이유를 아이에게 가르쳤다.

한번은 아이와 문경새재를 지나가는데 전날 비가 많이 내려서 산 중턱의 흙이 길가에 흘러 내려와 있었다. 아이가 차창 밖을 보더니 "엄마 여기는 왜 흙 색깔이 달라요?"라는 질문을 나에게 던졌다. 왜 흙 색깔이 다른지 설명해주다 보니 자연스럽게 기후나 환경에 따라 생산되는 작물이 다르다는 것까지 이야기가 흘러갔고 아이도 자연스럽게 지식을 습득하게 되었다. 여행을 다니다 보면 기온이나 강수량에 따라 의식주가 달라지고 또 자연환경도 달라진다는 것을 직접 체험하게 된다. 그 자연환경에 따라 교통 발달의 정도가 달라진다는 것도 직접 눈으로 보게 된다. 마지막으로 교통 발달의 정도가 다르므로 산업 발달에도 지역 차가 생긴다는 것, 그래서 지역끼리 교류를 통해 산업과 경제가 발달한다는 것을 알게 된다.

여름방학이 되면 많은 가족이 삼삼오오 계곡이나 바다로 여행을 간다. 그러나 바다나 계곡에서 노는 것도 좋지만, 진정 아이들을 위한 여행이라면 그 사이사이에 있는 명승지·박물관·역사 고적지를 찾아 방문해보자. 각 학년 사회 교과서 맨 뒤를 읽어보면 교과 내용에 관련된 장소가 친절하게 안내되어 있으니 참고해서 여행지를 선택하면 된다.

| 과학 |　　　　　식물이나 동물에 관련된 책들은 부모가 읽어줬든 스스로 읽었든 유아기에 거의 모든 분야를 섭렵하게 된다. 이때 읽은 책들은 초등학교 저학년 시기에 많은 도움이 되는데 아쉽게도 딱 거기까지다. 초등학교 3학년 이후부터는 이제 그것과는 차원이 다른 과학, 지구과학이 등장하기 때문이다. 차원이 다르다고 표현하는 데에는 이유가 있다. 3학년 1학기 『과학』 교과서부터는 물질·자석·땅·액체와 기체 등의 단원을 통해 단순한 지식 습득이 아니라 탐구 능력을 향상시키고 과학 지식을 유기적으로 연결하며 창의적이고 합리적인 문제해결력을 기르는 데 초점을 맞추고 있다.

그래서 이 시기에는 지구와 우주, 천문에 관련된 책을 많이 읽혀야 한다. 이런 책을 통해 아이는 주변 환경에 호기심을 갖고 항상 관찰하고 탐구하는 태도를 보이게 된다. 더 나아가 아이는 스스로 관찰하고 탐구할 주제를 선정해 실험을 하기도 한다. 이런 단계까지 나아간다면 아이 스스로 과학책을 읽고 과학의 원리를 깨치며 실험과 관찰까지 하는 과정을 정리하여 기록하게 하는 것도 중요하다.

요즘 아이들은 학교에서 배우기도 전에 과학 관련 동화책이나 자연도감 등의 책을 통해 많은 양의 과학 지식을 이미 머릿속에 지니고 있다. 하지만 과학 지식만 갖고 있을 뿐, 과학적 사고 능력을 갖췄다고 할 수는 없다. 특히 특목고 입시 준비를 위해 학원에 가서 실험을 하고 문제집을 푸는 아이들은 이에 길들어 스스로 탐구 주제를 찾아보거나 원리를 깨우치려 하지도 않는다. 물론 그럴 만한 기회도 시간도 없다.

오늘날의 과학 교육과정은 본격적으로 융합인재 교육, 즉 STEAM을 반영하여 아이들에게 과학·기술·공학·예술·수학 등 다른 교과와 관련지어 통합적이고 창의적으로 사고할 수 있는 능력을 신장시키는 쪽으로 바뀌었다. 예술과 인문, 사회 분야를 포괄하여 창의성은 물론 이를 사회적으로 바르게 실현할 수 있는 따뜻한 인성을 지닌 융합인재를 양성하기 위함이다.

따뜻한 인성을 가진 융합인재는 학원에 가고 문제집을 푼다고 만들어지는 것이 아니다. 아이 스스로가 호기심을 가질 시간, 그리고 관찰하고 실험해보는 시간적 여유가 있어야 한다. 무엇보다 부모와 함께 대화하고 소통을 해야 형성된다는 것을 잊지 말자.

| 물리 |　　　　물리라는 이름만 보고 어렵게 생각할 필요 없다. 물리는 말 그대로 '사물의 이치나 원리' 뜻한다. 구체적으로 말하면 물질의 운동에 관여하는 에너지나 힘 등을 연구하는 자연과학의 한 분야다. 아이들에게는 물리를 자동차의 원리나 기계에 관련된 책 혹은 야구·축구·농구와 같이 좋아하는 스포츠를 이용해 '힘과 운동'을 설명하는 책으로 접근하면 재미있어한다.

예컨대, 뉴턴의 세 가지 운동 법칙을 야구로 설명하면 야구를 좋아하는 아이는 쉽게 이해한다. 농구를 좋아하는 아이는 탄성의 원리를 농구 선수를 예로 들어 설명하면 재미있게 습득한다. 축구는 특히나 과학이 많이 적용되는 스포츠 분야다. 축구공을 어떤 방향으로 차는가에 따라 속도, 각도 등을 알 수 있기 때문이다. 기억하자. 스포츠는 물리다.

| 화학 | 이 시기의 화학은 비누나 식초, 요리에 관련된 책으로 시작하면 좋다. 과학은 원리를 알아야 한다. 산과 염기를 가르치고 싶다면 손을 씻을 때나 목욕할 때 이야기를 나눠보자. 아이들과 염기성 물질인 비누로 놀이를 하고 산성인 식초로 머리를 헹궈주면 산성과 염기성이란 어휘를 어려워하지 않게 된다.

입속으로 들어간 음식이 어떤 소화 과정을 거쳐 어떻게 암모니아 가스로 나오는지 설명해주는 방법도 좋다. 스토리텔링으로 화학 변화에 대해 가르치는 것이다. 인체에 관한 책은 다양하게 나와 있으니 어렵다고 생각하지 말고 부모가 미리 사서 읽어두자. 그러고 나서 아이와 함께 이야기하면 아이는 과학과 일상을 쉽게 연결 지어 생각하게 된다.

초등학교 실험실 환경은 오늘날에도 대체로 좋지 않다. 즉 큰 효과를 바랄 수 없다는 뜻이다. 그러므로 미리 해당 학년의 과학 교과서를 읽었다면 주말을 이용해서 아이와 실험으로 놀아주자. 예전과 달리 시중에는 과학 실험 세트가 다양하게 나와 있고 또 집 안의 물건으로 실험하는 방법들이 블로그나 과학 관련 웹사이트에 자세하게 설명되어 있으니 걱정할 필요 없다. 아이가 이해하지 못했던 실험,

궁금했으나 수업 시간에는 하지 않았던 실험, 특별히 재미있어한 실
험들을 같이하다 보면 과학에 대한 아이의 흥미도가 높아지는 것이
눈으로 보일 것이다.

종류	도서명	저자	출판사
백과사전	두산세계대백과사전	두산동아 편집부	두산동아 (절판되었으나 중고로는 구할 수 있다)
사전	국어사전 ※ 반드시 어린이용이 아닌 일반용으로 구입할 것	국립국어원	두산동아 (절판되었으나 중고로는 구할 수 있다)
		연대언어정보개발연구소	동아출판
		민중서림 편집국	민중서림
	한영사전	능률교육 편집부	능률교육
		동아출판 편집부	동아출판
		시사영어사편집부	시사영어사(YBM)
	영한사전	능률교육 편집부	능률교육
		동아출판 편집부	동아출판
		시사영어사편집부	시사영어사(YBM)
	인물사전	인물사전은 한국사와 세계사로 나누어서 여러 출판사에서 출간하고 있다. 그중 갖고 있는 위인전과 많이 겹치지 않는 것으로 선택한다.	
학습백과	삼삼 시리즈	황신영 외	을파소
고전 전집	만화 중국고전	대현출판사에서 출간한 것을 추천하지만 절판되어 구하기는 어렵다. 이 또한 서점을 직접 방문하여 문학적으로도 가치 있는 것을 선택한다.	
	탄탄 삼국지	여원 편집부	여원미디어
문학 전집	탄탄 세계명작동화	여원 편집부	여원미디어
	한국전래동화집	이원수 외	창비
	세계문학전집	김준우, 빅토르 위고 외	삼성출판사
명화 전집	미술관 속 명화이야기	을파소아이맘 편집부	을파소아이맘

위인전집	위인전집 (전기 형식을 잘 갖춘 위인전)	1. 여러 분야의 위인으로 이루어진 전집인지 확인하고 구입한다. 2. 반드시 서점을 방문하여 읽어보고 문학적으로도 가치 있는 것을 선택한다.	
과학 전집	사이언싱 오디세이	휘슬러 편집부	휘슬러
	사이언싱 톡톡	휘슬러 편집부	휘슬러
사회 전집	Why? 한국사	우덕환 외	예림당
	스마트 생활 속 사회탐구	그레이트북스 편집부	그레이트북스
사회과학 통합 전집	인포퀘스트	행복한앨리스 기획팀	행복한앨리스
지리	지도와 함께하는 테마지리	그루터기 편집부	그루터기
과학 잡지	뉴턴	뉴턴 편집부	뉴턴코리아
	과학동아(일반)	동아사이언스 편집부	동아사이언스
	내셔널지오그래픽	내셔널지오그래픽 편집부	시사영어사
영자 신문	코리아헤럴드	코리아헤럴드 편집부	코리아헤럴드

3~4학년 추천도서 목록　　　　　　　　　　　　　　　: 단행본

번호	도서명	저자	출판사
1	시간가게	이나영	문학동네어린이
2	초정리 편지	배유안	창비
3	행복을 만드는 우리 동네 발명가	린스런	책속물고기
4	바다 건너 불어온 향기	한아	주니어김영사
5	스무고개 탐정과 마술사	허교범	비룡소
6	로봇, 반란을 막아라!	김수경	한솔수북
7	나쁜 초콜릿	샐리 그린들리	봄나무
8	지구가 100명의 마을이라면	데이비드 J. 스미스	푸른숲주니어
9	천원은 너무해!	전은지	책읽는곰
10	프린들 주세요	앤드루 클레먼츠	사계절
11	빛과 놀아요	정성욱	스콜라
12	거짓말을 왜 할까요?	박혜숙	한림출판사
13	너 때문에 세상이 폭발할 것 같아	이경화	뜨인돌어린이
14	알록달록 과자의 비밀	여성희	현암사
15	내가 원래 뭐였는지 알아?	정유소영	창비
16	옹기종기 우리옹기	한향림 옹기박물관	현암사
17	한국의 김치 이야기	이영란	풀과바람
18	최고의 이야기꾼 구니 버드	로이스 로리	보물창고
19	또 다른 내 동생	강민숙	삼성당
20	안네일기	안네 프랑크	처음주니어
21	달에 맨 처음 오줌 눈 사나이	엔드레 룬드 에릭센	담푸스
22	시애틀 추장	수잔 제퍼스	한마당
23	쓸모 있는 자원 쓰레기	한미경	주니어김영사
24	너도나도 숟갈 들고 어서 오너라	양재홍	대교출판
25	우리 역사를 바꾼 12가지 씨앗 이야기	배수원	어린이작가정신
26	왜 물이 사라지면 안 되나요?	김세정	참돌어린이
27	공정 무역 행복한 카카오 농장 이야기	신동경	사계절
28	꿀벌이 없어지면 딸기를 못 먹는다고?	김황	창비
29	며느리 방귀는 수소가 한가득	백명식	다봄
30	스마트폰이 먹어 치운 하루	서영선	팜파스

제4장　학년별 실천 포인트가 다르다

31	열두 달 우리 민속	옛이야기 연구회	주니어김영사
32	난 너무 잘났어!	이병승	살림어린이
33	신현림의 옛 그림과 뛰노는 동시 놀이터	신현림	살림어린이
34	세상 모든 것을 담은 핫도그	셸 실버스타인	살림어린이
35	신기하고 특이한 식물 이야기	이광렬	오늘
36	우리는 한편이야	정영애	푸른책들
37	자유가 뭐예요?	오스카 브르니피에	상수리
38	굿모닝, 굿모닝?	한정영	미래아이
39	서로 달라서 더 아름다운 세상	노지영 외	휴이넘
40	우리 옷 이야기	김영숙	아이세움
41	국 아홉동이 밥 아홉동이	윤영선	미래아이
42	대화가 즐거워!	김민화	해와나무
43	어린이를 위한 정의란 무엇인가	안미란	주니어김영사
44	법을 아는 어린이가 리더가 된다	김숙분	가문비어린이
45	맛있는 말	유희윤	문학동네어린이
46	만년샤쓰	방정환	길벗어린이
47	우리의 유네스코 세계유산	권동화	동아사이언스
48	나는 천재가 아니야	로드리고 무뇨스 아비아	시공주니어
49	아드님, 진지 드세요	강민경	좋은책어린이
50	발레 하는 할아버지	신원미	머스트비
51	명절 속에 숨은 우리 과학	오주영	시공주니어
52	점자로 세상을 열다	이미경	우리교육
53	왜 띄어 써야 돼?	박규빈	책과콩나무
54	시간에 쫓기는 아이, 시간을 창조하는 아이	유성은	해냄주니어
55	세상에서 가장 아름다운 사랑이야기	임웅순	계림
56	샬롯의 거미줄	엘윈 브룩스 화이트	시공주니어
57	아름다운 가치사전	채인선	한울림어린이
58	아낌없이 주는 나무	셸 실버스타인	시공주니어
59	몸이 보내는 신호, 잠	탈리아 칼킵사키스	주니어김영사
60	닉 아저씨처럼 꿈을 가져	닉 부이치치	두란노키즈
61	백두산이 폭발한다면	최영준	살림어린이
62	해운대에 지진이 일어난다면	최영준	살림어린이
62	의궤는 어떻게 만들었을까	김향금	살림어린이

03

5~6학년,
깊이 있는 공부를 시작할 때

초등학교 5~6학년 무엇이 달라져야 할까

초등학교 5학년 시기에 배우는 사회와 과학 교과서는 중학교 교과서의 기초 내용이다. 따라서 이전까지는 학습에 대한 흥미를 끌어올리기 위해서 교과서와 책을 읽었다면 5학년 이후부터는 아이가 한국사·세계사·정치·경제·지리 관련 책을 읽을 때 내용을 완벽히 이해했는지 확인해야 한다. 과학책도 이제 학습만화책에서 벗어나 원리가 곳곳에 숨어 있는 수준 높은 책을 고르자. 과학책에 어려운 내용이 많아서 아이들이 거부한다면 일단 백과사전으로 흥미를 돋우는 것도 괜찮다. 물론 이때는 과학책에 등장하는 어려운 어휘가 다수 수록된 것일수록 좋다.

　초등학교 5~6학년은 사고력과 이해력이 풍부해지는 시기다. 정보를 그저 습득하는 것을 넘어서 지식에 관해 자기 생각이 분명해지고 진로도 스스로 결정하기 시작한다. 부모의 생각과 진로가 다르다 해도 이 시기는 아이의 생각을 존중해주는 것이 중요하다. 이때 대부분의 아이는 자신의 꿈과 목표를 높게 잡는데 아주 일반적인 현상이다. 오히려 아이가 자신감이 없다면 부모가 목표를 높게 잡도록 응원해줄 필요가 있다. 만일 특목고나 영재고등학교를 목표로 잡았다면 더욱 자신감을 북돋워주자. 이렇게 하면 학습량이 어마어마할지라도 아이는 스스로 다 소화해내려고 노력한다. 특목고를 특별히 목표로 하지 않는 평범한 아이거나 실력이 다소 떨어지는 아이, 목표 자체가 없는 아이들은 부모가 새로운 목표를 제시해줄 필요가 있다. 아이들은 일단 목표가 생기면 독서력과 학습력이 높아져 그동안 읽지 않았던 어려운 책이나 공부도 해내려고 하고, 그에 따라 이해력도 향상된다.

　이때 특별히 특목고 입학을 목표로 하지 않더라도 특목고 입시 준비를 한번 해보는 것도 나쁘지 않다. 아이에게 새로운 지식의 세계를 소개해주는 기회가 되기도 하고 준비 과정, 낯선 과제 등이 아이에게 자극이 되기도 하기 때문이다. 나아가 이런 경험 자체가 대학수학능력시험 준비에 많은 도움이 되기도 한다. 이때 부모는 적극적으로 중학교 1~3학년의 주요 과목 교과서를 모두 구입하여 읽어본 뒤 중학교 수준의 책을 선정하여 독서력을 향상시켜줘야 한다.

마지막으로 폭넓은 독서로 어휘력과 독해력을 기르는 것뿐만 아니라 기본적인 수학 공식과 영어 단어는 미리 외워두는 것이 필요하다. 중학교에 들어가 아이 스스로 지식을 융합하고 이용하려면 밑바탕에 이미 지식이 들어 있어야 하기 때문이다.

초등학교 6학년이 되면 기초 수능 어휘를 훑어라

●

초등학교 교과서는 대부분 순우리말로 구성되어 있다. 하지만 중학교 교과서는 한자어로 이루어진 단어가 대부분이기 때문에 시중에 있는 기초 수능 어휘를 가지고 관용구·고사성어·동음이의어·다의어 등을 경험해봐야 한다.

초등학교 때 성적이 좋았던 아이가 중학교에 가서 성적이 떨어지는 예는 수도 없이 많다. 초등학교 수준의 어휘력으로 중학교 어휘를 읽기 때문이다. 그래서 기초 수능 어휘책을 가지고 아이에게 지도를 해보면 아이들은 고어나 관용구에서 당황한다. 책 속에서 이해했던 관용구도 단어나 문장으로 읽으면 낯설게 느껴지는 것이 당연한 일이다. 그래서 논술이나 서술형 글을 쓰게 하려고 아이들에게 문제를 내보면 대부분 초등학교에서나 사용하는 하위어로 답을 쓴다. 특히 고사성어는 중학교 때 속담이나 명언으로 자주 등장하기 때문에 많이 알아놓을수록 유리하다.

어휘 수준은 그 사람의 지적 수준임을 명심해야 한다. 특히 명문대를 목표로 하는 부모들은 아이의 어휘 수준을 끌어올리기 위해 독서력을 향상해야 하는 시기가 초등학교 5~6학년임을 기억하자.

인문고전을 읽혀라

●

만화로 된 것이더라도 인문고전책은 고등학교 때 접하는 비문학 지문 읽기에 도움이 된다. 초등학교 5~6학년 아이들에게 호메로스의 『일리아스』나 마키아벨리의 『군주론』 등과 같은 인문고전을 읽힌다고 하면 부모들은 너무 어려운 것이 아니냐고 반문한다. 그럴 때 고등학교 국어 교과서를 보여주면서 그럼 고등학교에 가서 읽게 할 거냐고 되물으면 말문을 닫는다. 쉬운 책만 읽고 쉬운 문제만 반복해서 풀며, 낱장으로 된 유인물로 공부하고, 영상으로 수업받는 요즘 아이들은 자신의 머리로 생각하는 걸 힘들어한다.

분명 인문고전 분야에는 어른들에게도 어려운 책들이 대부분이다. 그런데 교과서나 대입 논술시험에는 단골로 등장하는 글이다. 그렇다면 언제 읽힐 것인가? 조금이라도 공부에 관심이 있는 아이는 중학교에 들어가면 주 2~3회 영어 학원에 갈 것이고, 주 2~3회 수학 학원에 갈 것이다. 학원에 다니지 않더라도 학교 수행평가 하랴, 교과서 연계 독서 하랴, 공책 정리에 체험 학습까지 해서 바쁜 와중에 언제 어려운 인문고전을 읽고 사회과학, 인문과학책을 읽겠는가?

그나마 초등학교 5~6학년은 아직 부모의 말에 순종하는 시기기 때문에 약간의 칭찬이나 보상으로도 기꺼이 어려운 책을 읽으려고 한다. 인문고전책 한 권을 하루에 다 읽게 하는 것은 불가능한 일이기도 하고 오랜 시간을 두고 천천히 읽어야 아이가 사유를 할 수 있다. 그러니 부모는 아이의 수준에 맞는 적절한 분량을 찾아 정한 뒤 읽게 하면 된다.

참고로 비문학 지문에 많이 나오는 사회과학은 인간의 행위와 사회 활동, 인간을 중심으로 한 여러 가지 행태를 다루는 학문이다. 그래서 자연이나 물리 세계를 대상으로 하는 자연과학이나 인간과 관련된 근원적인 문제·사상·문화 등을 주로 다루는 인문과학과는 다른 면이 있다. 사회과학은 인간의 행태가 그 대상이기 때문에 서술자의 주관이 배제되더라도 대상인 인간 자체가 자기의 의지대로 움직이기 때문에 객관성을 보장하기 어렵다. 이런 점에서 사회과학은 자연과학과 다른 개연성을 지닌다. 21세기 복잡한 현대 사회의 문제점을 이해하고 해결하려면 포괄적으로 알고 넘어가야 할 것이다.

특히 특목고를 준비하는 아이는 인문과학과 사회과학 분야의 글을 많이 접함으로써 사람을 이해하고 사회를 바라보는 시각을 넓혀야 한다. 스티브 잡스는 철학을 마크 저커버그는 심리학을 복수 전공했다는 점을 간과하지 말자. 21세기에는 인간의 내면을 이해하는 학문도 미래 과학도의 필수교양임을 보여주는 대표적인 예다.

공통과학

●

이 시기에는 개념 정리가 아닌 스토리로 구성된 공통과학책으로 과학의 원리와 개념을 경험하게 하자. 이는 아이들이 고등학교에 진학한 후에 교과서가 쉽게 느껴지게 하는 효과도 있다.

중학교 2학년 『과학』 2단원 '물질의 구성'에서는 원자의 구조와 모형에 대해 다룬다. 돌턴 John Dalton 의 원자설을 그림과 만화로 설명한 뒤 원자의 모형을 제시하여 톰슨 Joseph John Thomson 의 원자설로 이어지는데 교과서 초반부터 갑자기 이렇게 어려운 내용이 나오니 어떤 아이들은 중학교 2학년 첫 단원을 맞닥뜨리자마자 과학을 포기하곤 한다.

초등학교 때는 과학을 좋아했던 아이도 중학교에 가면 과학이 너무 어렵다고 불평하는 것을 종종 봐왔다. 수학은 초등학교 때부터 꾸준히 학원을 통해 반복적으로 접근하더라도 과학은 특목고를 준비하는 아이들을 제외하고 일찍 시키는 아이들이 많지 않기 때문에 과학 용어를 낯설고 어렵게 생각하는 것이다.

스토리로 이루어진 중·고등학교 과학책은 이미 시중에 다양한 종류가 출간되어 있다. 아끼지 말고 듬뿍 사주길 바란다. 책을 고를 때 명심할 점은 책이 해야 할 역할을 인지하는 것이다. 이때 책은 원리를 명확히 이해하기 위해서가 아니라 용어를 낯설지 않게 하기 위한 것임을 명심하자.

고어로 된 책을 읽어라

●

『정통 한국단편 99선』이라는 책에는 고어가 그대로 등장하는데 이 고어가 고전문학과 한시를 이해하는 데 큰 도움이 된다. 고어가 많이 나오는 단편소설을 선정해서 주면 아이들은 당연히 질색하며 현대어로 된 문학책을 더 선호한다. 하지만 중학교 때까지는 고전을 읽지 않아도 크게 부족함을 느끼지 않았던 아이들도 고등학교에서 근대소설이나 시조를 만나면 이해도가 확연히 떨어진다. 대학 수학능력시험 문학 지문에도 일상생활에서 흔히 사용하지 않는 고어가 수록된 고전이 자주 등장한다.

더 중요한 것은 평상시 줄임말과 인터넷 용어에 익숙한 아이들도 고전문학을 읽으면 우리나라 말이 얼마나 아름답고 깊은 뜻이 들어 있는지 깨닫게 된다는 사실이다. 안타깝게도 고어로 된 문학책이 많이 사라지고 있다. 아이들에게 고정관념이 형성되기 전에 우리의 문학을 많이 읽혔으면 하는 바람이다.

초등학교 고학년, 기초 실력을 키워라

●

지금까지 초등학교 5~6학년을 위한 과목별 독서법을 안내했다면 이번 장에서는 초등학교 고학년과 예비 중학생을 위한 주요 과목 기초 학습법을 소개하려 한다.

본격적인 중학교 교과서 읽기는 마지막 겨울방학에 시작하는 것이 효율적이다. 하지만 맞춤법과 띄어쓰기 숙지, 빠른 계산 속도 등 중학교 공부를 위해 필요한 기초는 초등학교 5~6학년 때 쌓아야 한다.

｜국어｜ 초등학교에서 『국어』와 『국어활동』으로 나뉘었던 국어는 중학교에서 문학과 읽기 중심의 『국어』와 말하기·듣기·쓰기 중심의 『생활 국어』로 나뉜다. 국어는 다른 과목보다 수업 시간이 많고 서술형 평가 및 논술과 밀접한 관련이 있으므로 충분한 독서로 기초를 다지는 것이 좋다.

교육청이나 학교에서 제시하는 추천 필독서 목록 등을 토대로 인문·사회·과학·역사 등 다양한 분야의 책을 고르게 읽어야 한다. 책을 읽은 뒤 친구들과 함께 감상문을 쓰게 하고 토론하게 하면 독해 실력을 빠르게 키울 수 있다. 이 시기에 맞춤법을 제대로 익히지 않으면 나중에 어려움이 많다. 그러니 책을 통해서 자연스럽게 익히는 것 말고 띄어쓰기와 표준어, 외래어 표기법 등의 개념을 정리하고 예문과 함께 익히는 것이 필요하다. 물론 국어사전을 옆에 두고 모르는 단어가 나오면 아이가 찾아볼 수 있도록 유도하는 것도 계속해야 한다.

｜수학｜ 수학은 학년별, 단원별로 서로 연결되는 부분이 많다. 그래서 앞 단원을 이해하지 못했을 경우 다음 단원의 학

습도 못 한다는 특수성이 존재하는 과목이다. 따라서 시간이 아무리 걸려도 충분히 이해하고 넘어가는 습관이 중요하다.

수학 과목에 알맞은 학습 방법은 '어설픈 예습'보다 '제대로 된 복습'이다. 많은 양의 문제를 푸는 것보다 한 문제를 제대로 풀어 스스로 정답을 알아내는 과정을 반복해야 한다. 전 학기에 배운 내용을 복습하며 틀린 문제는 여러 유형의 문제로 익혀두는 것이 좋다.

수학 관련 도서나 잡지를 보고 도형을 이용한 퍼즐 등을 이용해 자연스럽게 창의력을 키우는 것도 필요하다. 특히나 수학 과목에 취약한 아이라면 하루 세 시간 정도는 수학 개념을 파악하거나 문제를 푸는 데 투자하자.

| 영어 | 초등학교에선 영어 노래와 놀이를 배우지만 중학교에선 문장을 문법적으로 이해하고 더욱 복잡한 문장을 만드는 방법을 배운다. 자주 쓰는 표현 등으로 감각을 익히고 꾸준하게 공부하는 습관을 들이는 게 중요하다.

좋아하는 만화영화를 영어로 여러 번 반복해서 보며 대사를 따라 하는 것이 효과적이다. 집 안 여기저기에 단어 카드를 붙여놓고 단어를 외우는 것도 좋다. 하지만 반드시 기초 쌓기를 병행해야 한다. 일단 기본적으로 하루 다섯 개 정도의 단어를 꾸준히 외우고 해당 단어가 나오는 영어책을 읽게 하자. 이때 영어책을 통해 외운 단어가 다른 의미로도 쓰인다는 것을 스스로 익히게 하고 직접 해석하게 하는 습관을 들여야 한다.

예비 중학생은 부족한 것부터 채워라

●

이때는 무리하게 선행학습에 욕심내기보다 현실적인 학습 계획을 세우고 올바른 공부 습관을 들이는 것이 더 중요하다. 국어·수학·영어 등 주요 과목의 기초를 다져 고등학교 학습에 대비해야 한다.

｜국어｜ 문제집만 많이 풀기보다 교과서 지문 내용을 이해하는 것이 중요하다. 폭넓은 독서와 반복적인 글쓰기가 실력을 키우는 지름길이다. 매일 일정 시간 독서를 할 수 있도록 계획을 세우자. 그런 후에 첫째, 주 1~2회는 줄거리 요약을 해보고 둘째, 주제와 제재를 찾고 글의 배경을 유추해보며 셋째, 문단 정리를 통해 핵심어를 찾아보게 한다. 마지막으로 모르는 어휘는 사전을 찾아 낱말 공책에 쓰도록 지도한다.

중학생이라면 신문을 통해 시사 쟁점을 파악하는 것도 논리적 사고력과 어휘력 향상에 도움이 된다. 부모가 신문을 읽은 뒤에 아이에게 도움이 될 만한 신문 사설과 주요 기사를 뽑아 정독하게 하자. 이때 아이가 자신의 의견을 제시하도록 토론으로 이끈 뒤, 해당 의견을 직접 글로 써보게 하면 더욱 좋다. 신문을 읽는 것은 주 3~4회가 적당하지만, 그 정도 시간이 안 된다면 몇 회가 되든 정기적으로 해야 한다. 일시적인 이벤트로 끝난다면 안 하느니만 못하다는 사실을 기억하자.

| 수학 | 수학을 못하는 학생들의 공통점은 중요한 공식을 외우지 않는다는 것이다. 수학은 응용 과목이라는 생각과 공식을 외우는 것이 어렵고 다소 부담스럽다는 이유로 외우지 않는다. 개념을 이해했다면 당연히 문제를 풀 수 있다고 생각하는 아이들도 많다. 그러나 수학은 암기 과목이다. 그저 이해했다고 끝내지 말고 암기를 하게 지도할 필요가 있다.

공식을 외웠다면 해당 공식에 관련된 문제를 반복적으로 푸는 것도 공식을 외우는 것만큼 중요하다. 수학은 누가 더 많은 문제를 풀었느냐에 따라 성적이 달라진다. 틀린 문제는 반드시 별도의 오답 공책을 마련해 정리함으로써 반복해서 틀리는 문제 유형을 익히는 것이 중요하다.

특히 방정식, 함수 등은 고등학교에서도 배우는 단원이므로 주의 깊게 봐야 한다. 매 학기가 끝나면 그동안 배운 단원들을 다시 되짚어보며 공식은 외우고 있는지, 개념은 정확히 이해했는지 점검하는 시간을 갖는 게 좋다.

| 영어 | 단어 외우기는 기본이다. 이 시기에는 특정한 상황이나 사물을 보고 연상되는 단어를 떠올린 뒤 문장에서 어떻게 쓰이는지 파악해보자.

독해 실력이 부족하다면 겨울방학 동안 영어로 된 책을 한두 권 완독하는 것이 좋다. 이해가 잘되지 않는다고 더 쉬운 책을 찾거나 흥미로운 주제를 찾아 여러 책을 읽어볼 필요는 없다. 처음엔 이해가 가지 않더라도 반복해 읽으면 아이 스스로 의미를 파악할 수 있고 자연스럽게 작문 실력도 향상된다.

아이가 어느 정도 어휘력을 갖췄다면 영어 일기로 감정을 정리하고 표현하게 해보는 것을 권장한다. 이렇게 하면 관련 어휘와 숙어를 익힐 수 있어 실력이 크게 늘어난다. 그러나 읽고 쓰기만 한다면 영어 실력은 항상 제자리걸음이다. 향상되었다가도 잠시 읽고 쓰기를 멈추면 다시 퇴화한다. 그러니 회화 강좌를 반복해서 들으며 따라하도록 지도해 듣기와 말하기 능력을 키우는 것도 필요하다.

5~6학년 추천도서 목록   : 사전·전집·잡지

종류	도서명	저자	출판사
사전	순우리말 사전	김선철 외	열린박물관
	초등사회 개념사전	김금주 외	아울북
	고사성어 속담 사전	양재홍 외	지경사
	초중교과 속뜻학습 국어사전	전광진	LBH교육출판사
	달인의 띄어쓰기 맞춤법	최종희	국민출판사
	어린이가 정말 알아야 할 우리나무 백과사전	서민환 외	현암사
	어린이가 정말 알아야 할 우리풀 백과사전	서민환 외	현암사
	와이즈만 과학사전	김형진 외	와이즈만북스
문학 전집	살림어린이 더 클래식	루이스 캐럴 외	살림어린이
	정통 한국단편 99선	이광수 외	타임기획 (절판되었으나 중고로는 구할 수 있다)
	세상 담은 세계 명작의 숲	대교 편집부	대교
	생각하는 힘 시리즈 (진형준교수의 세계문학컬렉션 20권)	진형준	살림
학습백과	중학생이 되기 전에 꼭 읽어야 할 만화 교과서 시리즈	고윤곤	스콜라
	이어령의 교과서 넘나들기	이동은 외	살림
수학 전집	선생님도 놀란 초등수학 뒤집기	오혜정 외	성우주니어
	수학자가 들려주는 수학자 이야기	차용욱 외	자음과모음
	어린이를 위한 수학의 역사	이광연 외	살림어린이
	수학 영재들이 꼭 읽어야 할 천재 수학자 이야기	신현배 외	살림어린이

과학 전집	선생님도 놀란 초등과학 뒤집기	정민경 외	성우주니어
	원리과학 school	대교소빅스 편집부	대교소빅스
	과학탐정 브라운 시리즈	도널드 제이 소볼	살림어린이
	맛있는 과학 시리즈	김민정 외	주니어김영사
	과학자가 들려주는 과학자 이야기	최상규 외	자음과모음
사회 전집	깨우치며 알아가는 경제동화	대교소빅스 편집부	대교소빅스
	한국지리 만화교과서	전국지리교사모임	씨앤톡
	세계역사박물관	대교소빅스 편집부	대교소빅스
고전 전집	서울대 선정 인문고전 (전50권)	주니어김영사 편집부	주니어김영사
철학 전집	철학자가 들려주는 철학 이야기	김선욱 외	자음과모음
잡지	뉴턴	뉴턴 편집부	뉴턴
	과학동아	동아사이언스 편집부	동아사이어스
	내셔널지오그래픽	내셔널지오그래픽 편집부	시사영어사

5~6학년 **추천도서 목록**　　　　　　　　　　　　　**: 한국사 전집·단행본**

번호	도서명	저자	출판사
1	한국사 편지 (전 5권)	박은봉	책과함께어린이
2	한국사 탐험대 (전 10권)	송호정 외	웅진주니어
3	어린이박물관 고구려·백제·고려·발해·조선	전호태 외	웅진주니어
4	그림으로 보는 한국사 (전 5권)	황은희	계림
5	용선생의 시끌벅적 한국사 (전 10권)	금현진 외	사회평론
6	어린이고려사 (전 5권)	어린이고려사 편찬위원회	주니어김영사
7	역사가 보이는 우리 문화 이야기 시리즈 (전 5권)	황문숙	가나출판사
8	히스토리텔러 박남일의 역사 블로그	박남일	살림friends
9	신석기 마을의 고래사냥	정종숙	한솔수북
10	고구려 철갑기병	정종숙	한솔수북
11	초등학생을 위한 맨처음 한국사 (전 5권)	전국역사교사모임	휴먼어린이
12	어린이 우리 역사 바로 알기	이근호	청솔출판사
13	서찰을 전하는 아이	한윤섭	푸른숲주니어
14	유물로 보는 새로운 역사	오영숙	아이앤북
15	궁금쟁이 김 선비 우리 문화재에 쏙 빠졌네!	정혜원	개암나무
16	호호샘과 뛰노는 문화재 놀이터	박상혜	살림어린이
17	정약용이 들려주는 실학 이야기	송영심	지경사
18	그때를 아십니까?	차승우	파란하늘
19	서라벌의 꿈	배유안	푸른숲주니어
20	세계가 놀란 발명 이야기	우리누리	주니어중앙
21	소현 세자와 강빈	정종숙	한솔수북
22	헤이그로 간 비밀 편지	윤자명	스푼북
23	꿈꾸는 수렵도	권타오	샘터
24	한양 1770년	정승모	보림
25	열두 살의 전쟁	신충행	예림당
26	고려 사람들은 어떻게 살았을까?	이영란	아이세움
27	탑이 들려주는 이야기 한국사	청동말굽	조선북스
28	청동기 고인돌 마을: 전쟁의 시대	최향미	한솔수북
29	역사가 숨쉬는 보물섬 강화도 이야기	권정언 외	아이세움
30	숭례문 할아버지	허순영	노란돼지

번호	도서명	저자	출판사
1	십대를 위한 재미있는 어휘교과서	서보건	뜨인돌
2	십대를 위한 재미있는 어휘교과서2	서보건	뜨인돌
3	청소년을 위한 정의의 올바른 이해	유재화	자유로운상상
4	넌 네가 얼마나 행복한 아이인지 아니?	조정연	와이즈만북스
5	잃어버린 우리 문화재	한미경	현암사
6	커피우유와 소보로빵	카롤린 필립스	푸른숲주니어
7	가족을 주문해 드립니다	한영미	살림어린이
8	다름이의 남다른 여행	최유성	우리교육
9	십시일반	박재동 외	창비
10	소녀소년 평등 탐구생활	양해경	파란자전거
11	어린이를 위한 흑설공주 두 번째 이야기	노경실 외	뜨인돌어린이
12	일곱 빛깔 독도 이야기	황선미	조선북스
13	방학 과제가 즐거워지는 우리 박물관 20곳	뮤제	살림friends
14	악플 전쟁	이규희	별숲
15	장바구니는 왜 엄마를 울렸을까?	석혜원	풀빛
16	착한 소비가 뭐예요?	정우진 외	상상의 집
17	생명을 살리는 윤리적 소비	정원각 외	상수리
18	아기돼지 삼 형제가 경제를 알았다면	박원배	열다
19	코박사와 함께 떠나는 다문화 여행	유네스코 아시·아태평양 국제 이해교육원	꿈꾸는달팽이
20	바로미와 함께하는 좌충우돌 재판이야기	서울교육대학교 법교육연구소	사법발전재단
21	훈민정음 구출 작전	서지원	한솔수북
22	SOS!! 지구마을 구출작전	안네트 로먼	살림friends
23	책과 노니는 집	이영서	문학동네어린이
24	아름다운 부자이야기	신현배	현문미디어
25	장애를 넘어 인류애에 이른 헬렌켈러	권태선	창비
26	간송 선생님이 다시 찾은 우리 문화 유산 이야기	한상남	샘터
27	대화가 즐거워!	김민화	해와나무
28	쌀뱅이를 아시나요	김향이	파랑새어린이
29	꽃들에게 희망을	트리나 폴러스	시공주니어

30	전쟁도 평화도 정치도 경제도 UN에 모여 이야기해 보아요	강창훈	사계절
31	박병선, 직지와 외규장각 의궤의 어머니	공지희	글로연
32	김수환 추기경의 여섯 가지 선물	김현태	국일아이
33	베르티용이 들려주는 과학 수사 이야기	최상규	자음과모음
34	마사코의 질문	손연자	푸른책들
35	정표 이야기: 한 아이가 있었습니다	이정표	파랑새어린이
36	왜, 독감은 전쟁보다 독할까	브린 바너드	다른
37	스무고개 탐정과 마술사	허교범	비룡소
38	초록눈 코끼리	강정연	푸른숲주니어
39	숭례문을 지켜라	윤자명	크레용하우스
40	지구촌 곳곳에 너의 손길이 필요해	예영	뜨인돌어린이
41	기억을 가져온 아이	김려령	문학과지성사
42	갈매기의 꿈	리처드 바크	현문미디어
43	열한 살의 가방	황선미	조선북스
44	노근리, 그 해 여름	김정희	사계절
45	통일이 되면 어떻게 달라질까?	신석호 외	한림출판사
46	나무를 심은 사람	장 지오노	두레
47	위기의 밥상, 농업	서경석	미래아이
48	지도로 보는 우리 바다의 역사	김용만	살림어린이
49	초등 세계지리 생생 교과서	이우평	스콜라
50	13개월 13주 13일 보름달이 뜨는 밤에	알렉스 쉬어러	책과콩나무
51	괭이 씨가 받은 유산	조장희	푸른책들
52	부자 나라의 부자 아이 가난한 나라의 가난한 아이	장수하늘소	아이세움
53	두 얼굴의 나라 미국 이야기	정범진 외	아이세움
54	어린이 먹을거리 구출 대작전!	김단비 외	웃는돌고래
55	소 방귀에 세금을?	임태훈	탐
56	좋아? 나빠? 인터넷과 스마트폰	이안	동아사이언스
57	세상에 대하여 우리가 더 잘 알아야 할 교양: 비만	콜린 힌슨	내인생의책
58	땅이 가족의 황당 지리여행	박정애 외	살림
59	초등학생이 꼭 알아야 할 향가와 고려가요	권영상	살림어린이
60	초등학생이 꼭 알아야 할 옛시조와 가사	권영상	살림어린이
61	사회선생님이 들려주는 공정무역이야기	전국사회교사 모임	살림friends
62	호호샘과 뛰노는 문화재 놀이터	박상해	살림어린이
63	지구별 살리기 프로젝트	강주희	살림어린이

제4장 학년별 실천 포인트가 다르다

독서 문제아를 위한
Q&A-2

Q8 교과서 주제를 중심으로 책을 사려고 주제어를 검색했더니 무척 방대해서 무엇부터 골라야 할지 모르겠더라고요. 어떤 기준으로 선택해야 할까요?

A 책을 읽기 시작할 무렵에는 무리해서 통합교과 주제로 책을 읽을 필요가 없습니다. 처음에는 아이가 관심 있는 분야부터 시작하세요. 스포츠를 좋아하는 아이는 운동에 관련된 책으로, 연예인에 관심이 많은 아이라면 노래나 춤을 주제로 시작하면 됩니다. 통합교과 주제는 아이가 책을 다양하게 읽고 방대한 지식을 가진 다음에 시작해도 늦지 않습니다.

아이가 책에 재미를 붙였다면 일단 부모가 먼저 교과서를 읽어보세요. 저학년의 경우 하루 10분이면 간단히 읽고 난 뒤 주제어와 핵심 단어를 찾을 수 있습니다. 그에 관련된 책을 영역별로 찾아 아이에게 읽히면 됩니다. 해당 방법은 본문에서도 자세하게 안내하고 있으니 참고하시면 됩니다.

Q9 초등학교 4학년 여자아이 엄마입니다. 아이가 책은 많이 읽는 편인데, 요약을 잘 못하는 것 같아요. 어떨 때는 한자리에서 열 권 이상 책을 읽어내는데, 막상 어떤 이야기였는지 말해보라고 하면 앞뒤가 안 맞는 말을 하거나 몇 가지 인상적인 것만 말합니다. 이야기를 풀 수 있게 질문하며 도와주지 않으면 혼자서는 이야기를 못해요.

A 간혹 우뇌가 발달한 아이는 글을 읽을 때 상상을 하며 글을 읽는 경우가 있습니다. 그러므로 논리적인 질문보다 공감할 수 있는 질문으로 유도해주세요. 읽고 있는 책의 등장인물에 대해 이야기를 나눈다거나 행동에 대해 구체적인 질문을 하는 것이죠. 이때 해당 페이지를 펼치고 짚어가며 질문해보세요. 책을 덮고, 읽었는지 확인하듯이 질문하는 것보다는 흥미로웠던 부분을 함께 찾아 공감하는 것이 중요합니다.

책은 사람의 성향에 따라 읽는 방법이 매우 다양합니다. 보편적인 독서 정보로 아이를 판단하기보다는 책을 많이 읽는 아이의 성향을 먼저 파악해보는 게 중요합니다.

 어릴 때 읽던 책을 언제까지 집에 둬야 할까요? 가지고 있던 책을 정리하는 시기가 따로 있을까요?

A 물고 빠는 시기에 보던 책은 초등학교 입학하기 전, 친척이나 주위 동생에게 물려주세요. 단, 5~7세 때 구입한 동화책이나 자연관찰책은 13세 정도까지 필요합니다. 초등학교 때 구입한 책들도 중학교까지는 집에 두는 게 좋습니다. 아이들이 화장실에 갈 때나 학업 스트레스로 힘들어할 때 마음을 달래주는 향수 같은 역할을 하는 것이 '어릴 적 내가 읽었던 책'이기 때문이죠.

책장은 책을 쉽게 찾고 보관하는 곳이어야 합니다. 아이가 책을 꾸준히 읽기를 바란다면, 책장의 먼지도 정리할 겸 최소 6개월에 한 번씩 자리를 정리해주면 좋습니다. 초등학생의 경우 책장을 정리할 때 언어·사회·과학·예술·사전류 등으로 나눠 아래에서 위로 정리해주거나 분위기를 바꿔 가로로 정리하는 것도 아이의 관심을 끄는 방법입니다. 아이와 함께 정리하면 더욱더 좋겠지요. 자신이 읽고 싶은 책이 어디 있는지 정확히 알게 되니까요.

단, 책장을 정리하는 일을 아이에게 모두 맡기거나 시간을 재촉해서는 안 됩니다. 주말이나 휴일에 마음먹고 시간을 내어 정리해보세요. 그러다 오랜만에 안 읽던 책을 아이가 발견하면 그냥 앉아서 읽는 여유도 부리게 해주세요.

Q11 다독-확장-개념 정리 독서법에서 공책 정리가 중요하다고 읽었는데 남자아이라 그런지 필기하는 것을 무척 싫어해요. 어떻게 해야 할까요?

A 생각지도는 책에서 읽은 내용을 가지고 마인드맵을 하는 것입니다. 처음부터 아이에게 줄글을 쓰라고 하면 누구나 부담스러워할 거예요. 특히 남자아이들의 뇌는 여자아이와 다르게 언어력과 논리력이 조금 늦게 형성됩니다(물론 아이마다 차이는 있습니다).

생각지도로 시작하여 그림이나 도표를 그리고 글쓰기 분량을 조금씩 늘리면 어느새 줄글을 쓰고 있을 겁니다. 물론 꾸준히 노력하는 게 가장 중요하죠. 독서 지도를 하다 보면 쓰는 걸 매우 싫어하는 아이를 자주 만납니다. 즉 아주 흔하다는 뜻입니다. 그러나 그 아이들도 생각지도를 꾸준히 하여 개념 정리까지 발달시키는 것을 여러 번 보았습니다. 평범한 소리지만 꾸준한 노력만큼 좋은 결과로 돌아오는 것은 없습니다.

Q12 아이가 책을 읽기는 하는데 좋아하는 동화책 종류만 읽고 다른 책에는 별로 관심이 없어요. 비슷한 분야의 주제여도 읽어주지 않으면 스스로 읽지 않습니다.

A 개인적인 생각으로 동화책을 3천 권 정도는 읽어야 사람과 사물, 그리고 사회를 이해하는 아이로 성장할 수 있다고 생각합니다. 특히나 요즘 같은 현대 사회에서 타인의 감정과 나를 둘러싸고 있는 환경에 적응하고 배려하는 사람으로 성장하게 하는 것이 동화책이 아닐까 생각합니다.

앞으로 다가오는 세상에서는 과학과 수학도 물론 중요하겠지만 인문학으로 성장한 아이를 꼭 필요로 할 것이므로 아이가 동화책만 좋아한다 해도 많이 읽을 수 있게 해주세요. 독서 편식을 하는 것 같아 속이 상하더라도 조금만 기다려주면 아이는 독서 영역을 스스로 넓힐 것입니다. 바로 그때 영역을 확장하도록 잘 도와주면 됩니다.

좋아하는 동화책에 빠져 있는 아이의 표정을 관찰해보면 질문에 대한 저의 답이 이해가 갈 것입니다.

Q13 남매를 키우고 있는데 성별에 따라 좋아하는 책의 분야와 종류가 달라요. 책을 다양하게 읽히고 싶은데 방법이 있을까요?

A 남매가 함께하는 시간을 이용해보세요. 첫째, 식사 시간에 잘 먹는 반찬으로 주제를 정해보는 방법이 있습니다. 저녁 밥상에 올라온 '김'을 주제(해초류)로 언어·사회·과학·예술·백과를 선택해서 읽혀보시면 재미있어할 것입니다. 둘째, 여행 계획이 있다면 산, 바다 등 여행지의 자연환경이나 해당 지역을 소개하는 책을 읽어보는 것도 좋습니다. 다녀온 뒤에 흥미로웠던 사건, 사물 등을 주제로 정해보는 것도 추천합니다. 셋째, 국경일이나 명절에 맞는 주제도 아이들에게 다양하게 책을 접하게 하는 방법입니다.

마지막으로 남매의 성향에 따라 선정한 책을 따로 놓는 것보다 넓은 책상 위에 함께 놓아 다양한 책을 눈으로 접하게 해주는 것도 좋은 방법입니다. 이때 약간의 칭찬이나 보상으로 경쟁을 유도하는 것도 괜찮습니다.

Q14 초등학교 5학년 책을 무척 좋아하는 여자아이를 키우고 있습니다. 집 근처에 있는 도서관에 거의 매일 가다시피 하는데, 책을 한 시간에 열 권도 넘게 읽는 것 같아요. 독서를 즐기고 있는 것 같아서 그냥 두었는데, 내용은 제대로 알고나 있는지 걱정입니다. 책을 너무 빨리 읽는 것 같은데 고쳐줄 방법이 없을까요?

A 책을 빨리 읽는 이유는 아이 수준에 비해 책 내용이 쉽거나 오랜 독서 활동으로 자연스럽게 속독을 터득했기 때문일 수도 있습니다. 이때는 제대로 읽었는지 추궁하기보다 독서기록장을 적게 하는 것이 좋은 방법입니다. 아이와 대화를 통해 읽은 책의 제목과 페이지, 작가를 적게 해보시고 읽은 책의 내용에 관하여 자세히 기록하게 해주세요. 작가가 이 글을 쓰게 된 배경, 기억에 남는 주인공의 행동이나 말, 인상 깊었던 구절, 나의 감상을 세세하게 기록하는 것을 권합니다.

철학동화책을 읽힐 때마다 과연 이렇게 심오한 생각을 아이가 이해할까 싶어요. 사실 어른인 저도 어려운 면이 있거든요. 그저 읽히면 되는 건지, 어른이 해설을 덧붙여야 하는 건지 고민됩니다.

A

어른과 함께 읽는 것도 좋습니다. 읽고 난 뒤 함께 토론을 한다면 금상첨화지요. 이때 어른과 함께 책 읽는 것을 아이가 일시적인 이벤트로 느낀다면 곤란합니다. 어려운 철학책일수록 재미를 느끼도록 하는 것이 관건이니까 어른이 먼저 읽고 재미있게 스토리를 들려준 뒤, 오늘은 어디까지 읽을 것인지 아이와 상의한 후에 읽게 해보세요. 이런 과정을 반복해 아이가 재미를 붙이고 또 스스로 내용에 담긴 철학을 이해하게 되면 아이 혼자서도 읽고 이해하며 사유하는 버릇을 들이게 됩니다.

학년별 교과서 분석
통합주제별 프로그램

교과서에서 가지를 쳐 다양한 영역의 책을 읽을 수 있도록 학년별로 통합주제를 제시하고 그 주제와 연계된 교과목·소주제·연계 학년을 제시한 프로그램이다. 이 책을 읽으면서 아이보다 먼저 교과서를 읽는 것은 어렵지 않지만, 통합주제는 어떻게 잡아야 하는지, 가지치기는 어떻게 해야 하는지 고민하였을 엄마들을 위해 특별히 제작한 것이다. 지난 20년간 독서코칭교육원에서 연구한 교과서 공부법의 정수라고 해도 과언이 아니다. 학년별로 제시하고 있으니 꼼꼼히 읽고 통합주제와 소주제에 관련된 책을 차고 넘치게 읽히도록 하자. 이 프로그램을 이용해서 가지를 한번이라도 쳐봤다면 새로운 개정교육과정이 실시되어 교과서가 바뀌더라도 쉽게 가지치기를 하여 책을 읽힐 수 있을 것이다. 당신의 아이가 공부에 재미를 붙여 사교육 없이도 원하는 바를 이루기를 간절히 기원하겠다.

초등학교 1학년 통합주제별 프로그램

통합주제	소주제	내용	교과 및 단원	연계 학년
학교 (통합1~2학년군)	학교	학교생활과 규칙, 학교 둘러보기	『봄1-1』 우리들은 1학년	『사회3-1』 2.이동과 의사소통
	선생님	선생님	『국어1-1(가)』 글자를 읽어요	
	친구	친구관계, 친구들과 서로 도우며 생활	『국어1-2(가)』 너와 나 『국어활동1-2』 붉은 여우 아저씨 『겨울1-2』 하얀 겨울을 즐겨요	
	예절	공동체 생활의 규칙, 가족과 친척 간에 필요한 예절	『봄1-1』 약속을 해요 『여름1-1』 예절을 지켜요, 도서관 예절 『국어1-2(가)』 여럿이 함께 들을 때의 예절 알기	
봄 (통합1~2학년군)	봄맞이	봄철 건강 수칙, 봄 느낌 표현, 봄 날씨와 생활 이해	『봄1-1』 도란도란 봄 동산	『과학4-1』 2.식물의 한살이
	새싹	생명의 소중함 알기	『여름1-1』 비가 온다 뚝뚝 『국어활동1-2』 아빠가 아플 때	
	봄꽃	동식물 표현	『봄1-1』 새싹과 꽃	
	나무	나무의 성장, 겨울나는 방법	『여름1-1』 우리 동네 『봄1-1』 나무야 사랑해 『국어1-2(가)』 사자의 지혜	
안전 (통합1~2학년군)	나	나의 몸, 감각, 느낌 표현, 나의 재능, 흥미 탐색, 나에 대한 공연 전시	『국어1-2(나)』 나는 자라요	『과학5-2』 우리 몸의 구조화 기능
	가족	가족의 특징. 가족과 친척의 관계, 가족행사, 가족에 대한 마음 표현	『여름1-2』 우리는 가족입니다 『국어활동1-2』 아빠가 아플 때	
	안전1	생활(학교, 가정, 사회), 교통(보행자, 자전거, 자동차)	『안전한 생활 1』 『국어1-2(가)』 교통안전	
	안전2	신변(유괴, 미아 사고 예방) 학교폭력, 성폭력, 가정폭력, 재난(화재, 자연재난)	『국어활동1-2』 선녀와 나무꾼, 개미와 비둘기	

핵심비법 1 학년별 교과서 분석 통합주제별 프로그램

물질 (통합1~2학년군)	비	계절을 변화와 날씨	『여름1-1』 비 마을로 떠나요, 비가 온다	『과학3-1』 4.지표의 변화
	해	여름의 자연환경과 생활	『여름1-1』 해야 해야 나오너라, 햇볕은 쨍쨍	
	흙	씨앗이나 모종을 심어 기르면서 식물의 모습 관찰	『봄1-1』 씨앗을 심어요	
	소리	한글을 깨치고 읽는 활동을 통해 글의 내용 이해	『국어1-2(가)』 냄새 맡은 값, 달리기 『가을1-2』 이웃집에서 소리가 들려요	
여름 (통합1~2학년군)	날씨	여름 날씨와 생활, 특징	『여름1-1』 여름 날 더운 날, 여름 나라 『국어1-2(가)』 빗방울이 어떻게 매달려 있나요	『과학5-2』 1.날씨와 우리 생활
	건강	여름 날씨 변화로 인한 건강관리 및 주변에 대한 관심과 이해	『여름1-1』 우리 몸으로 여름을 느껴봅시다	
	에너지	여름철 생활 도구, 에너지 절약	『여름1-1』 에너지를 아껴요	
	방학	여름방학 계획	『여름1-1』 여름을 그려요, 여름 나라 안녕	
식물 (통합1~2학년군)	꽃	봄의 날씨와 관련된 꽃 알아보기	『봄1-1』 봄이 왔어요, 봄을 따라 해요, 봄 친구를 만나요	『과학4-2』 1.식물의 생활
	채소	과일과 채소를 중심으로 동식물의 특징 관찰	『여름1-1』 맛나고 정겨운 우리음식	
	열매	가을에 볼 수 있는 것을 살펴보고 특징을 알기	『가을1-2』 맛있는 음식이 한가득, 밤 따러 가자	
	성장	식물이 자라기 위해서는 물, 흙, 햇빛이 필요함을 알고 자라는 것을 관찰	『봄1-1』 싹이 자라요	

마을 (통합1~2학년군)	공공 장소	이웃의 생활 모습, 공공장소, 시설물의 올바른 사용방법	『가을1-2』'도와주세요' 소리를 들었어요	『사회3-1』 1.우리가 살아가는 곳 3.사람들이 모이는 곳
	이웃	이웃 간에 지킬 예절과 행동	『국어1-2(가)』사자의 지혜 『가을1-2』서로 돕는 이웃	
	시장	사람들이 많이 모이는 곳에서의 생활	『가을1-2』나눔 장터에서 찾은 이웃, 이웃과 함께해요, 추석을 준비해요	
	인사	이웃과의 예절	『가을1-2』내 이웃 이야기	
가을 (통합1~2학년군)	날씨	가을 자연환경에 어울리는 생활, 추수하는 사람들의 수고에 감사	『가을1-2』밤 따러 가자, 파란하늘이 좋아요 『국어1-2(가)』즐거운 단풍구경	『과학3-2』 2.식물의 한살이
	추석	추석에 대해 알아보고, 다른 세계 풍속과 비교	『국어1-2(나)』추석명절 『가을1-2』현규의 추석	
	곤충	가을 날씨 특징에 따른 주변의 생활 모습 살펴보기	『가을1-2』가을잠자리, 반가워요 친구들 『국어1-2(가)』잠자리 『국어활동1-2』벌레잡이 식물	
	운동회	가을 놀이	『가을1-2』흥겨운 소리가 울려 퍼져요 『국어1-2(가)』알맞은 말을 넣어 문장 만들기	
나라	우리 나라	우리나라의 상징과 문화	『겨울1-2』우리나라 상징	『사회3-2』 3.다양한 삶의 모습
	우리 문화	우리나라의 아름다운 전통과 특별한 상황	『가을1-2』옛날 이웃들은 이렇게 지냈어요, 우리놀이 『겨울1-2』우리나라의 문화	
	집	집의 모습 표현하기	『겨울1-2』조상의 지혜가 담긴 우리 집	
	북한	남북한의 놀이, 통일에 대한 염원	『겨울1-2』우리는 한민족	

핵심비법 1 학년별 교과서 분석 통합주제별 프로그램

겨울 (통합1~2학년군)	날씨	겨울 날씨와 생활 이해	『겨울1-2』우리의 겨울, 동장군이 왔어요.	『사회3-2』 2.달라지는 생활모습
	눈	겨울의 모습이나 느낌	『겨울1-2』눈송이	
	얼음	건강한 겨울나기	『겨울1-2』꽁꽁꽁 땅이 얼었어요.	『과학4-2』 2.물의 상태변화
	나눔	상대방을 배려하며 서로 돕고 나누는 생활	『겨울1-2』우리 이웃을 둘러봐요	
동물	개미	감사하는 마음과 서로 돕는 생활, 개미의 생태와 특징	『국어1-2(가)』모음자 쓰기, 잠자리 『국어1-2(나)』개미	『과학3-1』 동물의 한살이 『과학3-2』 동물의 생활
	박쥐	박쥐의 종류와 특징	『국어1-2(나)』몽몽숲의 박쥐 두 마리	
	사자	사자와 동물들의 특징을 파악하고 문학의 느낌과 분위기 파악	『국어1-2(가)』사자의 지혜	
	새	알 속에 들어있는 작은 생명체	『국어1-2(나)』슬퍼하는 나무	
도구	물건	봄, 여름, 가을, 겨울의 생활 도구, 장식·제작	『여름1-1』더위를 날려요 『국어1-2(나)』지우개	『과학3-1』 자석의 이용 『사회3-2』 달라지는 생활모습
	책	책 만드는 방법	『국어1-2(가)』재미있게 읽은 책 소개하기	
	부채	여름철 생활 도구를 여러 가지 방법으로 표현하기	『여름1-1』더위를 날려요	
	놀이	친구와 함께하는 놀이	『겨울1-2』추워도 신나요, 겨울놀이 도구를 알아봅시다 『국어1-2(나)』신나는 토요일	

초등학교 2학년 통합주제별 프로그램

통합주제	소주제	내용	교과 단원	연계 학년
봄 (통합1~2학년군)	봄날씨	봄날씨와 생활이해	『봄2-1』 봄날씨는 변덕쟁이, 봄날씨를 알려요	3-1, 4-1 동물과 식물의 한살이
	봄꽃	봄의 자연환경에 어울리는 생활	『봄2-1』 봄이 오면, 봄이 오면 달라져요, 봄을 건강하게 지내요	
	봄나물	봄철 생활	『봄2-1』 봄이 오면, 보미의 봄나들이 『국어2-1(가)』 나물 노래	
	보리	겨울과 봄의 모습 알아보기	『봄2-1』 봄에는 무엇을 할까요.	
가족 (통합1~2학년군)	가족	가족의 특징을 조사하여 보기	『여름2-1』 오순도순 우리가족, 알콩달콩 우리가족, 가족을 만났어요	3~4학년 동물 암수의 역할
	집	다양한 집의 형태를 알아보기	『여름2-1』 우리 집의 요모조모 『겨울2-2』 뚝딱뚝딱 다른 나라의 집	
	말	다른 사람의 말을 경청하고 자신의 감정을 표현하기	『국어2-1(나)』 다른 사람을 생각해요 『국어활동2-1』 다른 사람을 기분 좋게 하는 말이 있어 『국어활동2-2(가)』 말의 재미를 찾아서 『국어활동2-2(나)』 참 좋은 말	
	다문화	주변에서 볼 수 있는 여러 형태의 가족을 살펴보기	『여름2-1』 이런 가족 저런 가족	
나 (통합1~2학년군)	몸	나의 몸, 감각, 느낌 표현하기 몸의 각 부분 알기	『봄2-1』『겨울2-2』 내 몸을 살펴봐, 우리 몸이 하는 일, 내 몸을 깨끗이 해요, 오감 놀이	중학교 1~3학년 생식, 유전, 진화와 다양성
	건강	건강 수칙과 위생	『봄2-1』 아프면 어떻게 하지, 몸 쑥쑥 마음도 쑥쑥, 앞니가 빠졌어요	
	감정	나의 재능과 흥미 탐색	『봄2-1』 어떤 표정일까요, 마음 신호등 『국어활동2-1』 마음의 색깔	
	나	나의 과거와 현재의 모습을 통해서 재능과 흥미 알아보기	『봄2-1』 나를 소개합니다, 내가 자라면, 꿈을 띄어요, 우리들의 꿈, 나를 보여 줄게	

핵심비법 1 학년별 교과서 분석 통합주제별 프로그램

여름 (통합 1~2학년군)	물에 사는 생물	여름의 자연환경과 생활	『여름2-1』 물가에 사는 친구를 만나요, 물가 친구를 도와주고 싶어요.	5~6학년 생태계와 상호작용
	바다	여름 풍경과 바닷물에 대해 알아보기	『여름2-1』 바다가 좋아요, 물놀이를 안전하게 하려면	
	돌	흙은 모든 생물의 보금자리	『여름2-1』 돌멩이는 내 친구, 모래는 요술쟁이	
	여름곤충	여름에 볼 수 있는 다양한 곤충 알아보기	『여름2-1』 여름동산 친구들을 만나요, 여름동산 친구들과 놀아요, 여름동산 친구들을 만들어요, 매미는 어떤 소리를 낼까요? 『국어2-1(나)』 숲속의 멋쟁이 곤충	
변화	낮과 밤	여름철 별자리 관찰하기	『국어2-2(가)』 의좋은 형제	3~4학년, 5~6학년, 중학교 1~3학년 태양계의 구성과 운동
	그림자	여름 날씨변화와 관계	『국어활동2-1』 해와 달이 본 세상	
	시간	일의 순서, 시간 관리하기	『국어2-1(가)』 차례대로 말해요 『국어2-2(나)』 일이 일어난 차례를 살펴요	
	도구	생활 도구의 쓰임새	『국어2-1(나)』 치과의사 드소토선생님 『국어2-2(나)』 팥죽할머니와 호랑이	
수리	수	사물의 개수와 양 나타내기, 실생활에 쓰이는 수	『수학2-1』 1.세 자리수 『수학2-2』 1.네 자리수	3~4학년 『수학』 수와 연산
	모양	주변의 모양을 여러 가지 입체도형으로 범주화	『수학2-1』 2.여러 가지 도형(삼각형, 원, 사각형, 오각형, 육각형)	
	크기	생활 주변에서 길이를 측정, 단위, 어림재기	『수학2-1』 4.길이재기	
	분류	교실 및 생활 주변의 사물들을 기준 정하여 분류하기	『수학2-1』 5.분류하기 『수학2-2』 3.길이재기	

마을 (통합 1~2학년군)	동네	동네에 있는 것들 동네 모습 표현하기	『가을2-2』 동네를 탐험해요, 우리 동네 한 바퀴, 우리 동네를 소개해요, 살고 싶은 우리 동네	3~4학년 고장의 위치와 범위 인식
	협동	여럿이 함께 하는 일	『가을2-2』 노래하며 일해요, 우리도 해 봐요, 마음을 전해요	
	시장	사람들이 많이 모이는 곳에서의 생활	『가을2-2』 물건을 사세요, 동네 돌기 놀기, 동네 사람들을 만나요	
	직업	일의 소중함, 동네 사람들이 하는 일	『가을2-2』 동네 사람들이 하는 일, 우리 동네 직업 뉴스, 모두 다 소중해, 우리 동네 직업 놀이	
가을 (통합 1~2학년군)	날씨	가을 날씨와 생활 이해	『가을2-2』 가을의 소리를 찾아서, 가을이 오면, 가을바람 살랑살랑	3~4학년 식물의 한살이
	열매	가을에 볼 수 있는 열매의 모양과 특징 관찰	『가을2-2』 가을의 맛을 찾아서, 왕 도토리, 주렁주렁 가을 열매, 가을 열매 바구니	
	풀	풀의 특징과 종류	『가을2-2』 그림 속의 가을 색 『국어2-1(가)』 풀밭을 걸으면 『국어2-2(가)』 풀이래요	
	낙엽	낙엽을 소재로 다양한 표현 만들기, 단풍과 낙엽 관찰	『가을2-2』 울긋불긋 가을 세상, 가을은 무슨 색	
나라 (통합 1~2학년군)	세계 나라	내가 가고 싶은 나라 알아보기	『겨울2-2』 가고 싶은 나라, 알고 싶은 나라, 세계 여행	5~6학년 세계의 생활문화와 자연환경 및 인문환경
	문화	다른 나라의 문화를 알아보기	『겨울2-2』 알록달록 세계의 옷, 다른 나라의 음식, 다른 나라의 집 구경	
	예절	다른 나라의 식사예절과 인사법	『겨울2-2』 함께 지켜요, 이런 저런 인사	
	축제	다른 나라의 노래, 춤, 놀이	『겨울2-2』 어울림 한마당, 함께 놀아요, 다른 나라의 춤	

핵심비법 1 학년별 교과서 분석 통합주제별 프로그램

겨울 (통합 1~2학년군)	동물의 겨울 나기	다양한 동물들의 겨울나는 방법	『겨울2-2』 개구리는 어디로 사라졌을까, 청설모는 도토리를 왜 숨겼을까	3~4학년 다양한 환경에 사는 동물과 식물
	식물의 겨울 나기	식물들의 겨울눈 알아보기	『겨울2-2』 나무에 왜 발톱이 자랐지	
	철새	철새들의 이동하는 이유, 여름철새, 겨울철새 알아보기	『겨울2-2』 추운데 왜 왔을까 『국어2-2(나)』 막내 기러기의 첫 여행	
	겨울 방학	겨울 생활과 계획	『겨울2-2』 나는 겨울을 어떻게 보낼까	
물질	물건	옛날 물건과 요즘 물건의 차이	『가을2-2』 물건 사세요. 『국어2-1(나)』 요즘과 다른 물건	3~4학년 자기력과 자석의 성질
	자석	자석의 붙는 성질	『국어2-2(나)』 쇠붙이를 먹는 불가사리	
	모래	바닷가 모래, 모래로 만들기	『여름2-1』 모래는 요술쟁이	
	고무	서로 다른 물질로 만들어진 물체들을 비교해 보기	『과학3-1』 우리의 생활과 물질	
지구와 우주	생김새	지구계는 지권, 수권, 기권, 생물권, 외권으로 구성	『과학3-1』 4. 지표의 변화	3~4학년 지구의 환경
	환경	생태계와 상호작용	『국어활동2-2』 자연을 보호해야 해요	
	물	물질은 여러 가지 상태로 존재	『국어활동2-1』 집 안에 물 도둑을 잡아라 『국어3-1(가)』 이상한 샘물	
	불	연소현상과 연소조건	『사회3-1』 2.이동과 의사소통	

초등학교 3학년 통합주제별 프로그램

통합주제	소주제	내용	교과 단원	연계 학년
생명 (3~4학년군)	생물	생물, 무생물	『과학3-1』 3.동물의 한살이 『과학4-1』 2.식물의 한살이	『과학5-1』 3.식물의 구조와 기능 중학교 1학년 『과학』 생물의 구성과 다양성
	세포	동물세포, 식물세포	『과학3-1』 3.동물의 한살이 『과학3-2』 1.동물의 생활	
	동물	특징, 생김새, 짝짓기	『과학3-2』 1.동물의 생활 『국어3-1(가)』 이가 없는 동물 『국어3-2(나)』 살랑살랑 꼬리로 말해요	
	식물	씨의 싹트기	『국어3-1(나)』 살아 움직이는 식물 『과학4-1』 2. 식물의 한살이	
지역 (3~4학년군)	지도	방위, 기호, 나침반, 등고선	『사회3-1』 1.우리가 살아가는 곳 『국어3-1(나)』 빨강 두건 아씨께 『사회4-1』 1.촌락형성과 주민생활	5~6학년 국토의 위치와 영역, 국토애 중학교 1~3학년 『사회』 내가 사는 세계
	환경	농촌, 어촌, 산지촌	『사회3-1』 1.우리가 살아가는 곳 『국어3-1(나)』 옛날에는 어떤 과자를 먹었을까요? 『국어3-1(나)』 콩이 된장으로 변했어요. 『국어3-1(나)』 먹을 수 있는 꽃 요리	
	집	도시, 아파트, 큰 건물	『사회3-1』 1.우리가 살아가는 곳	
	고장	기온과 강수량, 중심지	『사회3-1』 1.우리가 살아가는 곳 『도덕3』 7.함께 사는 세상	

핵심비법 1 학년별 교과서 분석 통합주제별 프로그램

물질과 에너지 (3~4학년군)	온도	이용	『과학3-1』1.우리 생활과 물질 『사회3-1』1.우리가 살아가는 곳 『국어3-1(나)』콩이 된장으로 변했어요.	5~6학년 전자석 중학교 1~3학년 『과학』 물질의 구성
	빛	이용, 특징	『과학4-2』3.거울과 그림자 『국어활동5-1(나)』우리가 보는 빛 동물이 보는 빛	
	자석	성질, 자석의 극, 나침반	『과학3-1』2.자석의 이용 『국어3-1(가)』종이컵 이야기	
	소리	방법, 원리, 특징	『과학3-2』4.소리의 성질 『국어3-1(가)』도깨비를 골탕 먹인 농부	
도구 (3~4학년군)	도구	지레, 도르래, 빗면	『사회3-1』1.우리가 살아가는 곳 『과학4-1』1.무게 재기	『사회6-2』 4.변화하는 세계 속의 우리 중학교 1~3학년 열과 에너지
	교통	과거, 현재, KTX	『사회3-1』2.이동과 의사소통 『과학5-2』3.물체의 빠르기	
	소식	전달, 이용, 신호연, 봉수	『사회3-1』2.이동과 의사소통 『과학3-2』4.소리의 성질 『국어3-1(가)』높임말을 바르게 사용해요	
	컴퓨터	이용, 미래의 생활	『사회3-1』2.이동과 의사소통 『과학3-1』2.자석의 이용 『국어3-1(가)』로봇	
환경 (3~4학년군)	들	생활모습, 흙의 생성, 이용과 보호, 농촌 하는 일	『사회3-1』1.우리가 살아가는 곳 『과학3-1』4.지표의 변화 『사회4-1』1.촌락의 형성과 주민 생활	『사회5-1』 1. 살기 좋은 우리 국토
	산	산사태, 나무심기 (임업), 산지촌 하는 일	『사회3-1』1.우리가 살아가는 곳 『과학3-1』4.지표의 변화 『사회4-1』1.촌락의 형성과 주민 생활	
	강	댐, 하천	『사회3-1』1.우리가 살아가는 곳 『과학3-1』4.지표의 변화	
	바다	해일, 태풍, 어촌 하는 일	『사회3-1』1.우리가 살아가는 곳 『과학3-1』4.지표의 변화 『사회4-1』1.촌락의 형성과 주민 생활	

지구1 (3~4학년군)	공기	태양과 기온	『국어활동3-1(가)』기후와 생활	『과학5-2』 날씨와 우리 생활 『과학6-2』 계절의 변화
	물	수증기의 생성, 습도의 뜻, 구름과 안개	『과학3-1』 4.지표의 변화 『국어3-1(가)』이상한 샘물 『과학4-2』 2.물의 상태변화	
	해	날씨의 영향, 태양의 고도	『국어활동3-1(가)』기후와 생활 『과학5-1』 2.태양계와 별	
	흙	생성, 이용과 보호, 지층	『과학3-1』 4.지표의 변화 『과학3-2』 2.지층과 화석	
경제 (3~4학년군)	길	이어주는 길	『사회3-1』 3.사람들이 모이는 곳	5~6학년 자유경제와 정의 중학교 1~3학년 『사회』 시장경제의 이해
	시장	형성, 우리 생활, 특산물	『사회3-1』 3.사람들이 모이는 곳 『국어3-1(나)』내 동생 싸게 팔아요	
	직업	우리 고장 사람들이 하는 일	『사회3-1』 1.우리가 살아가는 곳 『사회3-2』 3.다양한 삶의 모습들	
	특산물	지역별 특산물의 종류	『사회3-1』 1.우리가 살아가는 곳 『사회3-2』 1.우리 지역, 다른 지역	
예술 (3~4학년군)	노래	민요, 노동요	『음악3~4』 아리랑, 『국어3-1(나)』 검정고무신	『과학4-2』 거울과 그림자 중학교 1~3학년 파동
	악기	우리나라 악기, 소리가 생기는 원리	『음악3~4』 풍물놀이, 음악 이야기 『과학3-2』 4.소리의 성질	
	색	여러 가지 색의 이용, 빛을 내는 물체	『미술3~4』 1.생활 속 미술의 발견 『과학4-2』 3.거울과 그림자	
	그림	다양한 표현방법과 그림을 그리는 이유	『미술3~4』 6.다양한 표현방법으로 『국어3-2(가)』 내손으로 그리는 명화	

동물의 분류 (3~4학년군)	생명 존중	주변에서 볼 수 있는 동물, 멸종 위기의 동물	『과학3-1』 3.동물의 한 살이 『과학3-2』 1.동물의 생활	『과학6-1』 생물과 환경 중학교 1~3학년 생물의 구조와 에너지
	땅에 사는 동물	땅에 사는 동물의 종류, 크기 관찰, 특징	『과학3-1』 1.동물의 생활-땅에 사는 동물의 생김새와 생활 방식	
	물에 사는 동물	물에 사는 동물 관찰, 특징	『과학3-2』 1.동물의 생활-물에 사는 동물의 생김새와 생활 방식 『국어3-2(가)』해치와 괴물사형제, 바닷속 동물	
	특이한 환경에 사는 동물	특이한 환경에 적응한 동물의 종류	『과학3-2』 1.특이한 환경에 사는 동물의 생김새와 생활 방식	
지구2 (3~4학년군)	화석	화석의 생성 과정, 이용	『과학3-2』 2.지층과 화석	『과학6-1』 지구와 달의 운동
	화석 연료	화석에 의해 생긴 연료의 쓰임, 문제점	『과학4-2』 4.지구와 달	
	동굴	석회암에 의해 생김 동굴	『과학3-2』 2.지층과 화석-석회암의 비밀	
	암석	퇴적암의 종류, 만들어지는 과정	『과학3-2』 2.지층과 화석	
물질 (3~4학년군)	물질	물체와 물질	『과학3-1』 1.우리 생활과 물질	5~6학년 물질의 변화 중학교 1~3학년 『과학』 물질의 구성
	가루	물질의 특성과 쓰임새	『과학3-1』 1.우리 생활과 물질 『국어3-1(나)』 옛날에는 어떤 과자를 먹었을까요?	
	기름	성질, 이용	『과학3-1』 1.우리 생활과 물질	
	종이	한지, 이용	『과학3-1』 1.우리 생활과 물질 『국어활동5-1(나)』 한지돌이	

문화 (3~4학년군)	옷	옛날과 오늘날의 옷의 변화과정	『사회3-2』 2.달라지는 생활모습 『국어활동3-1(가)』 기후와 생활	5~6학년 『사회』 세계 기후 특성과 인간 생활 간 관계
	음식	옛날과 오늘날의 음식의 변화과정	『사회3-2』 2.달라지는 생활모습 『국어활동3-1(가)』 빵이 빵 터질까?	
	집	옛날과 오늘날의 집의 변화과정	『사회3-2』 2.달라지는 생활모습	
	놀이	옛날과 오늘날의 아이들의 놀이	『사회3-2』 2.달라지는 생활모습	

초등학교 4학년 통합주제별 프로그램

통합주제	소주제	내용	교과 단원	연계 학년
촌락과 도시 (3~4학년군)	농촌	농촌의 생활모습, 변화와 문제점, 벼의 한살이	『사회4-1』 1.촌락의 형성과 주민 생활 『과학4-1』 2.식물의 한살이	『사회5-1』 살기 좋은 국토. 환경과 조화를 이루는 국토
	산촌	산촌의 생활모습, 변화와 문제점, 특산식물	『사회4-1』 1.촌락의 형성과 주민 생화 『과학4-1』 2.식물의 한살이	
	어촌	어촌의 생활모습, 변화와 문제점, 수산업	『사회4-1』 1.촌락의 형성과 주민 생화 『과학4-1』 2.식물의 한살이	
	도시	도시의 발달 과정, 생활모습과 변화, 문제점	『사회4-1』 1.도시의 발달 『국어4-1(가)』 교통사고를 줄이려면 어떻게 해야 할까요?	
식물 (3~4학년군)	씨앗	강낭콩의 한살이, 씨앗이 싹트는 조건	『국어4-1(나)』 나도 씨앗 『과학4-1』 2.식물의 한살이	『과학5-1』 식물의 구조와 기능 중학교 1~3학년 『과학』 광합성
	풀	우리나라 들꽃, 풀줄기의 특징	『과학4-1』 2.식물의 한살이 『국어4-1(나)』 멀리 가는 향기	
	나무	이용, 역할	『과학4-1』 2.식물의 한살이 『국어4-2(가)』 은혜 갚은 고목	
	벼	벼의 한살이, 볏짚의 이용	『과학4-1』 2.식물의 한살이	
민주주의 (3~4학년군)	주민 자치	지역 문제와 해결, 주민참여	『사회4-1』 3.민주주의와 주민자치 『국어5-1(가)』 일곱 발 아홉 발	중학교 1~3학년 『사회』 정치 생활과 민주주의, 정치과 정과 시민참여
	선거	공약, 보통, 평등, 직접, 비밀선거	『사회4-1』 3.민주주의와 주민자치 『국어4-1(나)』 적절한 의견을 찾아요	
	지방 자치	지방자치가 무엇일까	『사회4-1』 3.민주주의와 주민자치 『국어4-1(나)』 민재네 마을 회의	
	정부	정부, 지방정부	『사회4-1』 3.민주주의와 주민자치	

지구 (3~4학년군)	땅	지층, 생성, 이용과 보호	『과학4-1』 3.화산과 지진 『사회4-2』 4.지역사외의 발전	중학교 1~3학년 『과학』 고체 지구
	화산	화산 지형, 화산과 우리 생활	『과학4-1』 3.화산과 지진 『사회4-1』 1. 촌학의 형성과 주민 생활	
	지진	지진 발생 지역, 원인, 피해 줄이 는 방법	『과학4-1』 3.화산과 지진	
	섬	섬이 생기는 과정, 독도	『과학4-1』 3.화산과 지진 『국어4-1(나)』 독도는 우리 땅 『과학4-2』 4.지구와 달-우리 땅 독도	
환경 (3~4학년군)	생태계	생태계의 구성, 먹이사슬	『과학4-1』 2.식물의 한 살이 『과학4-2』 1.식물의 생활	5~6학년 환경오염이 생물에 미치는 영향 중학교 1학년 『사회』 인간거주에 유리한 지역
	쓰레기	도시화로 인한 쓰 레기 문제, 해결방 안	『사회4-1』 3.민주주의와 주민자치	
	대기	대기권, 대기오염 의 원인, 해결책	『사회4-1』 2. 도시의 발달과 주민 생활 『과학4-2』 4. 지구 주위를 둘러싼 공기	
	갯벌	해안, 해안지역의 생활모습	『과학3-1』 4.지표의 변화 『사회4-1』 1.촌락의 형성과 주민 생활 『국어5-1(나)』 철새	
경제 (3~4학년군)	직업	직업의 종류, 의미	『사회4-2』 1.경제생활과 바람직 한 선택 -일하는 사람들	『사회5-1』 우리경제의 성장 과 발전 중학교 1~3학년 시장과 자원분배
	시장	시장의 발달 과정, 다양한 시장의 변 화	『사회4-2』 1.경제생활과 바람직 한 선택 『국어4-1(나)』 부자 나라의 아이, 가난한 나라의 아이 『국어4-2(가)』 시장구경	
	생산	생산이 이루어지 는 과정	『사회4-2』 1.경제생활과 바람직 한 선택 -생산이 이루어지기까지	
	소비	현명한 소비계획 세우기,용돈기입장	『사회4-2』 1.경제생활과 바람직 한 선택 -똑똑한 소비자 『국어4-1(나)』 은 세 근에 담긴 이 야기	

핵심비법 1 학년별 교과서 분석 통합주제별 프로그램

식물 (3~4학년군)	벌레 잡이 식물	벌레를 먹는 이유, 사는 곳의 특징, 종류, 생김새	『과학4-2』 1-1.식물의 생김새 -벌레잡이 식물의 세계	중학교 1~3학년 『과학』 생물의 다양성
	이끼	이끼의 종류, 사는 곳의 특성	『과학4-2』 1-1.식물의 생김새 -학교주변의 여러 가지 식물의 이름	
	선인장	사막, 선인장의 종류, 특성	『과학4-2』 1-2.식물이 사는 곳 -특이한 환경에 사는 식물	
	물에 사는 식물	물 위에 사는 식물, 물속에 사는 식물, 해조류	『과학4-2』 1-2.식물이 사는 곳 -연못이나 강가에 사는 식물의 특징	
변화 (3~4학년군)	가족	다양한 가족의 종류, 변화 이유	『사회4-2』 2.사회 변화와 우리 생활 『국어4-2(나)』 우리 엄마	중학교 1~3학년 『사회』 문화의 다양성과 세계화 중학교 1~3학년 『과학』 식물의 구조와 기능
	남자와 여자	성역할의 변화와 양성평등 사회	『사회4-2』 2.사회 변화와 우리 생활 『국어4-2(나)』 멋진 세상을 위하여	
	인구	우리나라 인구의 변화	『사회4-2』 2.사회 변화와 우리 생활	
	인권	소수자의 권리 보호	『사회4-2』 2.사회의 변화와 우리 생활 『국어4-2(나)』 피부색이 달라도 우리는 친구	
물 (3~4학년군)	물	물의 상태 변화, 물의 성질 부피의 변화	『과학4-2』 2.물의 상태변화 『국어4-2(나)』 비가 오면	중학교 1~3학년 『과학』 물질의 구성
	물과 생활	물의 이용, 자연 재해, 지형, 에너지	『과학4-2』 2.물의 상태변화	
	날씨	비, 눈, 홍수, 태풍, 습도	『과학4-2』 2.물의 상태변화 『국어4-1(가)』 가끔씩 비 오는 날	
	물부족	물부족 현상, 이유, 대책	『과학4-2』 2.물의 상태변화 『국어4-1(나)』 아끼며 나누어 써요	

도구 (3~4학년군)	지도	우리나라 지형, 행정구역	『사회4-1』 1.촌락의 형성과 주민 생활 『사회4-2』 3.지역사회의 발전 『국어4-2(나)』 소중한 우리 문화 유산	중학교 1~3학년 『사회』 내가 사는 세계 중학교 1~3학년 『과학』 일과 에너지
	저울	용수철 늘리기, 수평잡기, 균형	『과학4-1』 1.무게재기	
	기계	컴퓨터, 거중기, 열기구, 기계화	『국어4-1(가)』 하늘을 나는 꿈 『국어4-2(가)』 컴퓨터로 글을 써 요	
	글	꽃잎으로 쓴 글자, 낱말의 세계, 독서의 좋은 점	『국어4-1(나)』 아끼며 나누어 써요 『국어4-2(나)』 글자 놀이	
빛의 성질 (3~4학년군)	빛	물체를 보기위해 필요, 빛의 직진, 굴절, 신호	『과학4-2』 3.거울과 그림자 『국어4-2(나)』 영상 1, 2	5~6학년 프리즘, 빛의 굴절 중학교 2학년 『과학』 빛과 파동
	색	무지개, 색이 보이는 원리	『과학4-2』 3.거울과 그림자	
	그림자	생기는 까닭, 크기 변화, 그림자 연극	『과학4-2』 3.거울과 그림자 『국어4-1(나)』 저녁때	
	거울	거울에 비친 모습 관찰, 성질. 거울 이야기	『과학4-2』 3.거울과 그림자	
지구 (3~4학년군)	지구	지구의 모양, 크기, 자전과 공전	『과학4-2』 4.지구와 달	중학교 1학년 『과학』 지구계와 지권의 변화
	달	달의 모양, 지구와 비교, 달 탐사, 우주복	『과학4-2』 4.지구와 달 『국어4-2(나)』 우주정거장에서 잠자기와 먹고 마시는 방법	
	암석	퇴적암, 화성암, 변성암, 암석의 쓰임	『과학3-1』 2.지층과 화석 『과학4-1』 3.화산과 지진	
	토양	영토, 토양의 이용, 형성 과정	『과학4-2』 4.지구와 달 『사회5-1』 1.살기 좋은 국토	

핵심비법 1 학년별 교과서 분석 통합주제별 프로그램

초등학교 5학년 통합주제별 프로그램

통합주제	소주제	내용	교과 단원	연계 학년
온도와 열 (5~6학년군)	온도	온도계의 종류, 재는 방법, 쓰임새	『과학5-1』 1.온도와 열 『국어활동5-1(나)』 한국의 김치 이야기	중학교 1~3학년 『과학』 열과 에너지
	물질	열의 이동, 고체, 액체, 기체	『과학5-1』 1.온도와 열 『국어5-2(가)』 닥나무의 선물, 한지,	
	생활	우주복, 보온병, 음식	『과학5-1』 1.온도와 열 『국어5-1(나)』 꿈을 나르는 책 아주머니 『국어활동5-2(가)』 세계의 발효 식품	
	순환	대기, 지구 내부의 순환	『과학5-1』 1.온도와 열	
태양계와 별 (5~6학년군)	천체	별, 행성, 위성, 혜성	『과학5-1』 2.태양계와 별 『국어활동5-1(나)』 우리가 보는 빛 동물이 보는 빛	중학교 1~3학년 『과학』 태양계의 구성과 운동
	별	행성, 항성, 별자리	『과학5-1』 2.태양계와 별	
	태양	구성, 에너지 역할, 행성의 관계	『과학5-1』 2.태양계와 별 『국어활동5-1(가)』 지구	
	우주	탐사방법, 정보, 도전	『과학5-1』 2.태양계와 별 『국어6-1(가)』 우주호텔	
식물의 구조와 기능 (5~6학년군)	꽃	기능, 구조	『과학5-1』 3.식물의 구조와 기능 『국어활동5-1(나)』 꽃들에게 희망을	중학교 1~3학년 『과학』 식물의 구조와 기능
	잎	기능, 종류	『과학5-1』 3.식물의 구조와 기능 『국어5-1(가)』 벌레잡이 풀과 통발	
	뿌리와 줄기	기능, 구조, 종류	『과학5-1』 3.식물의 구조와 기능	
	균류	정의, 종류	『과학5-1』 3.식물의 구조와 기능 『국어활동5-2(가)』 세계의 발효 식품	

지리 (5~6학년군)	국토	모습과 위치, 영역, 개발	『사회5-1』 2.환경과 조화를 이루는 국토 『국어5-1(나)』 녹둔도 『사회6-2』 2.우리와 가까운 나라의 모습	중학교 1~3학년 『사회』 지리인식, 장소와 지역, 자연환경과 인간생활
	지형	특징(위도, 경도), 자연환경, 기후, 본초 자오선	『사회5-1』 2.환경과 조화를 이루는 국토 『국어활동5-1(가)』 지구는 우리가 관리할게 『국어5-2(나)』 남극을 향하여	
	인구	분포, 산업, 인간과 환경	『사회5-1』 2.환경과 조화를 이루는 국토 『국어활동5-2(가)』 노인은 늘고 아이는 줄고	
	친환경	환경보전, 문제점, 바람직한 방향	『사회5-1』 2.환경과 조화를 이루는 국토 『국어5-1(나)』 철새 『도덕5』 8.우리 모두를 위하여	
경제	활동	생산, 소비, 직업	『사회5-1』 3.우리 경제의 성장과 발전 『국어활동5-1(가)』 최고경영자 이야기 『국어5-1(나)』 니 꿈은 뭐이가? 『국어6-1(나)』 원숭이 꽃신	중학교 1~3학년 『사회』 경제생활과 선택, 시장과 자원 배분, 국가경제, 세계경제
	시장	화폐, 성장, 산업, 경쟁, 국내 총생산	『사회5-1』 3.우리 경제의 성장과 발전 『국어5-1(가)』 오천 원짜리 지폐 속의 그림 이야기 『국어5-1(나)』 먹기 싫은 것, 입기 싫은 옷, 하기 싫은 일	
	무역	의미, 자원, 수출, 수입	『사회5-1』 3.우리 경제의 성장과 발전	
	문제점	노사 갈등, 경제성장	『사회5-1』 4. 우리 사회의 과제와 문화의 발전 『국어6-1(나)』 '기념일 마케팅', 상술에 얼룩	

정치 (5~6학년군)	민주 주의	뜻, 발전, 헌법제정	『사회5-1』 3.우리 경제의 성장과 발전 『국어5-1(나)』 공공장소에서 질서를 지키자 『사회6-2』 1.우리나라의 민주정치	중학교 1~3학년 『사회』 민주주의와 국가, 정치 과정과 제도, 국제 정치
	지방 자치	공동체, 국회, 시민단체	『사회5-1』 3.우리 경제의 성장과 발전 『국어5-1(가)』 일곱 발 열아홉 발	
	남북한	이탈주민, 언어, 통일, 이산가족	『사회5-1』 3.우리 경제의 성장과 발전	
	문화	매체의 역할, 전통문화	『사회5-1』 4.우리 사회의 과제와 문화의 발전 『국어활동5-1(가)』 깽깽이 꾼 이야기, 우리고장 문화유산 『국어5-1(나)』 우정에 대하여, 먹기 싫은 것, 입기 싫은 옷, 하기 싫은 일 『국어활동5-1(나)』 한국의 김치 이야기	
날씨 (5~6학년군)	수증기	습도, 날씨와 생활에 미치는 영향	『과학5-2』 1. 날씨와 우리 생활 『국어6-1(가)』 흐림 그리고 맑음	중학교 1~3학년 『과학』 대기의 운동과 순환
	태풍	발생이유, 피해, 필요성	『과학5-2』 1. 날씨와 우리 생활	
	대기	날씨에 미치는 영향, 대기권, 기압	『과학5-2』 1. 날씨와 우리 생활	
	날씨와 생활	날씨가 우리 생활에 미치는 영향	『과학5-2』 1. 날씨와 우리 생활	
문학 (5~6학년군)	인물	옹고집전, 놀부전, 콩쥐팥쥐, 신데렐라, 잭 웰치, 연암 박지원, 정철, 퇴계 이황, 헬렌 켈러, 안창호, 안중근, 마리퀴리, 주시경, 김만덕, 슈바이처, 허준, 톨스토이, 에디슨	『국어활동5-1(나)』 국어 갈매기에게 나는 법 가르쳐 준 고양이, 온계리의 어진아이 『국어5-2(나)』 유관순 『국어6-1(가)』 사흘만 볼 수 있다면, '신의 손'을 만든 말	중학교 1~3학년 『문학』

문학 (5~6학년군)	한글	특성, 말의 힘, 광고, 띄어쓰기	『국어활동5-1(가)』 6.말의 영향 『국어5-2(가)』 6.소중한 우리말 『국어6-1(나)』 다시 찾은 우리문화유산 『훈민정음』	중학교 1~3학년 『문학』
	시	경험, 관점, 상상력	『국어5-1(나)』 갈매기에게 나는 법 가르쳐 준 고양이 『국어5-2(가)』 1.문학이 주는 감동 『국어6-1(가)』 1.비유적 표현	
	종교	다양성	『국어5-1(나)』 해 기우는 서쪽 창, 먹기 싫은 것, 입기 싫은 옷, 하기 싫은 일 『사회6-2』 3.세계 여러 지역의 자연과 문화	
예술 (5~6학년군)	민요	종류, 발생	『음악5~6』 둥당기타령, 천안삼거리, 쾌지나 칭칭나네, 지역별 민요 『국어5-1(가)』 민요	『사회6-2』 세계 여러 지역의 자연과 문화
	연극	발달, 역사	『국어5-1(가)』 별주부전 『국어활동5-1(가)』 놀부전 『국어6-1(나)』 행복한 왕자	
	박물관	안내도, 민화	『국어5-2(가)』 천년의 역사가 살아 숨 쉬는 국립경주박물관	
	건축	문화재 보호	『국어5-1(나)』 숭례문, 문화재 보호 『국어활동5-1(가)』 지구는 우리가 관리할게	
지구촌 (5~6학년군)	종교	역사, 종류	『사회5-2』 3.유교문화가 발달한 조선 『사회6-2』 3.세계 여러 지역의 자연과 문화	중학교 1~3학년 『사회』 지속가능한 세계
	국제기구	기능, 유엔	『국어5-1(가)』 동생 만들기 작전 『국어활동5-1(가)』 지구는 우리가 관리할게 『사회6-2』 4.변화하는 세계 속의 우리	

핵심비법 1 학년별 교과서 분석 통합주제별 프로그램

지구촌 (5~6학년군)	정보	발달, 올바른 이용	『국어5-1(나)』 휴대전화 문자 메시지 『국어6-1(가)』 요리사, 아는 만큼 보인다. 『사회6-2』 4.변화하는 세계 속의 우리 『도덕5』 4.정보사회에서의 올바른 생활	중학교 1~3학년 『사회』 지속가능한 세계
	스포츠	기능, 종류	『국어6-2(나)』 8.정보를 활용한 기사문 『과학5-2』 3.물체의 빠르기	
정치 (5~6학년군)	법	역사, 기능, 역할	『국어5-1(나)』 늑대가 들려주는 아기 돼지 삼형제 이야기 『도덕5』 7. 모두 함께 지켜요 『사회6-2』 1. 우리나라의 민주정치	중학교 1~3학년 『사회』 민주주의와 국가, 정치과정과 제도, 국제정치
	지도자	대통령	『국어활동5-1(나)』 꽃들에게 희망을 『사회5-1』 3.우리 경제의 성장과 발전	
	세금	국민의 의무, 이용	『사회5-1』 3.우리 경제의 성장과 발전 『사회6-2』 1.우리나라의 민주정치	
	정치	형태, 역사	『사회6-2』 1.우리나라의 민주정치 『국어5-1(가)』 일곱 발 열아홉 발	
지구와 달의 운동 (5~6학년군)	자전	지구의 운동, 태양의 역할	『과학6-1』 1.지구와 달의 운동 『국어5-1(나)』 철새 『국어5-2(가)』 지구가 둥근 증거	중학교 1~3학년 『과학』 별과 우주
	공전	지구의 자전 방향과 공전 방향	『과학6-1』 1.지구와 달의 운동	
	별자리	계절	『국어5-1(나)』 우주 대 여행 『과학6-1』 1.지구와 달의 운동	
	달	모양, 달의 공전	『과학6-1』 1.지구와 달의 운동	

초등학교 6학년 통합주제별 프로그램

통합주제	소주제	내용	교과 단원	연계 학년
기체 (5~6학년군)	압력	보일의 법칙, 수은	『과학6-1』 4.여러 가지 기체	중학교 1~3학년 『과학』 물질의 구성 입자, 화학반응
	생활	기체의 이용(수소, 네온, 헬륨, 질소), 산소, 이산화탄소	『과학6-1』 4.여러 가지 기체	
	연소	현상, 기체의 농도	『과학6-2』 4.연소와 소화 『국어6-1』(가) 요리사 아는 만큼 보인다.	
	소화	방법, 화재의 대처방법	『과학6-2』 4.연소와 소화	
산과 염기 (5~6학년군)	용액	분류기준, 영국 과학자 보일	『과학5-2』 2.산과 염기 『과학5-1』 4.용해와 용액	중학교 1~3학년 『과학』 물리적 성질과 화학적 성질
	지시약	용액 색깔의 변화	『과학5-2』 2.산과 염기 『과학5-1』 4.용해와 용액	
	혼합	생활 속에 이용되는 예	『과학5-2』 2.산과 염기 『국어6-1(나)』 마음이 담긴 그릇	
	산성비	구름, 공업화, 대기오염	『과학5-2』 2.산과 염기	
문학 (5~6학년군)	시	특징, 종류, 시의 3요소, 운율, 심상, 비유적 표현	『국어6-1(가)』 1.비유적 표현	중학교 1~3학년 『국어』
	소설	특징, 3요소(주제, 구성, 문체), 소설 구성의 3요소, 고전소설	『국어6-2(나)』 11.문학의 향기 『국어6-1(가)』 우주호텔 『국어활동6-1(가)』 나비를 잡는 아버지 『국어6-1(나)』 원숭이꽃신, 온양이	
	희곡	특징, 종류	『국어6-1(나)』 12.문학의 갈래(행복한 왕자) 『국어6-2(나)』 11.문학의 향기	
	논설문	뜻, 특징, 종류, 전개방식	『국어6-1(나)』 9.주장과 근거 『국어활동6-1(나)』 억지와 주장의 차이	

핵심비법 1 학년별 교과서 분석 통합주제별 프로그램

정치 (5~6학년군)	입법	의의, 역사	『사회6-2』 1.우리나라의 민주정치	중학교 1~3학년 『사회』 헌법과 우리 생활, 개인과 법, 사회생활과 법
	사법	의의, 역할	『사회6-2』 1.우리나라의 민주정치 『도덕6』 6.공정한 생활	
	행정	의의, 역할	『사회6-2』 1.우리나라의 민주정치	
	국민	권리와 의무	『사회6-2』 1.우리나라의 민주정치 『국어6-1(나)』 도서관에서 보물 찾기	
도구 (5~6학년군)	암호	규칙	『국어활동6-1(가)』 광고의 비밀	중학교 1~3학년 『과학』 전기와 자기
	렌즈	종류, 이용, 현미경, 망원경	『과학6-1』 3.렌즈의 이용	
	전기	도체, 부도체, 전구연결방법	『과학6-2』 2.전기의 작용	
	전자석	성질, 이용	『과학6-2』 2.전기의 작용	
생물과 환경 (5~6학년군)	생태계	상호작용, 이용, 구성요소	『과학6-1』 2.생물과환경 『국어6-1(나)』 자연개발로 펼치는 새로운 꿈	중학교 1~3학년 『과학』 생물의 구조와 에너지
	토양	역할, 이용	『과학6-1』 2.생물과 환경	
	대기	역할, 영향	『과학6-1』 2.생물과 환경 『과학6-1』 4.여러 가지 기체	
	환경	우리의 역할, 먹이사슬	『과학6-1』 2. 생물과 환경 『국어활동6-1(나)』 시애틀 추장	

정치와 경제 (5~6학년군)	무역	역사, 영향, 필요성	『사회6-2』 4.변화하는 세계 속의 우리 『국어6-1(가)』 신발 수출 가능성에 대한 의문, 콜럼버스 항해의 진실	중학교 1~3학년 『사회』 장소와 지역, 자연환경과 인간 생활
	외교	역사, 필요성	『사회6-2』 4.변화하는 세계 속의 우리 『국어6-2(나)』 글쓰기 숙제 『국어6-1(나)』 도서관에서 보물 찾기	
	전쟁	6.25전쟁, 식민지, 제국주의	『사회6-1』 3-2.민족의 상처, 6.25전쟁 『국어6-1(나)』 온양이 『국어6-2(가)』 방구 아저씨	
	통일	필요성, 과정	『사회6-1』 3-5.대한민국의 미래와 평화 통일 『도덕6』 4.평화통일을 향한 발걸음	
미생물 (5~6학년군)	발효	원리, 이용	『국어활동5-2(가)』 세계의 발효식품 『과학6-2』 1.생물과 우리 생활 『사회6-2』 2. 이웃 나라의 환경과 생활모습	중학교 1~3학년 『과학』 광합성과 호흡
	곰팡이	특징, 종류, 영향	『과학6-2』 1.생물과 우리 생활	
	세균	역할, 종류, 영향	『과학6-2』 2.생물과 우리 생활 『국어6-1 (가)』 광고: 손 씻기	
	질병	전염, 원인, 피해	『국어활동6-1(나)』 바리데기 『과학6-2』 2.생물과 우리 생활 『도덕6』 8.모두가 사랑받는 평화로운 세상 『국어5-2(가)』 감기와 독감	

예술 (5~6학년군)	건축	발달	『미술5~6』 2.소통과 디자인 『국어6-1』 도서관에서 보물 찾기, 우주호텔 『사회6-2』 2.이웃 나라의 환경과 생활모습	중학교 1~3학년 『미술』
	색	이용	『미술5~6』 12.색과 빛의 세상 『국어활동6-1(가)』 색채어 『사회6-2』 3.세계 여러 지역의 자연과 문화	
	동양화	특징	『국어6-1(나)』 마음이 담긴 그릇 『사회6-2』 3.세계 여러 지역의 자연과 문화 『미술5~6』 4.미술사와 미술비평	
	서양화	특징	『사회6-2』 3.세계 여러 지역의 자연과 문화 『미술5~6』 4.미술사와 미술비평	
지구촌 (5~6학년군)	통신	발달, 변화	『국어활동6-1(가)』 10대 청소년의 스마트 폰 사용 『국어활동6-1(가)』 광고의 비밀	중학교 1~3학년 『사회』 장소와 지역
	음악	음악가(모짜르트, 바그너, 바흐, 베토벤, 쇼팽, 하이든, 헨델)	국어활동6-1(가) 행복한 청소부 『음악5~6』 6.세계를 향하여	
	인권	의미, 차별사례, 인권보호	『국어5-2(나)』 사라, 버스를 타다 『국어6-2(나)』 세상을 밝힌 꿈 『사회6-2』 1.우리나라의 민주정치	
	봉사	단체, 활동	『도덕6』 5.배려하고 봉사하는 우리 『국어6-1(가)』 사흘만 볼 수 있다면	

세계사 (5~6학년군)	아시아	자연적, 인문적 특성	『사회6-2』 3.세계 여러 지역의 자연과 문화 『국어6-1(가)』 콜럼버스 항해의 진실	중학교 2~3학년 『사회』 세계사
	유럽	자연적, 인문적 특성	『사회6-2』 3.세계 여러 지역의 자연과 문화	
	북아메리카	자연적, 인문적 특성	『사회6-2』 3.세계 여러 지역의 자연과 문화	
	남아메리카 아프리카	자연적, 인문적 특성	『사회6-2』 3.세계 여러 지역의 자연과 문화	
환경 (5~6학년군)	자원	종류, 이용	『과학6-1』 2.생물과 환경 『국어6-1(나)』 북극항로 개척, 좋은 일만은 아니야	중학교 1학년 『사회』 5. 자연재해와 인간 생활
	재활용	이유, 방법	『과학6-1』 2.생물과 환경 『국어6-1(가)』 우주호텔	
	환경 문제	대기, 수질, 토양	『사회6-1』 4.우리 사회의 과제와 문화의 발전 『사회6-2』 4.변화하는 세계 속의 우리	
	녹색 성장	국토개발, 환경 친화적인 개발, 신재생 에너지	『사회6-1』 2.환경과 조화를 이루는 국토 『국어6-1(나)』 자연보호는 우리가 꼭 해야 할 일	

2015년도 개정된 교과과정 참고

2017년도 3월 1일 : 초등학교 1 · 2학년

2018년도 3월 1일 : 초등3 · 4학년, 중학교 1학년, 고등학교 1학년

2019년도 3월 1일 : 초등학교5 · 6학년, 중학교 2학년, 고등학교 2학년

2020년 3월 1일 : 중학교 3학년, 고등학교 3학년

초등학교-중학교 연계 한국사 독서 지도 프로그램

차례	초등학교 5학년 교과단원	차례	중학교 교과 단원
하나 된 겨레	선사시대 사람들	문명의 형성과 고조선의 성립	인류의 출현과 선사 문화의 발전
	최초의 고조선		돌을 깨뜨려 사용한 구석기인
	삼국의 성립과 발전		골을 갈아서 사용한 신석기인
	삼국통일과 발해		고조선과 여러 나라의 성장
	통일신라와 발해 사람들		청동기 문화가 확산되다
			우리나라 최초의 국가 성립
			철기문화를 바탕으로 여러 나라가 성장하다
다양한 문화를 꽃피운 고려	후삼국통일	삼국의 성립과 발전	삼국의 성립
			삼국의 발전과 가야
			삼국의 문화와 대외 교류
	고려의 발전	통일 신라와 발해의 발전	고구려의 대외 항쟁과 신라의 삼국통일
			남북국의 성립과 발전
	불교의 영향과 고려 사람들		신라 말의 동요와 후삼국의 성립
	고려의 대외 관계와 무역	고려의 성립과 변천	고려의 건국과 귀족 사회의 형성
			무신정권의 성립과 농민, 천민의 봉기
	고려의 과학과 기술		대몽항쟁과 반원 자주화 노력
			고려 문화의 발달

유교전통이 자리 잡은 조선	조선의 건국과 영향	조선의 성립과 발전	조선의 건국과 통치 질서의 확립
	조선의 문화와 과학의 발달		민족 문화의 발달
	유교전통과 신분질서		사림의 성장과 성리학 질서의 확산
	조선시대 사람들의 생활		
	임진왜란과 병자호란		왜란과 호란의 발발과 극복
조선 사회의 새로운 움직임	영조, 정조 시기의 사회 발전	조선 사회의 변동	조선후기 정치 운영의 변화
	달라지는 경제생활과 신분 질서		새로운 사회 개혁론의 등장
	서민문화의 발달		조선후기 문화의 변화
	서양문물과 서학의 전래		
	실학의 등장과 사회 개혁 노력		농민 의식의 성장과 농민 봉기
새로운 문물의 수용과 자주 독립	외세의 침략과 조선의 개항	근대 국가 수립 운동과 국권수호 운동	외세의 침략적 접근과 개항
	자주 독립을 위한 노력, 대한제국		근대 개혁 운동
	근대문물의 수용과 일상 생활의 변화		일제의 국권침탈과 국권수호 운동
	국권 상실과 민족의 수난		근대 문물의 수용과 사회, 문화의 변화
	주권수호와 독립운동의 전개	민족 운동의 전개	무단 통치와 3·1 운동
			민족 분열 통치와 다양한 민족 운동
			민족 말살 통치와 1930~1940년대 민족 운동

대한민국의 발전과 오늘의 우리	대한민국 정부의 수립
	민주화와 경제 발전
	대한민국의 발전을 위하여

대한민국의 발전	대한민국의 수립
	자유민주주의의 발전과 경제성장
	북한의 변화와 남북한의 통일 노력
	동아시아의 영토 문제와 역사 갈등

독서 능력 향상 프로그램

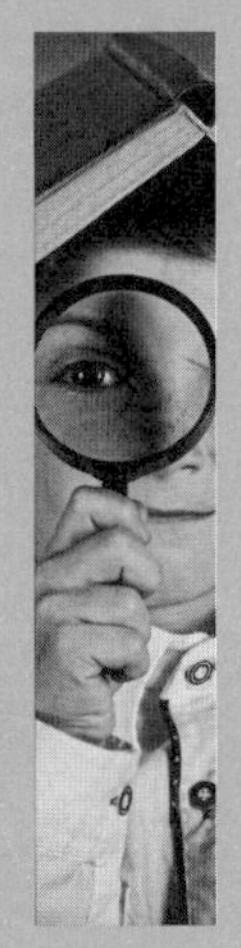

교과별 통합 주제STEAM를 통해 수준별·맞춤별 수업을 실시하는 학생 중심의 독서 수업이다. 이 프로그램으로 실생활과 연계된 수업을 진행하여 자기 주도적 학습능력이 향상된다. 프로그램의 대상은 7세부터 초등학교 6학년이며, 과정과 단계는 다음 표와 같다.

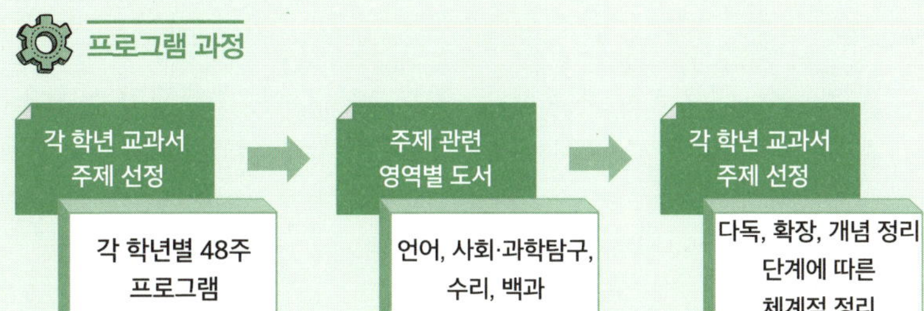

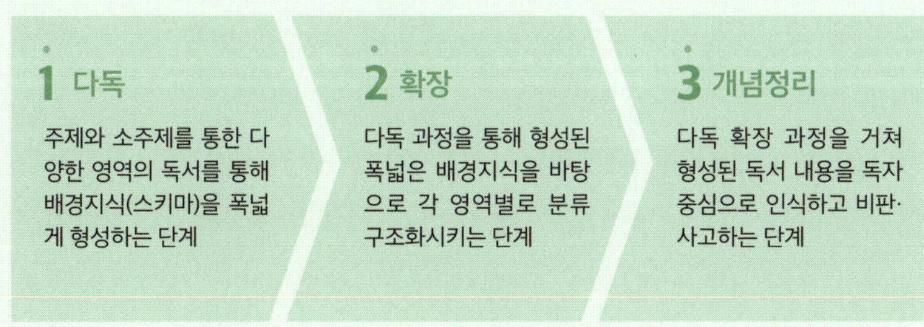

독서 능력 향상 프로그램을 통해서 통합교과서 주제 중심의 다양한 책읽기를 할 수 있다. 매번 교과서 주제를 선정하여 한 번에 5~7권 정도 월 4회 진행하면, 30여 권의 다양한 책읽기를 할 수 있다. 이렇게 1년을 진행하면, 다독에서 확장, 개념정리라는 3단계를 거쳐 1,000여 권의 책을 읽을 수 있다.

이 과정을 통해 인문이나 과학 등 정확한 책읽기를 통해 아이의 독해력이 향상된다. 또한 아이의 능력에 맞추어 다독, 음독, 정독, 숙독, 통독의 방법으로 향상시킨다. 띄어 읽기, 문장부호, 느낌을 실어 읽기가 이루어지므로 책의 내용을 정확하게 이해할 수 있으며, 아이가 맞춤법을 제대로 사용할 수 있게 돕는다. 그래서 중·고등학교에 들어가면 비문학, 인문고전, 인문사회, 인문자연, 수학, 과학책의 독해력이 형성되도록 한다.

밥을 먹을 때 하는 편식처럼 편독이 심한 아이들도 있다. 이런 아이들을 위해 교과 주제를 선정하여 언어, 사회, 과학, 백과사전 등을 활용하여 균형 잡힌 독서습관을 잡도록 만든다. 갈래별 글쓰기 지도와 함께 자기 주도적 수행평가를 수행할 수 있도록 한다. 게다가 폭넓고 깊이 있는 독서와 토론을 통해 학생들의 어휘수준을 높이며, 관용구나 고유어, 한자어, 유의어와 반의어, 다의어와 동음이의어 등 어휘가 가지고 있는 의미를 자연스럽게 파악하도록 유도한다.

이 프로그램에서는 독서 주제를 2015 개정교육과정(문·이과 통합형)과 유치원 누리과정의 기본 주제, 1~10학년까지의 국민 기본 공통 교육과정에 맞추어 교과서 내용을 면밀히 검토하여 선정하였기 때문에 학습과 연계한 책읽기는 문제 해결력과 추론 능력, 창의적인 자기 주도적 학습으로 이어진다.

다양한 독서로 형성된 배경지식은 특목고 면접 및 토론 수업에 도움을 주며, 자기소개서를 쓰는 실력은 물론 자유학년제와 창의적 체험활동 및 학교생활에 적극적인 참여로 이어질 것이다.

대주제 문화

1주차 가족

2주차 다양한 생활모습

3주차 인권

4주차 관혼상제

문화는 초등학교 1학년부터 6학년까지 지속적으로 다루는 아주 중요한 주제다. 그뿐만 아니라 지금 우리는 다양한 미디어와 인터넷의 발달로 세계화가 가속화되고 있는 사회를 살고 있다. 우리나라의 문화는 물론이고 세계 여러 나라의 다양한 문화를 알아야 세계의 문화의 다양성을 이해할 수 있는데, 서로 다른 문화를 이해하고 인정해주어야 다투는 일없이 평화로운 세계를 만들 수 있다. 또한 문화를 제대로 이해해야 급변하는 사회를 살아가게 되는 아이들에게 변화에 잘 적응하고 대처할 수 있는 밑거름이 될 것이다.

📖 1주차 가족

1. 학습 목표

가족의 진정한 의미와 부모님께 효도하고 형제간에 우애해야 함을 이해한다. 변화하는 사회 속에서 다양해진 가족 형태를 알아보고 그 이유를 설명할 수 있다.

2. 관련 교과

『여름1-1』 1. 우리는 가족입니다

『여름2-1』 1. 이런 집, 저런 집

『과학3-1』 3-2. 동물의 암수에 따른 생김새와 역할

『사회4-2』 2-1. 현대사회의 다양한 가족들

『국어 4-1(가)』 집 안 치우기

『도덕5』 5. 웃어른을 공경해요

3. 도움말

1) 언어 영역의 책을 통해 가족의 의미를 생각해 보고, 삼강행실도와 유전과 관련된 내용을 읽고 서로 연결시켜 부모님께 효도하고 형제간에 우애해야 하는 이유를 알고 표현하게 한다.

2) 『변화하는 사회, 변화하는 생활』을 읽고 사회가 점점 복잡해지고 다양해지면서 혈연관계에 있는 한집에서 함께 사는 것만 가족이 아니라, 다양한 의미와 형태로 변화하고 있음을 이해할 수 있도

록 한다.

3) 책을 다 읽고 나면 아이와 함께 충분히 이야기를 한 후, 의미지도 그리기로 읽은 내용을 정리할 수 있도록 한다. 한 번 더 생각할 수 있는 글감인 생각 더하기와 글쓰기로 마무리한다.

4) 생각 더하기와 글쓰기에서는 지문을 잘 읽고 지문 속에서 답을 찾을 수 있도록 한다.

4. 관련 책 목록

영역	제목	출판사	내용
언어 영역	『그레고르 가족에게 일어난 일』	을파소	프란츠 카프카의 『변신』을 각색한 이야기로 가족은 서로에게 어떤 존재가 되어야 할지 생각할 수 있다.
	『효녀 지은』(탄탄삼국사기)	여원미디어	가난하지만 효심 깊은 지은을 통해 효에 관해 생각할 수 있다.
사회 탐구	『괴짜 할아버지의 선물, 삼강행실도』	그린북	조선 시대 백성들에게 유교도덕을 가르치기 위해 편찬한 삼강행실도를 통해 효와 형제간의 우애를 배울 수 있다.
과학 탐구	『유전』(선생님도 놀란 초등과학뒤집기) 16~25쪽 『포유동물의 삶』(인포퀘스트)	성우 행복한 앨리스	가족 구성원이 서로 닮는 것을 과학적으로 이해한다.
통합	『변화하는 사회, 변화하는 생활』 (지식N사탐) 12~17쪽	대교	사회가 복잡해지고 사람들의 삶의 방식이 다양해지면서 가족의 형태도 다양한 모습으로 나타남을 이해할 수 있다.

여기서 제시한 책들은 예시이다. 가지고 있지 않은 책은 내용이 비슷한 다른 책으로 대체하여도 좋다. 제시되어 있는 책도 아이의 수준에 따라 난이도를 선별해 읽을 수 있도록 한다. 가급적 쉬운 언어 영역의 책으로 마음 열기를 한 후, 차츰 심화된 내용의 책을 읽을 수 있게 권한다.

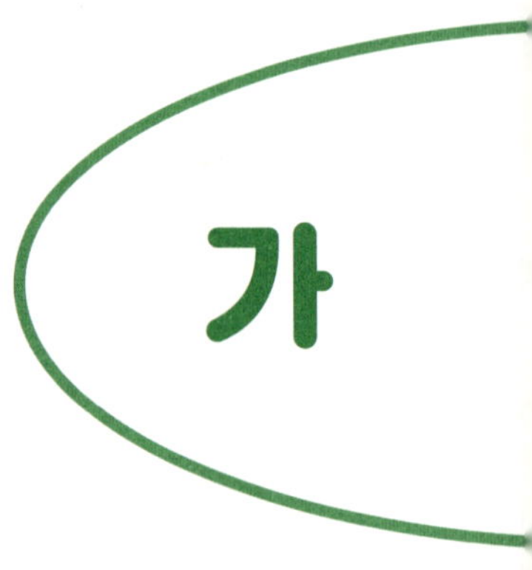
가

족

 ## 생각 더하기와 글쓰기

가족의 진정한 의미에 대해서 생각해 봅시다.

1. '모두 우리 가족이에요'를 읽은 후 가족 간에 가장 중요한 것이 무엇인지 생각해 보세요. (『사회4-2』 참조)

모두 우리 가족이에요.

○○시의 강씨 부부는 공개적으로 4명의 아이들을 입양하였습니다. 부부 사이에서 태어난 3명의 아이들까지 합하면 아들과 딸이 모두 7명이나 됩니다. 최근 입양한 막내아들이 고사리 같은 손으로 어깨를 토닥여 줄 때마다 강씨 부부는 아이의 사랑을 느낄 수 있다고 하였습니다.

아직은 입양 가족이 많지 않고 입양에 대한 사회적인 편견이 여전하지만, 점차 공개 입양이 늘어나면서 가족의 의미를 되새겨 보는 계기가 되고 있습니다.

한 지붕 아홉 가족 이야기

△△시의 한 작은 마을에 뜻이 같은 아홉 가족이 모여 공동 주택을 만들었습니다. 아홉 가족이 돈을 모아 땅을 사고 주택을 지었습니다. 1층은 주차장, 2층은 공동 공간, 3~6층은 각 가족의 보금자리입니다.

이들이 함께 모여 살기로 뜻을 모은 것은 '공동육아'를 위해서입니다. 또래의 아이들이 자연스럽게 함께 놀고 동화책이나 장난감은 하나씩 사서 나누어 씁니다. 아이가 아프거나 돌보아 줄 일이 생기면 이웃 가족에게 부탁할 수 있습니다.

대청소를 하는 날에는 짜장면 파티가 열리고, 눈이 오는 날에는 모두 골목에 모여 눈을 치웁니다. 한 달에 한 번씩 함께 저녁을 먹으며, 지킬 것은 지키고 도울 것은 서로 돕습니다. 이들의 삶은 바람직한 가족의 모습과 많이 닮았습니다.

2. '한 지붕 아홉 가족 이야기' 속에서 바람직한 가족의 모습이라고 생각되
는 것을 찾아 써 보세요.

3. 30년 후의 나의 모습을 생각해보고 나는 어떤 가족 형태로 살아가고 있
을지 상상하여 자신의 가족을 소개하는 글을 써 보세요.

4. 멀리 계신 할아버지, 할머니께 참다운 가정을 의미를 생각하며 편지를
써 보세요.

1. 학습 목표

세계 여러 나라의 생활모습을 통해 문화는 자연환경이나 종교 등에 영향을 받아 다양한 모습으로 나타난다는 것을 이해한다.

2. 관련 교과

『겨울 1-2』 1. 여기는 우리나라

『겨울 2-2』 1. 두근두근 세계여행

『사회 3-2』 3. 다양한 삶의 모습들

『사회 6-1』 2. 이웃 나라의 환경과 생활모습

　　　　　　 3. 세계 여러 지역의 자연과 문화

『도덕 4』 8. 다양한 문화, 조화로운 세상

『과학 4-2』 1-2. 특이한 환경에 사는 식물의 특징

3. 도움말

1) 먼저 다양성에 관련된 언어 영역의 책을 읽도록 하여 서로 다름을 인정하는 것이 중요함을 이해하고,『온 누리의 친구들』『세계 지도 세계 문화』와 같은 비슷한 내용의 책을 함께 읽어서 내용을 서로 연결하여 생각할 수 있도록 한다.

2) 마지막으로 통합영역의 『환경』을 읽고 자연환경과 날씨와 기후, 종교 등에 따라 살아가는 모습이 많이 다르다는 것을 정리할 수

있도록 한다.

3) 책을 다 읽고 나면 아이와 함께 충분히 이야기를 한 후, 의미지도 그리기로 읽은 내용을 정리할 수 있도록 한다. 한 번 더 생각할 수 있는 글감인 생각 더하기와 글쓰기로 마무리한다.

4. 관련 책 목록

영역	제목	출판사	내용
언어 영역	『다른 일곱, 같은 일곱』(느낌표철학동화)	을파소	다양성, 서로 다른 모습을 인정하고 존중해주어야 함을 알 수 있다.
	『온 누리의 친구들』(이야기책방) 『나는 네 친구야(즐거운 사회탐구 사회랑 놀자)	웅진 글뿌리	세계 여러 나라 어린이들의 자연환경과 생활모습을 알 수 있다.
사회 탐구	『동아시아』(세계문화탐험) 31쪽 『세상에서 가장 별난 음식』(탄탄 아이쿡)	대교 여원미디어	몽골의 씨름인 버흐와 일본의 스모 등의 정보와 날씨와 종교에 따른 음식 문화의 차이를 알 수 있다.
과학 탐구	『무슨 말 하는지 알겠니?』(사이언싱톡톡) 82~85쪽	휘슬러	나라마다 다른 의미의 몸짓언어에 대해 알 수 있다.
	『세계의 희귀동물』(탄탄 자연속으로)	여원미디어	특이한 환경에 적응해서 사는 식물의 모습과 사람들의 생활을 연관 지어서 생각할 수 있다.
통합	『환경』(점프마스터) 54~59쪽	대교	사회가 복잡해지고 사람들의 삶의 방식이 다양해지면서 가족의 형태도 다양한 모습으로 나타남을 이해할 수 있다.
	『세계 지도 세계 문화』 8~17쪽, 186~191쪽	채우리	나라마다 행운과 불행을 나타내는 것이나 한·중·일 삼국의 서로 다른 젓가락을 사용한다는 정보를 알 수 있다.

여기서 제시한 책들은 예시이다. 가지고 있지 않은 책은 내용이 비슷한 다른 책으로 대체하여도 좋다. 제시되어 있는 책도 아이의 수준에 따라 난이도를 선별해 읽을 수 있도록 한다. 가급적 쉬운 언어 영역의 책으로 마음 열기를 한 후, 차츰 심화된 내용의 책을 읽을 수 있게 권한다.

다양한

생활모습

생각 더하기와 글쓰기

다양한 문화를 존중하는 이유를 알아봅시다.

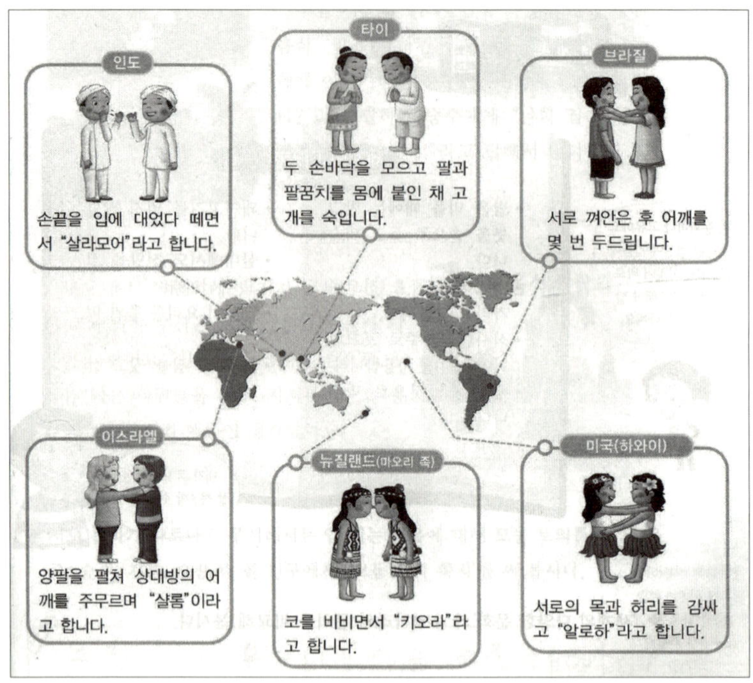

(『도덕 4』 참조)

1. 위의 그림에서 가장 마음에 드는 인사법과 이유를 말하세요.

2. 그 나라의 인사법을 존중해야 하는 이유는 무엇일까요?

3. 어색하다는 이유로 우리나라의 인사법만 고집한다면 어떤 어려움이 생
길까요?

4. 세계 여러 나라의 다양한 인사법을 소개하는 글을 써 보세요.

1. 학습 목표

우리 주변의 소수자들이 차별받는 사례를 살펴보고 소수자의 인권을
보호하는 방법을 알아본다.

2. 관련 교과

『사회 4-2』 2. 사회변화와 우리 생활

『국어 4-2(가)』 피부색이 달라도 우리는 친구

『도덕 5』 6. 인권을 존중하는 세상

『과학 5-2』 4. 우리 몸의 구조와 기능

『국어활동 6-2(가)』 둥글둥글 지구촌인 이야기

『사회 6-2』 1. 우리나라의 민주정치

3. 도움말

1) 인권이란 모든 사람이 인간답게 살아갈 권리이다. 하지만 우리
   주변의 장애인, 다문화 가정, 북한이탈 주민 등 많은 소수자들이
   피부색, 경제적 능력, 장애 등으로 어려움을 겪거나 자신의 권리
   를 제대로 누리지 못하고 차별을 받는 경우가 많다. 그 사례를 살
   펴보고 소수자들의 인권을 지켜주기 위한 노력이 필요하다는 것
   을 안다.

2) 소수자가 지닌 다양성을 인정하고 존중하는 태도를 가져야 함을

이해시킨다.

3) 책을 다 읽고 나면 아이와 함께 충분히 이야기를 한 후, 의미지도 그리기로 읽은 내용을 정리할 수 있도록 한다. 한 번 더 생각할 수 있는 글감인 생각 더하기와 글쓰기로 마무리한다.

4) 마지막으로 예시를 보고, 직접 광고를 만들어보는 것으로 마무리한다.

4. 관련 책 목록

영역	제목	출판사	내용
언어 영역	『나의 걱정 인형들에게』(탄탄 경제동화)	여원미디어	불평등한 세상 이야기를 안다.
	조금 달라도 괜찮아(뜻세움)	대교	우리의 다양한 이웃을 서로 존중하고 인정하면서 함께 살아가야 함을 배운다.
사회 탐구	『우리는 모두 인권이 있어요』	푸른숲 주니어	사람의 타고난 권리, 인권을 알아본다.
	『난 왼손잡이야 그게 어때서?』	톡	왼손잡이가 일상에서 겪는 불편함을 이해한다.
과학 탐구	『겉모습은 정말 다양해』(사이언싱 톡톡) 44~52쪽	휘슬러	사람의 피부색이 다른 이유를 이해한다.
	『갈아입는 피부』	아이세움	
통합	인권은 왜 소중할까(생각하는 고래) 18~23쪽	웅진	장애인과 비장애인이 함께 어울려 사는 사회를 만드는 것이 중요함을 안다.

여기서 제시한 책들은 예시이다. 가지고 있지 않은 책은 내용이 비슷한 다른 책으로 대체하여도 좋다. 제시되어 있는 책도 아이의 수준에 따라 난이도를 선별해 읽을 수 있도록 한다. 가급적 쉬운 언어 영역의 책으로 마음 열기를 한 후, 차츰 심화된 내용의 책을 읽을 수 있게 권한다.

인

권

다양한 문화를 존중하며 함께 어울려 사는 사회를 만들기 위한 공익광고를 만들어 보세요.

♦ 공익광고란 공공의 이익을 위해 만들어진 광고를 말합니다. 공익광고와 기사자료를 참고하여 공익광고를 만들어 보세요.

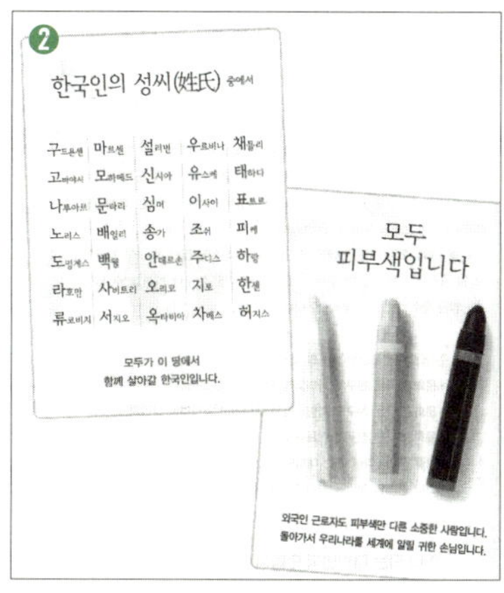

❹ 혼혈모델 한현민, 타임지선정 '2017년 가장 영향력 있는 10대 30' 선정

나이지리아 출신 아버지와 한국인 어머니 사이에서 태어난 모델 한현민은 최근 미국 시사주간지 타임이 공개한 '2017 가장 영향력 있는 10대 30명'중 유일한 한국인으로 선정됐다. 그는 타임과의 인터뷰에서 "한국에서는 아직 검은 피부에 대한 편견이 존재한다"며 "나는 지금 꿈을 이루고 있는 중이다. 앞으로 나와 같은 처지에 있는 사람들이 꿈을 이루도록 돕고 싶다"고 밝혔다.

❶ 『국어활동6-1(나)』 머나먼 신호등 참조
❷ ~ ❹ 『도덕4』 참조

♦ 제목 정하기:

♦ 광고 문구 짓기:

♦ 어울리는 그림 그리기:

1. 학습 목표

출생에서 사망에 이르기까지 치르는 관혼상제를 살펴보며, 옛날과 오늘날의 관혼상제를 비교하는 글을 쓸 수 있다.

2. 관련 교과

『사회 3-2』3-3. 달라지는 문화, 이어지는 문화

『도덕 3』3. 사랑이 가득한 우리 집

『국어 4-2활(가)』첫 생일을 축하하는 돌복

『사회 5-2』3. 유교문화가 발달한 조선

3. 도움말

1) 인간이라면 누구나 치르는 의식, 관혼상제는 관례와 혼례, 상례, 제례를 말한다. 어른이 되었음을 밝히는 성인식, 부부가 되는 결혼식, 죽은 이를 그리며 치르는 장례식, 조상을 기리며 올리는 제사 의식으로 우리가 살아가면서 겪는 중요한 예식이다. 각각의 의식을 살펴보며 사회가 변화하면서 달라진 오늘날의 모습과 비교해 본다.

2) 사람을 존중하고 조상을 받드는 정신만큼은 계속 이어가야 할 소중한 우리의 문화임을 잊지 않도록 한다.

3) 영역별 책을 읽고 서로 연결고리를 지어 옛날과 오늘날의 돌잔

치, 성인식, 결혼식, 장례식, 제사 등의 모습을 각자 생활 속 경험
을 토대로 이야기를 나눈다.
4) 관련 소주제를 묶어 의미지도 그리기로 생각을 정리하도록 유도
하며, 이것은 글을 쓰기 위한 기본 설계와 같다는 점을 인지하게
한다.
5) 생각 더하기와 글쓰기를 통해 옛날과 오늘날의 관혼상제의 모습
을 비교하는 글을 써서 마무리한다.

4. 관련 책 목록

영역	제목	출판사	내용
언어 영역	『꼭두와 꽃가마 타고』	한림출판사	한국 전통 장례에서 상여를 장식하던 꼭두 이야기를 재미있게 알아본다.
	『우리 증조할머니』(탄탄우리문화)	여원미디어	할머니의 일생을 통해 관혼상제와 각각의 의복을 살펴본다.
사회 탐구	『인선이 시집가는 날』(즐거운 사회탐구 사회랑 놀자)	글뿌리	옛날에 여자가 태어나서 결혼하여 첫 신정 나들이를 할 때까지의 이야기. 출생할 때 금줄치기와 백일, 돌의 의미를 연결할 수 있다.
	『민족 사상의 뿌리가 된 유교』(우리문화탐험) 20~21쪽	대교	관혼상제가 유교 문화에서 유래되었음을 이해한다. 특히 효를 중시해서 제사를 중요시했음을 안다.
	『관혼상제 재미있는 옛날 풍습』	우리누리	관혼상제의 행사를 통해 기쁨과 슬픔을 함께한 우리 조상들의 모습을 살펴본다.
통합	『둥글둥글 지구촌 관혼상제 이야기』 22~29쪽	풀빛	세계 여러 나라의 성인식의 유래 등을 알아본다.
	『변화하는 사회, 변화하는 생활』 18~21쪽(지식N사탐)	대교	달라진 가정의례 모습과 그 이유를 안다.

여기서 제시한 책들은 예시이다. 가지고 있지 않은 책은 내용이 비슷한

다른 책으로 대체하여도 좋다. 제시되어 있는 책도 아이의 수준에 따라
난이도를 선별해 읽을 수 있도록 한다. 가급적 쉬운 언어 영역의 책으로
마음 열기를 한 후, 차츰 심화된 내용의 책을 읽을 수 있게 권한다.

관혼

상제

생각 더하기와 글쓰기

오늘날에는 관혼상제가 어떻게 변화되었는지 이야기해 보세요. (글을 쓰기 위해서는 먼저 주어진 자료를 충분히 이해하는 것이 중요합니다. 같은 점과 다른 점을 이야기 나누세요)

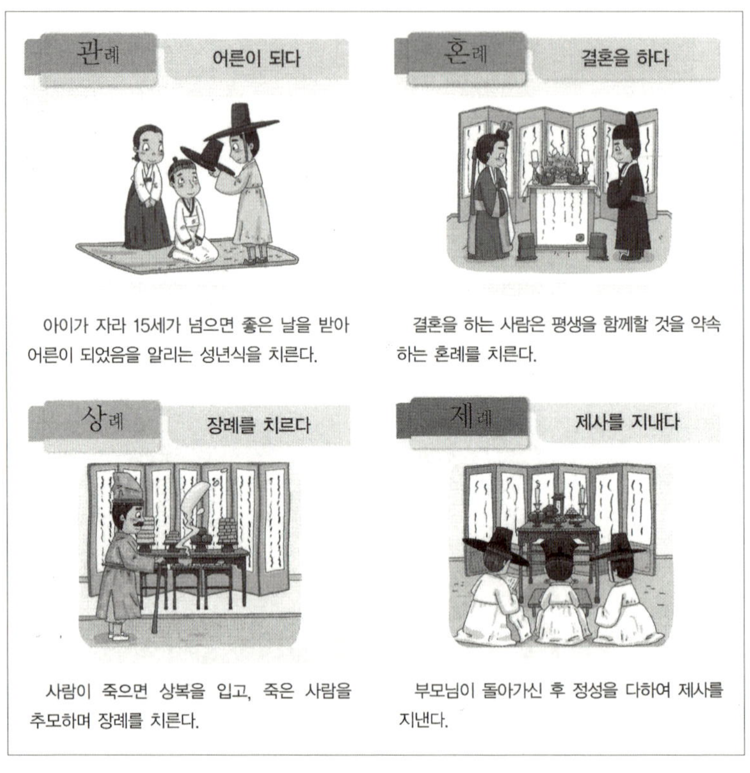

(『사회 5-2』 참조)

옛날과 오늘의 관혼상제 모습을 비교하는 글을 써 보세요.

1. 개요 짜기

관혼상제 중 하나를 선택하세요. 그리고 설명하려는 대상과 비교하는 내용을 구체적으로 정리하세요.

처음	
가운데	
끝	

2. 정리한 내용을 바탕으로 글을 써 보세요.

◆ 설명문은 읽는 사람에게 어떤 지식이나 정보를 전달하고 이해하게 만들기 위해 쓴 글입니다. 보는 사람들이 쉽고 정확하게 이해할 수 있도록 써야 합니다. 따라서 설명문은 처음·가운데·끝으로 짜임새 있게 써야 해요.

처음에는 글을 쓰는 목적과 설명할 대상을 쓰고, 가운데는 설명하려는 대상을 여러 가지 방법으로 알기 쉽게, 자세하고 구체적으로 씁니다. 예시, 분류, 대조, 비교 등의 설명 방법을 활용할 수 있어요. 끝은 설명할 내용을 간단히 요약하고 마무리합니다.

 **각 주의 의미지도 예시**

1주차 가족

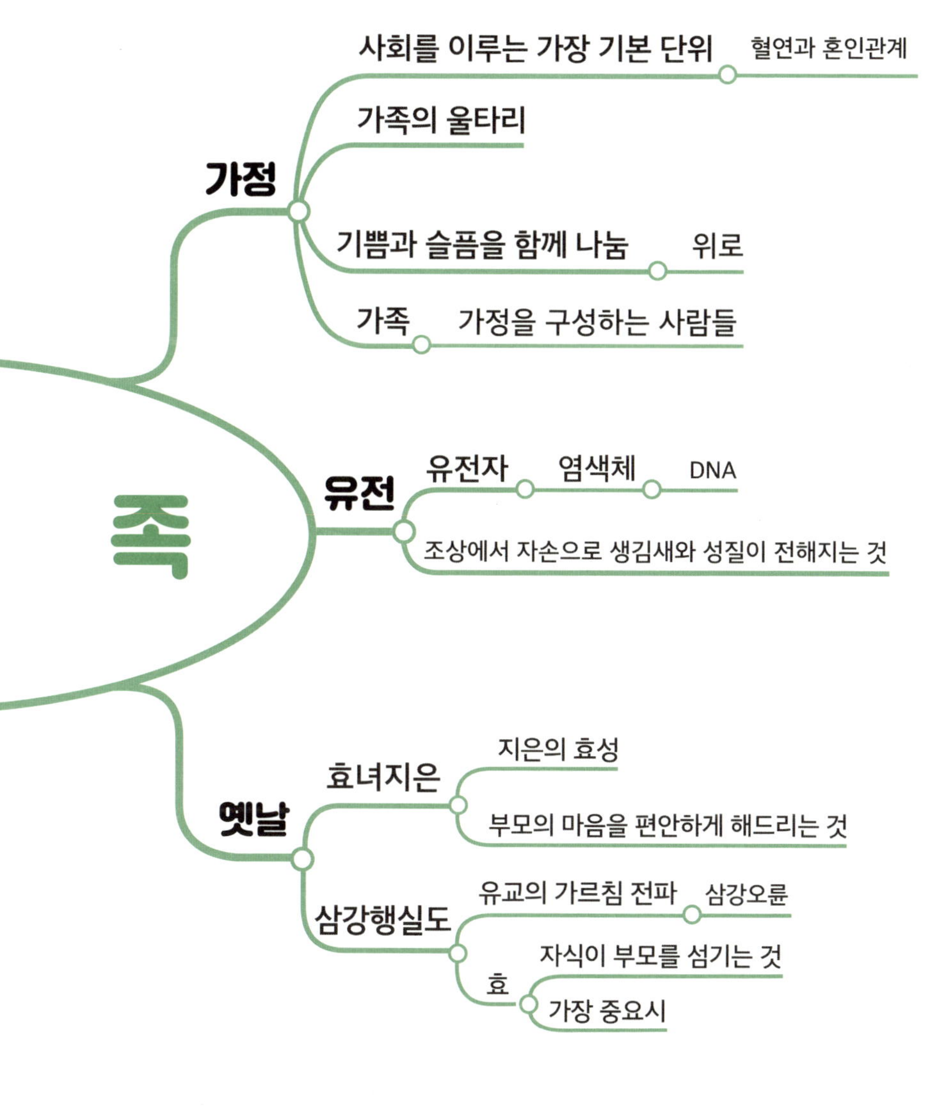

족
가정
사회를 이루는 가장 기본 단위
혈연과 혼인관계
가족의 울타리
기쁨과 슬픔을 함께 나눔
위로
가족
가정을 구성하는 사람들
유전
유전자
염색체
DNA
조상에서 자손으로 생김새와 성질이 전해지는 것
옛날
효녀지은
지은의 효성
부모의 마음을 편안하게 해드리는 것
삼강행실도
유교의 가르침 전파
삼강오륜
효
자식이 부모를 섬기는 것
가장 중요시

각 주의 의미지도 예시

2주차 다양한 생활모습

다양한

다양성

존중 서로 다른 모습 인정

우리나라, 일본 등 예
불가리아, 그리스 등 아니오
고개를 끄덕인다 몸짓언어

2번 코를 맞댄다 마오리족
포옹 후 상대방 볼에 키스 러시아
인사

음식

돼지고기를 먹지 않음
돼지 사육 적합하지 않음
이슬람교
종교

소를 먹지 않음
소를 신성시
힌두교

악마의 물고기 문어 북유럽

고기를 구할 수 없어서 애벌레 호주 원주민
먹거리 부족 흰개미 아프리카
박쥐 똥에서 걸러냄 모기눈알스프 중국
독거미구이 베네수엘라
곤충

지역의 풍습과 환경에 따라 다름

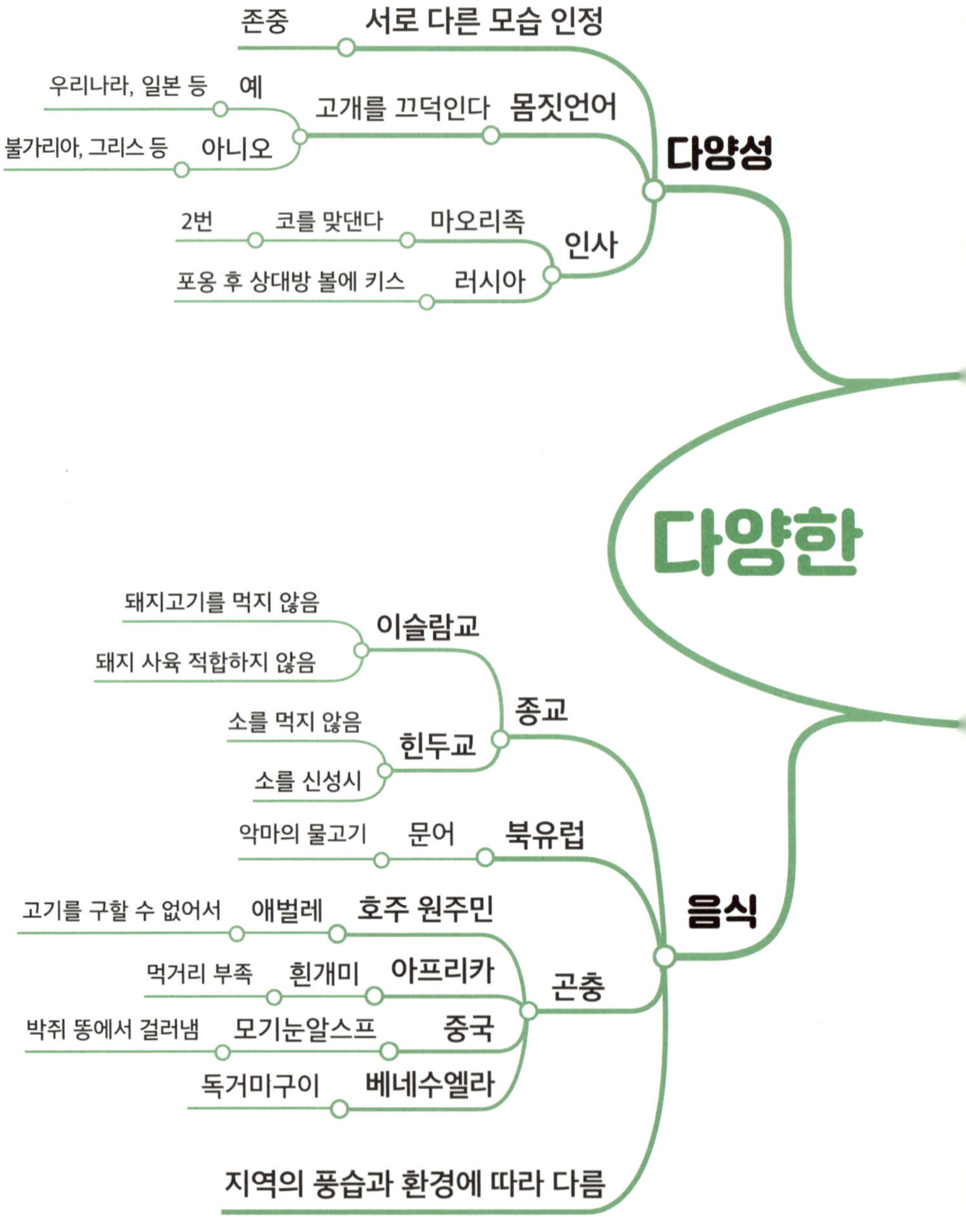

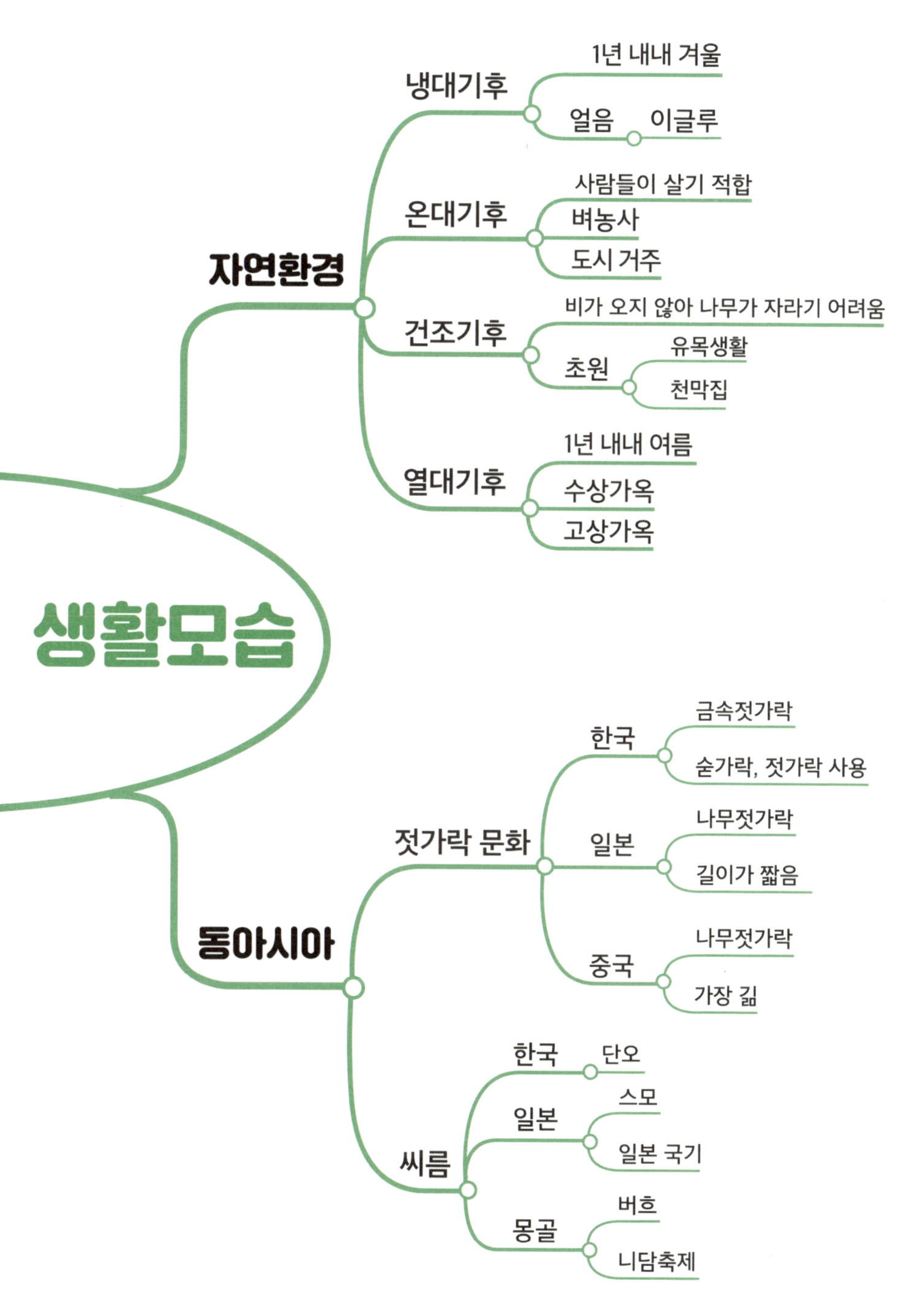

생활모습
자연환경
냉대기후
1년 내내 겨울
얼음
이글루
온대기후
사람들이 살기 적합
벼농사
도시 거주
건조기후
비가 오지 않아 나무가 자라기 어려움
초원
유목생활
천막집
열대기후
1년 내내 여름
수상가옥
고상가옥
동아시아
젓가락 문화
한국
금속젓가락
숟가락, 젓가락 사용
일본
나무젓가락
길이가 짧음
중국
나무젓가락
가장 긺
씨름
한국
단오
일본
스모
일본 국기
몽골
버흐
니담축제

3주차 인권

한쪽으로 치우친 생각
고정관념이 있을 때
서로에 대해 잘 모를 때
발생 이유
누구나 소중하다는 마음갖기
다름을 인정하고 차이를 존중
벗어나려면
편견
인
인간이라면 누구나 가지는 기본적인 권리
세계인권선언
1945년 12월 10일 채택
세계 인권의 날
유엔
소외된 인권 보호
국제엠네스티
인권 보호

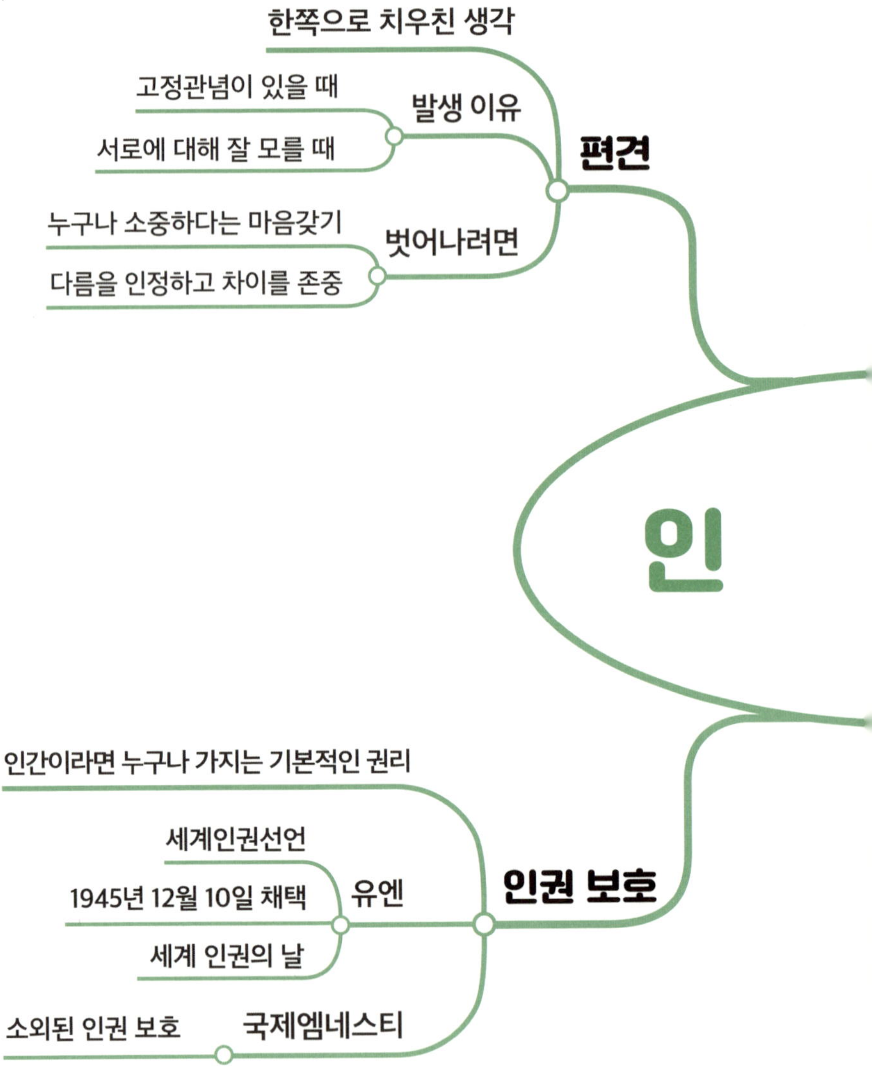

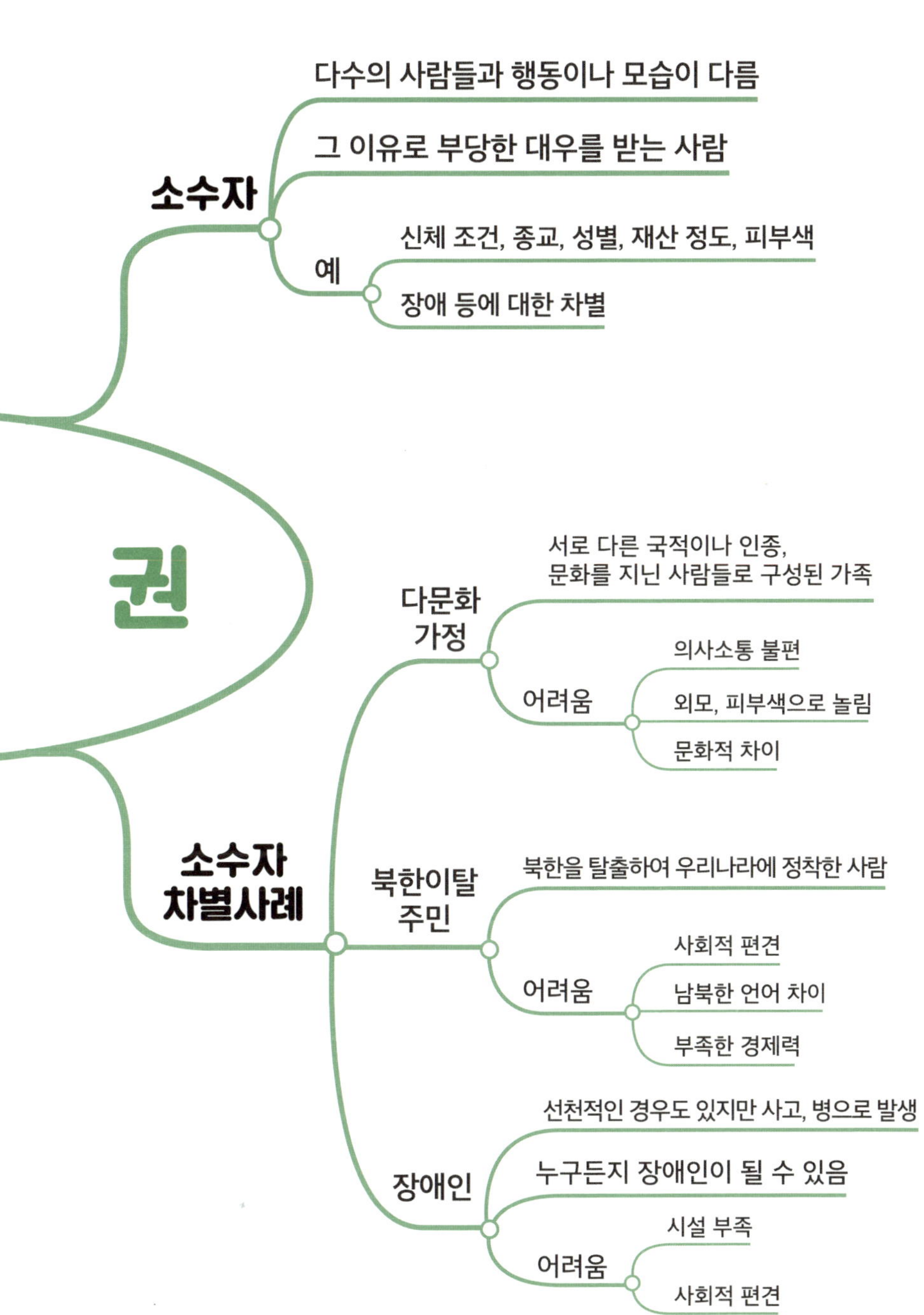

권
소수자
다수의 사람들과 행동이나 모습이 다름
그 이유로 부당한 대우를 받는 사람
예
신체 조건, 종교, 성별, 재산 정도, 피부색
장애 등에 대한 차별
소수자 차별사례
다문화 가정
서로 다른 국적이나 인종, 문화를 지닌 사람들로 구성된 가족
어려움
의사소통 불편
외모, 피부색으로 놀림
문화적 차이
북한이탈 주민
북한을 탈출하여 우리나라에 정착한 사람
어려움
사회적 편견
남북한 언어 차이
부족한 경제력
장애인
선천적인 경우도 있지만 사고, 병으로 발생
누구든지 장애인이 될 수 있음
어려움
시설 부족
사회적 편견

각 주의 의미지도 예시

4주차 관혼상제

추모
돌아가신 분
장례를 치름
좋은 곳으로 가시기를 바람
시신을 무덤까지 태우고 가는 가마
시묘살이
흙무덤
상여
삼베옷
상복
옛날
짚신
장례식장
검정색 옷
오늘날
수목장
납골당
상례
관혼
돌아가신 날
기제사
돌아가신 분을 그리워함
명절
차례
엄격하게 지냄
제사상
옛날
효를 중요시
유교 영향
종교와 집안에 따라
제사 지내는 모습이 다름
오늘날
제례

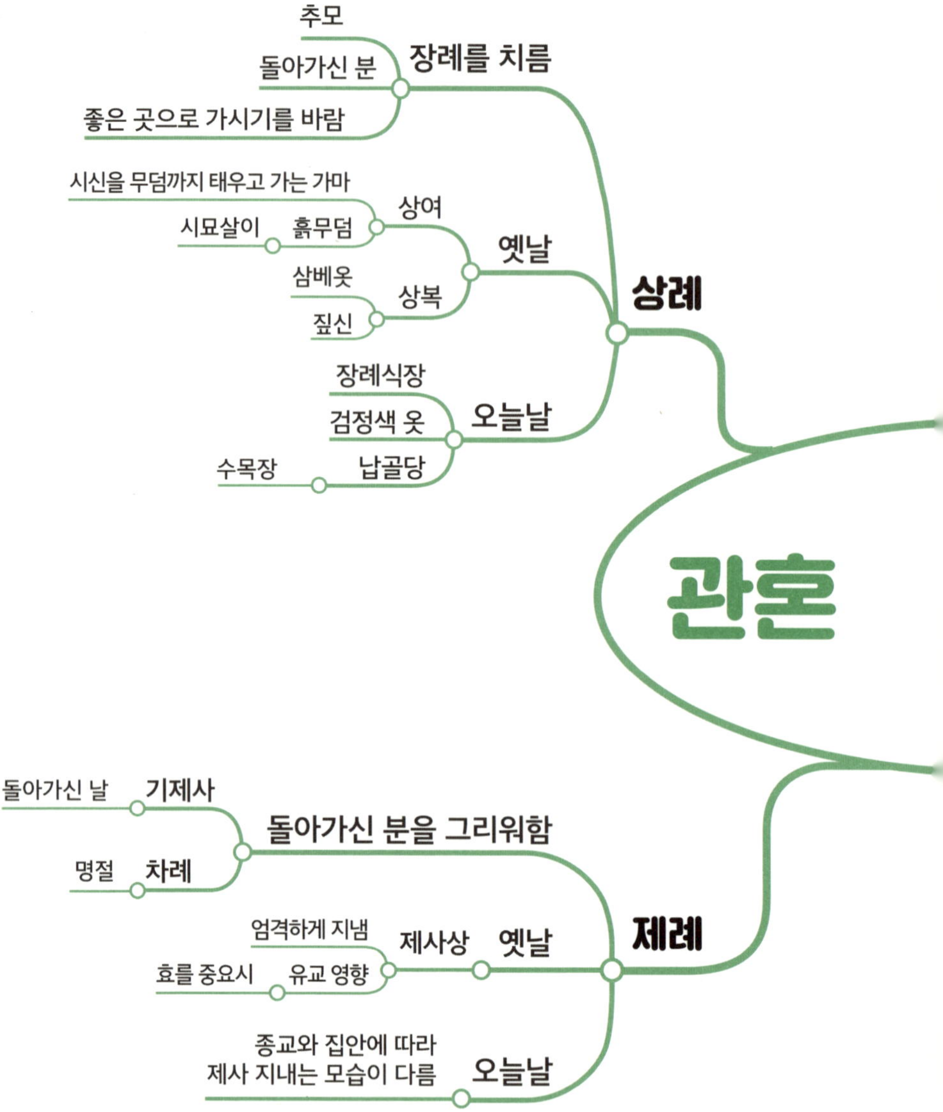

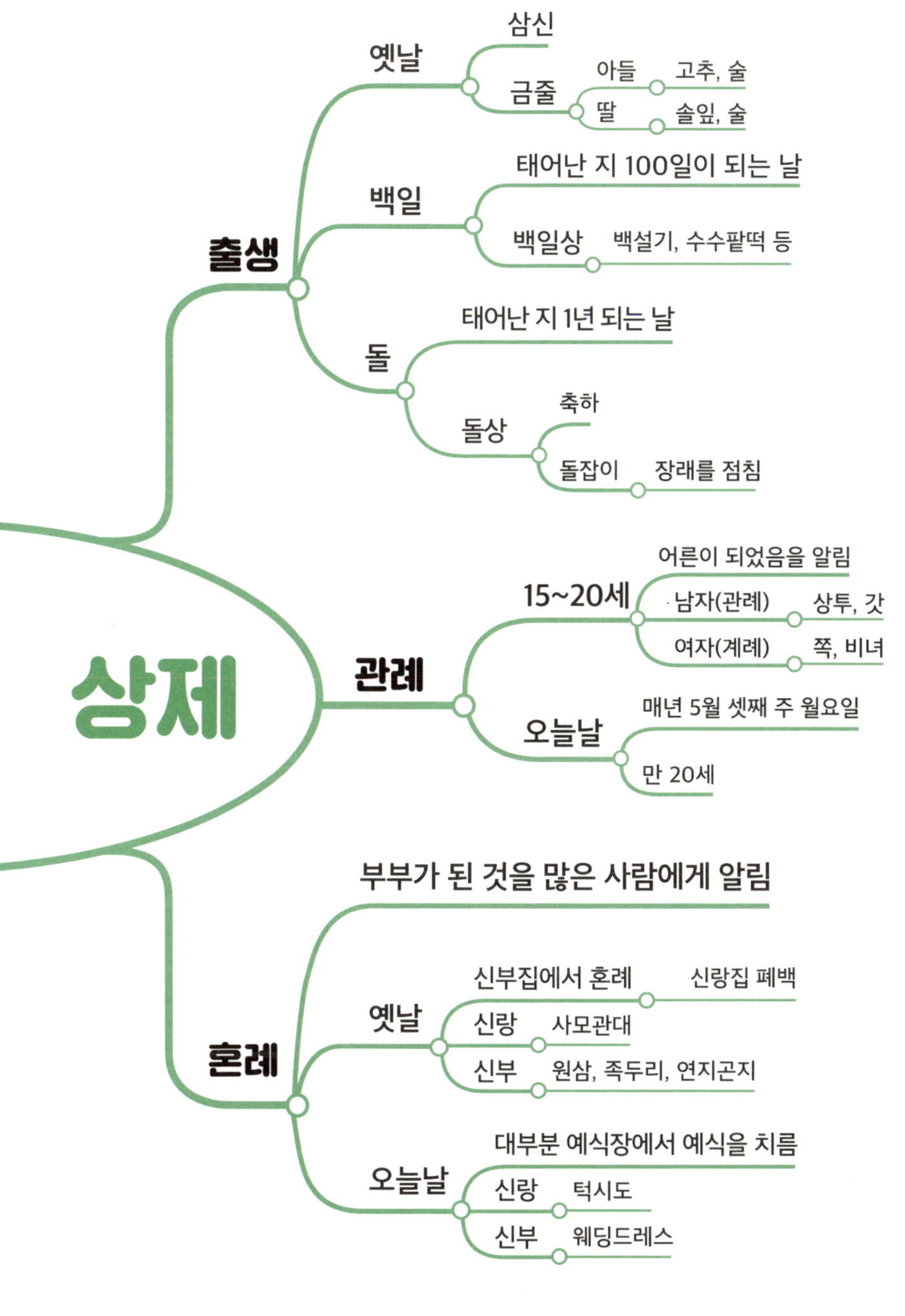

상제
출생
옛날
삼신
금줄
아들
고추, 술
딸
솔잎, 술
백일
태어난 지 100일이 되는 날
백일상
백설기, 수수팥떡 등
돌
태어난 지 1년 되는 날
돌상
축하
돌잡이
장래를 점침
관례
15~20세
어른이 되었음을 알림
남자(관례)
상투, 갓
여자(계례)
쪽, 비녀
오늘날
매년 5월 셋째 주 월요일
만 20세
혼례
부부가 된 것을 많은 사람에게 알림
옛날
신부집에서 혼례
신랑집 폐백
신랑
사모관대
신부
원삼, 족두리, 연지곤지
오늘날
대부분 예식장에서 예식을 치름
신랑
턱시도
신부
웨딩드레스

교과서 읽기의 힘

펴낸날	초판 1쇄 2016년 3월 25일
	초판 9쇄 2020년 3월 27일

지은이	고갑주
펴낸이	심만수
펴낸곳	(주) 살림출판사
출판등록	1989년 11월 1일 제9-210호

주소	경기도 파주시 광인사길 30
전화	031-955-1350 팩스 031-624-1356
기획편집	031-955-1377
홈페이지	http://www.sallimbooks.com
이메일	book@sallimbooks.com

ISBN	978-89-522-3346-2 13370

※ 값은 뒤표지에 있습니다.
※ 잘못 만들어진 책은 구입하신 서점에서 바꾸어 드립니다.

이 도서의 국립중앙도서관 출판시도서목록(CIP 은 서지정보유통지원시스템 홈페이지
(http://seoji.nl.go.kr 와 국가자료공동목록시스템(http://www.nl.go.kr/kolisnet 에서
이용하실 수 있습니다.(CIP제어번호: CIP2016005703)